Die White Eagle Heilungspraxis

Die
WHITE EAGLE
HEILUNGSPRAXIS

zusammengestellt von
Ivan Cooke

Aquamarin Verlag

Titel der englischen Originalausgabe:

HEALING BY THE SPIRIT

© The White Eagle Publishing Trust, New Lands,
Liss, Hampshire GU33 7HY, England

Übersetzung aus dem Englischen:
Karl Friedrich Hörner

Das Titelbild zeigt ein Gemälde von Heita Copony

© Aquamarin Verlag, 1987
Voglherd 1 · D-8018 Grafing

ISBN 3-922936-54-7

Jürgen Mayer KG · Haunwang 1 · 8311 Eching

INHALTSVERZEICHNIS

TEIL I – Die bessere Heilweise

I	Ein Blick auf die wenig glückliche Art zu heilen	9
II	Die bessere Heilweise	25
III	Ursache von Krankheit	41
IV	Das Herzdenken	54
V	Wachstum in die Weisheit	72
VI	Interessant, neu und verblüffend einfach	82
VII	Das neue Bewußtsein	93
VIII	In der Schule des Geistes	104
IX	Altwerden – aber wie?	127
X	Der neue Mensch	148

TEIL II – Eine neue Heilweise
Ausbildung des Heilers · Behandlung des Patienten

I	Sinnvolles Leben – 100 Jahre lang	157
II	Geistiges Heilen	168
III	Sprecht vielmehr: 'Hier bin ich, Herr, sende mich!'	181
IV	Reines Leben	189
V	Geistige Ausrüstung des Heilers	201

VI 'Hier bin ich, leer, Herr, fülle mich!' 212

VII Vergib, und dir wird vergeben –
Fernheilung 220

TEIL III – Heilungsberichte

I Heilung von Krebs 233

II Der Junge, der die Blumen köpfte 243

III Die Einstellung des Patienten –
der Weg zum neuen Menschen 256

IV Die Heilbehandlung 267

V Schlußfolgerungen 275

NACHWORT:

Heilung nach White Eagle – heute 284

Stichwortverzeichnis 307

Die bessere Heilweise

EIN BLICK AUF DIE WENIG GLÜCKLICHE ART ZU HEILEN

Im kommenden Zeitalter werden sowohl Weisheit als auch Wissen dem Menschen wiedererstehen; sie werden dazu beitragen, daß man der Vorbeugung von Beschwerden, die gar nicht erst aufkommen sollten, größere Aufmerksamkeit widmet, als ihrer Heilung.
W.E.

Bei meinem ersten Autounfall bin ich wohl glimpflich davongekommen; aber der Schreck und das Entsetzen, daß er überhaupt passierte, sorgten dafür, daß ich recht angeschlagen ins Krankenhaus eingeliefert wurde. Als ich dort auf der Station lag, hatte ich – ich gebe es zu – die Anwandlung, es wäre viel angenehmer, sich aus diesem Beinbruch-Körper hinauszuschleichen und mein Glück in der nächsten Welt zu versuchen.

Da lag ich also in meinem Krankenhausbett und versuchte mich zu entscheiden, ob ich gehen oder bleiben wollte. Ich fühlte mich ganz und gar losgelöst und war anscheinend weder richtig 'hier' noch bereits 'drüben'. Dabei hatte ich den Eindruck, daß ich mich irgendwie bemühen mußte: teils in meinem eigenen Interesse (man konnte schließlich nicht einfach fortlaufen), noch mehr für jene, die mir lieb und teuer waren, und weil man versuchen mußte, über unangenehme Dinge hinauszuwachsen. Also einigermaßen sich von dem Gewahrsam der Station um sich herum zu distanzieren: der Fülle der Patienten, der hastenden Schwestern, der gehetzten Ärzte, von dem Anblick von soviel Krankheit, die hier zusammenkam. Ich mußte entschlossen aus einem Sumpf der Verzweiflung hinaussteigen, wenn ich je wieder auf die Beine kommen wollte.

Aufs Ganze gesehen, schienen meine Gedanken recht klar zu sein. Ich fühlte mich nicht hoffnungslos geschwächt. Mein Wille zum Widerstand wurde allmählich immer stärker, und so stieg ich denn infolge täglicher, ja stündlicher Bemühung endlich auf und hinaus – und befand mich schließlich wieder sicher auf der Erde, wenn auch nicht gerade überglücklich, weil jener 'andere, jenseitige Ort' unendlich reizvoller erschien als alles, was das Leben im Krankenhaus zu bieten hatte.

Später, als ich so im Bett lag, wurde mir klar, daß ich hierher gekommen war, um etwas zu lernen; und etwas lernen mußte ich – wenn das ganze Erlebnis nicht umsonst gewesen sein sollte. Selbst ein zertrümmertes Bein könnte einem guten und nützlichen Zweck dienen. Wenn nicht – warum hatte es soweit kommen müssen?

Da ich kaum etwas anderes zu tun hatte, beschäftigte ich mich mit Beobachten und Nachdenken. So fand ich heraus, daß das Ungewöhnliche und Eintönige der Krankenhausstation Aufmerksamkeit und Interesse verlangte, sei es, daß diese sich auf den einen oder anderen Patienten im Saal richtete, oder auf die Schwestern, die die Patienten versorgten. Sowohl die Pflegerinnen als auch die Kranken jedenfalls verrieten weitaus mehr von ihrem Charakter, als ihnen vielleicht bewußt war. Ich beobachtete sie aufmerk-

sam — nicht kritisch, sondern vielmehr, um mir ein Bild
von der Leistung des National Health Service (staatliche
Gesundheitsversorgung) zu machen (von dem ich ja selbst
im Augenblick abhängig war), der für die Zustände, die ich
hier betrachten konnte, verantwortlich war.
Wir haben einen bewundernswerten National Health Service, der weitgehend vom guten Willen derer bestimmt ist,
die in ihm beschäftigt sind. Ärzte und Krankenschwestern
müssen einen Weg finden, sich über ihre chronische Müdig-
keit und Überarbeitung zu erheben. Sie müssen jeder Ver-
suchung widerstehen, bissig zu werden, und stattdessen
rund um die Uhr freundlich und höflich bleiben, wann immer sie gerufen werden — und das häufig, wenn das Verhalten des Patienten nach Zurechtweisung verlangte.
Selten konnten sie ruhig durch die Stationen schlendern,
diese Schwestern (und das galt auch weitgehend für jene,
die hier sauber machten, und aus dem gleichen Grunde für
die Ärzte. Auch sie hatten kaum Zeit für Heiterkeit übrig.)
Sie alle waren so eingespannt, daß ihnen zum Gehen keine
Muße blieb; sie erledigten ihre Gänge gewohnheitsmäßig
im Laufschritt. Jede Pflicht war eine eilige Pflicht. Alle Arbeiten mußten hastig erledigt werden, die Gespräche mit
den Patienten ebenfalls. Was an freundlichen Empfindungen blieb, mußten eilige Empfindungen sein, und jede
Höflichkeit mußte kurz gehalten werden. Man kam nie auf
den Gedanken, daß diese Krankenhausangestellten etwa
überbezahlt würden oder es jemals leicht hätten. Im Gegenteil: Pflichtgefühl, ja Hingabe, hielt sie in Trab — aufrechterhalten durch den unerschütterlichen Willen, bereit
zu sein für die nächste Arbeit, die der vorangegangenen
stets unmittelbar auf dem Fuße folgte.
Man brachte mich dann in ein anderes Krankenhaus, spä-

ter in ein drittes, und das alles innerhalb von ungefähr vier Wochen. Es schien kaum einen Unterschied zwischen diesen Häusern zu geben. In jedem hetzten sich die Schwestern ab und schienen noch weniger Zeit zu haben für eine ruhigere Gangart oder gar zum Herumstehen. Sie alle schienen diese Situation als normal zu akzeptieren, ja, als natürlich. All dies ist dem Pflegepersonal hoch anzurechnen, und auch den betroffenen Ärzten — von denen ich nur wenig zu sehen bekam, weil sie kaum Zeit hatten.

Die Patienten beobachtete ich ebenso aufmerksam wie das Personal; und mit Bedauern stellte ich fest, wie häufig ihre Schwäche und Langeweile während des Krankenhausaufenthaltes zu Heftigkeit, Verbitterung und endlosen Forderungen und Ansprüchen führten.

In dem einen Krankenhaus gab es eine Glasveranda auf der Station, einen angenehmen Ort, wohin die Patienten gehen konnten, die nicht ans Bett gefesselt waren: Männer in den Sechzigern und vielleicht auch Siebzigern. Sie mußten wohl schon entschieden haben, daß sie wirklich sehr alt waren, denn sie sahen wesentlich älter aus, als man es ihnen nach der Anzahl ihrer Lebensjahre zugetraut hätte. Befanden sie sich erst einmal in dem sonnigen Aufenthaltsraum (den ich aber für mich bald 'Mausoleum' taufte), zogen diese 'Älteren' sich ganz in sich selbst zurück, in eine Art Koma: Sie hatten die Augen geschlossen, atmeten schwer, und wechselten kaum einmal ein Wort. Aber nie schliefen sie wirklich. Sowie eine Schwester in Sichtweite kam, lagen sie ihr mit ihren Bitten und Beschwerden in den Ohren. Kein Buch und keine Zeitung konnte sie längere Zeit ruhig halten. Ständig wollten sie ein anderes Buch, eine weitere Zeitung, dauernd äußerten sie ihre Ansprüche.Sie waren mit nichts zufrieden. Und selbst hier bewahrten diese Krankenschwestern ein gewisses Mindestmaß an Freundlichkeit und Geduld.

Oh, dieser Jammer, diese Traurigkeit, dieses Elend von soviel Leiden − und soviel Zeitverschwendung! Keiner nämlich dieser vorzeitig gealterten Männer − noch sonst irgend einer auf diesen Stationen − hätte je in einen solchen Zustand des geistigen und körperlichen Verfalls geraten müssen. Keiner sollte sich so alt fühlen, sich geistig so verwirren lassen durch Schmerz und Verdrießlichkeit, so krüppelhaft, blind, taub oder hilflos werden. Das war meine fundamentale Reaktion und Erkenntnis nach mehreren Wochen im Krankenhaus, in denen ich Dutzende von Patienten beobachtet und gesprochen hatte. Dieser Ausbruch mag jenen vernünftigen Menschen vielleicht als glatter Unsinn vorkommen, die ihn lesen und Schmerzen und Hilflosigkeit als natürliche, normale Begleiterscheinungen des Alters akzeptieren. Aber wer würde abstreiten, daß diese Welt eine bessere und glücklichere für ihre Bewohner wäre, wenn man sie von Schmerzen und Hilflosigkeit befreite − ja, und auch vom Alter?

Solche Gedanken kamen mir, weil ich bisher noch selten Menschen gesehen hatte, die dem Kranksein das Feld überließen und hilflos auf den Tod warteten, so beklagenswerte Menschen. Nachdem ich nach Hause entlassen wurde, mußte ich noch einige Wochen mit dem Krankenwagen zur Behandlung in die Klink fahren; meistens wurden unterwegs noch mehrere Patienten mitgenommen. Im Gespräch mit ihnen bemerkte ich, wie tapfer und geduldig die meisten dieser Leute waren, obgleich sie in den häufigsten Fällen schon wochen-, ja monatelang zur Behandlung kamen, ohne daß sich viel gebessert hätte; viele von ihnen sahen sich ohne Aussicht auf Heilung mit einer lebenslangen Behinderung konfrontiert. Wie tapfer und heiter waren sie dennoch, und mit wieviel Fassung akzeptierten sie das Schicksal eines einsamen und unselbständigen Alters. Tragisch war für mich nur mein Gefühl, daß der wirkliche Grund einer Hoffnungslosigkeit in ihnen selbst lag, wo weder Hoffnung noch Verheißung einen Platz mehr hatten. Angesichts dieser Beobachtungen empfang ich es als sehr bedauerlich, daß die Religion — einst ein tröstender und aufrechterhaltender Faktor im Leben der meisten Menschen — beiseite gelegt worden, in Vergessenheit geraten ist. Mangels Religiosität waren diese Leute nun erstarrt, leer und einsam. Solche innere Leere und Einsamkeit muß zwangsläufig ihren zersetzenden Ausdruck in Antlitz und Gestalt hinterlassen. Tatsächlich zeigt sich alles im seelischen oder materiellen Leben eines Menschen — im gesellschaftlichen Status, Gewerbe oder Beruf, Wohlstand oder Armut — zur gegebenen Zeit an seiner äußeren Erscheinung in der Mitte oder einer späteren Phase seines Lebens. In jungen Jahren sind diese Spuren oberflächlich, im späteren Leben jedoch werden sie unausweichlich, und was sich am deutlichsten abzeichnet, ist das Gefühl innerer Leere — das heißt, wenn die Zukunft bar aller Hoffnungen auf Gutes scheint. Die Gefühle zeigen sich an uns viel leichter als die Gedanken, und sie sind auch schwieriger zu überwinden: sie verbinden sich leichter mit dem Körperlichen und werden deshalb rascher bemerkbar.

Meinem Aufenthalt im Krankenhaus danke ich aber, was mir dieser an Geduld vermittelt hat, und was ich aus der Beobachtung der Patienten erfuhr: ihre Reaktionen auf Schmerzen, ihr Vermögen, gelassen zu ertragen, noch dazu bewundernswert und ermutigend, wenn die Umgebung so bittere Hoffnungslosigkeit verbreitete. Manche mußten ge-

wußt haben, daß man nur noch wenig oder gar nichts mehr
für sie tun konnte, wenn die Krankheit oder Bewegungsun-
fähigkeit so entschieden überhand genommen hatte. Und
doch blieben sie ausdauernd mutig und heiter.

Vor Jahren pflegte ich häufig die Kensington High Street
entlang zu gehen, und da die Umwelt dort recht unansehn-
lich und wenig einladend war, betrachtete ich stattdessen
die 'Innenwelt' der verschiedenen Passanten. Mit aufmerk-
samem Blick kann man die Spuren erkennen, die der innere Mensch dem äußeren einprägt und die seine Haltung,
sein Verhalten, ja, sogar seinen Stil sich zu kleiden beeinflußten. Manche der Gesichter, denen ich auf der Kensington High Street begegnete, waren so aufschlußreich, daß
sie selbst die Art von Erkrankung anzeigten, die später einmal auftreten würde.

Krankheiten, die niemals auftreten sollten. Die Zeit zur
Behandlung – und hoffentlich auch Heilung – einer drohenden Erkrankung ist, wenn sie noch 'schlummert', bevor
sie sich also im Körper offensichtlich manifestiert. Eine
solche Heilung müßte in jedem Fall in einer Änderung des
Denkens bestehen und einem Einfließen von warmen,
neuen Empfindungen, die von jemand herbeigeführt werden, der dem kranken Menschen sein mitfühlendes Interesse zuwendet.

In dieser Hinsicht setzt unser National Health Service gewiß viel zu spät ein, solange die Betonung weniger auf der
Vorbeugung denn auf der Heilung liegt. Die Behandlung,
so hat es den Anschein, beginnt viel zu oft erst kurz vor
dem traurigen Endstadium, statt schon am guten, strahlenden und hoffnungsvollen Anfang.

All dies läßt sich leicht niederschreiben, aber weniger einfach ist es zu ändern, wenn man davon ausgeht, daß der
wirkliche Anfang einer Erkrankung nicht im Körper, son-

dern im Denken und in der Seele liegt. Vor Jahren betrachtete ich selbst die Gebrechlichkeit des Alters als etwas, das jedermann früher oder später zu ertragen habe und dem er zum Opfer fallen würde; aber später, als ich das Leiden in meiner Umgebung betrachtete, entwickelte sich die Erkenntnis, daß Krankheit und Verfall des Körpers nicht in Übereinstimmung mit dem geistigen Gesetz waren, d.h. nicht so, wie Gott wollte, daß der Mensch lebe – und daß das Alter bis zum Ende ungetrübt und gesund sein sollte.

Vielleicht liegt der Fehler tief in uns selbst. Die eine Seite unseres Wesens scheint traurig und schmerzlich zu sein und bewegt uns, entsprechend zu denken und zu empfinden, während die andere Seite versucht, uns zu erheben. Wir sind ständig dem hinabziehenden niederen Selbst ausgesetzt, das sich gegen das Aufwärtsdrängen des höheren Selbst richtet, und wenn das Hinabziehen lange genug praktiziert wurde, enden wir im Krankenhaus.

Eine Ursache vieler Beschwerden und vieler Behinderungen im Alter sind unsere Ernährungsgewohnheiten, die dafür sorgen, daß wir von Jugend an unausgeglichene Kost, vielfältig bearbeitete Nahrung zu uns nehmen, die alles andere als natürlich, ganz und ausgewogen ist. Etwa tausend verschiedener Zusatzstoffe werden in unsere Nahrung gemischt – Farbstoffe, Geschmacksstoffe, Konservierungsmittel, künstliche Vitamine, die wir meistens ohne weiteres Überlegen aufnehmen. Es ist jedoch möglich, daß selbst bei winzigen Mengen die langfristen Wirkungen solcher Zusätze schädlich sind. Aber selbst bevor sie den Chemikern in die Hände fallen, sind auch unsere Nahrungsmittel nicht gerade in gutem Zustand. Lebensmittel müssen natürlich und biologisch angebaut und gewachsen sein. Am schlimm-

sten von unseren denaturierten und ihres Lebenswertes beraubten Nahrungsmitteln ist das Brot, das Wichtigste zum Leben: Man nimmt dem Korn zuerst seine eigentliche Substanz, bleicht es zu unnatürlichem Weiß, macht es völlig geschmacklos und bringt es am Ende mit Hilfe von hundertundeins verschiedenen Zusatzstoffen in seine Form.
Zucker ist ein weiterer Sünder (oder ein Nahrungsmittel, gegen das man sich versündigt). Die meisten von uns essen auf jeden Fall zuviel davon: Allein die Weise, in der er wächst − spärlich enthalten in Zuckerrohr oder Zuckerrübe −, zeigt doch, daß er nie dafür gedacht war, in konzentrierter Form gegessen zu werden. Natürlich gewachsene Nahrungsmittel wie Gemüse und Obst aus dem Garten, Nüsse, Hülsenfrüchte und Korn, die nach Möglichkeit nicht von einem Lebensmittelchemiker oder Fabrikanten 'verarztet' worden sind, werden uns helfen, ein gesundes Alter zu erleben, das frei bleibt von Behinderungen.
Eine Schwierigkeit ist, daß natürliche Lebensmittel nicht so leicht erhältlich sind. Warum aber sollte jeder Bürger, der es besser weiß, gezwungen sein, denaturierte, devitalisierte und schwächende Nahrungsmittel zu essen, weil reinere Kost nicht erhältlich ist? Je größer die Nachfrage nach gesunden Lebensmitteln ist, desto reichlicher wird bestimmt das Angebot werden, und diese Entwicklung zeichnet sich bereits ab.
Nebenbei bemerkt sei noch, daß unsere Felder sich viel wirtschaftlicher nutzen ließen, wenn man pflanzliche Eiweiß-Lieferanten anbaute, statt Tiere auf die Weide zu schicken, die fürs Schlachthaus bestimmt sind. Man schätzt, daß jeder Hektar landwirtschaftlicher Anbaufläche auf die Weise elfmal soviel Ertrag bringen könnte. Ein bekannter, auf gesunde Ernährung spezialisierter Arzt sagte

mir einmal, daß die Häufigkeit der Erkrankung an Krebs unter Vegetariern sehr gering und keineswegs mit der bei Fleischessern zu vergleichen sei.

Die wichtigste Erkenntnis, die ich schließlich aus dem Krankenhaus mitbrachte, ist, daß wir ganz am Anfang ansetzen müssen, dann, wenn die Krankheit sich im Denken und Fühlen des Menschen allmählich zusammenbraut und seine Empfindungen und die verstörte Seele beeinflußt – wenn wir eine Heilung auf Dauer erreichen wollen. Alles muß zu seiner Zeit zum Vorschein kommen und wird sich dann im materiellen Körper durchsetzen. Wenn Sie das Antlitz Ihrer Mitmenschen betrachten, werden Sie feststellen, daß Sie in gewissem Maße deren Denkweise, ihre Ängste und Enttäuschungen einschätzen können – und vielleicht sogar, wie sie krank werden, jetzt oder in der Zukunft. Der Gedanke, daß wir auf das Zutagetreten der Krankheit gar nicht zu warten brauchen, um sie festzustellen, ist möglicherweise beunruhigend. Aber es ist wahr, denn eventuelle Schwierigkeiten drohen immer, wenn man 'wunden und schmerzhaften' Gedanken und Empfindungen nachhängt – wenn man zum Beispiel dies oder jenes aus tiefstem Herzen ablehnt und man sich am liebsten manchmal an etwas oder jemanden rächen würde, oder wenn alles schiefgeht, oder wenn ein anderer mehr bekommt als wir selbst und wir uns deswegen grämen. Solche Gefühle warnen uns, weil Krankheit im Denken und in der Seele entsteht, vorerst vielleicht in die Tiefe unseres Wesens absinkt, aber am Ende als körperliche Beschwerden oder Schmerzen hervorkommen wird. Kranke Gedanken neigen dazu, einen kranken Körper herbeizuführen, während heile und gesunde Gedanken einem heilen, lebenslang gesunden Körper förderlich sind.

Das ist ein Punkt, an dem die Medizin kaum etwas ausrichten kann, und die eigentliche Bekämpfung der Krankheit an ihrer Wurzel muß deshalb in erster Linie unsere eigene Bemühung sein. Die Schwierigkeit besteht darin, uns davon zu überzeugen, daß jetzt, in diesem Augenblick, die richtige Zeit ist, die günstigste Gelegenheit, um eine drohende Erkrankung anzugehen. Es ist allzu leicht, mit einer Ausrede aufzuwarten und sich einen Grund einfallen zu lassen, warum es jetzt nicht die rechte Zeit ist, unsere Denk- und Lebensgewohnheiten so vieler Jahre zu ändern. Eine solche Ausrede wäre beispielsweise: 'Aber wie kann das alles wahr sein, wenn Kinder mit ernsten Entstellungen oder Krankheiten bereits auf die Welt kommen — diese sind doch allem Anschein nach nicht die Folgen ihrer Denk- und Lebensgewohnheiten?'

In Maeterlincks Märchenspiel »L'oiseau bleu« ('Der blaue Vogel') werden noch nicht geborene Kinder im Himmel gezeigt, die in die Erdenwelt geboren werden sollen und sich auf ihre Reise zu ihrer irdischen Mutter hinab vorbereiten, und jedes von ihnen ist ausgestattet mit den verschiedensten Eigenschaften und Eigenheiten, die für sie im Laufe ihres neuen Lebens wohl nützlich sein werden. Unter diesen 'Mitbringseln' befinden sich auch die Krankheiten, unter denen sie zu leiden haben werden — und die als Vermächtnis aus früheren Leben mitgenommen werden, um das Kind (und vielleicht auch dessen Eltern) im Laufe dieses neuen Lebens etwas zu lehren. Wer in solchen Zusammenhängen zu denken beginnt, wird bald feststellen, daß diese ihren ersten phantastischen Eindruck verlieren und annehmbar werden. Wir sind jetzt dabei, allmählich unseren Weg in eine neue Denkweise zu finden und fragen uns, ob nicht viele unserer Schwierigkeiten und Krankheiten eine Fortsetzung von Umständen eines früheren Lebens sein könnten, das wir vielleicht nicht klug genug verbracht haben.

Je mehr man sich mit solcherlei Gedankengängen beschäftigt, desto logischer erscheinen sie einem, denn sie erklären so viele unserer Probleme im Leben und geben eine Antwort auf die Frage, warum der eine sein Leben in Leichtigkeit und Reichtum verbringt, während der andere es furchtbar schwer hat; warum der eine sich in bester Gesundheit erfreut (obwohl er allem Anschein nach sehr ungesund lebt), und der andere nicht.

Wenn wir diese Vorstellung akzeptieren können, werden wir leichter erkennen, warum und wie manche schlimmen Erkrankungen uns und unsere Mitmenschen befallen, und warum jede Behandlung mehr als nur die körperlichen Symptome berücksichtigen muß. Vielleicht müssen wir unserer gegenwärtigen Zeit um Jahre vorausdenken an eine Zeit, in der Ärzte und Heiler endlich nicht im Körper, sondern in der uralten Seele nach der Ursache einer Erkrankung suchen werden.

Diesen Gedanken erwähnte Sir Arthur Conan Doyle in der Botschaft, die er nach seinem Hinübergang in die geistige Welt übermittelte *). Sir Arthur deutete an, in welche Richtung sich die medizinische Praxis in den nächsten rund fünfzig Jahren entwickeln würde. (Man sollte an dieser Stelle daran erinnern, daß er selbst einst als Arzt arbeitete, und somit aus Erfahrung spricht.) Er sagt, daß die Medizin sich nicht so sehr bei den körperlichen Beschwerden des Menschen aufhalten wird, sondern sich vielmehr den tiefverwurzelten Ursachen dieser Erkrankung zuwenden wird, die in emotionalen Spannungen sowohl im gegenwärtigen

---

*) *The Return of Arthur Conan Doyle,* White Eagle Publishing Trust

als auch in früheren Leben und deren Auswirkung auf den feinstofflichen Körper des Menschen liegen. (Dies setzt natürlich die Existenz und Verfügbarkeit von Therapeuten voraus, die mit solchen tief gründenden Angelegenheiten umgehen können und auch ausgebildet sind, hinter die vordergründigen, körperlich-stofflichen Aspekte zu blicken. Dies wird sich zur rechten Zeit gewiß einstellen.)

Er erklärt, daß die Geburtseinflüsse *) eines Menschen diesen zu den einen oder anderen Beschwerden disponieren. Er teilt mögliche Erkrankungen in vier Gruppen ein, die den jeweiligen Elementen Erde, Luft, Feuer und Wasser zugeordnet werden, und macht entsprechende Therapievorschläge:

DAS ERDE-ZEICHEN

Der Phlegmatiker, ein Typ, der aufgrund seiner trägen Stoffwechsel- und sonstigen Aktivität am leichtesten Giftstoffe und Schlacken im Organismus sammelt und einen mangelhaften Fluß von Lebenskraft offenbart, fällt unter diese Überschrift.
Katarrhalische Erkrankungen und die daraus resultierenden Giftstoffe im Blutkreislauf, sowie andere Krankheiten, die aus solchen Ursachen entstehen.

---

*) Die astrologischen Zeichen, unter deren Einfluß der einzelne geboren wird. Das Studium des Geburtshoroskopes kann einem klugen Astrologen einen tiefen Einblick in die Möglichkeiten und Grenzen der Seele gewähren. In den meisten Horoskopen sind alle vier Elemente vertreten, aber im allgemeinen sind es ein oder zwei davon, die vorherrschen.

DAS LUFT-ZEICHEN

Die Angehörigen dieser Gruppe leiden oft unter nervlichen Krankheiten, die sich durch die psychischen Zentren auswirken. Kopf und Rücken werden am häufigsten betroffen sein.

DAS FEUER-ZEICHEN

Hier treffen wir wahrscheinlich emotionale oder mentale Probleme an, entzündliche und fieberhafte Erkrankungen. Die Behandlung sollte in solchen Fällen über die Hypophyse (Hirnhangsdrüse) und die Epiphyse (Zirbeldrüse) erfolgen, und die Patienten werden auch leicht auf die Farbstrahlentherapie ansprechen.

DAS WASSER-ZEICHEN

Das Wasser-Zeichen betrifft den unteren Teil des Körpers, die Beine und Füße; da es ein fluidisches Zeichen ist, läßt sich jenen, die seinem Einfluß unterstehen, am besten durch mediale oder magnetische Behandlung helfen.

Arthur Conan Doyle fährt fort: »Wenn die Menschen diesen Hinweisen − und es sind mehr als bloße Hinweise − nur folgen würden, wenn sie nur einen Bruchteil der Anwendungen, Experimente und Forschungen, mit denen sie eine unexakte und spekulative medizinische Wissenschaft rückhaltlos bedenken, einsetzen würden, entstünde eine exakte und wissenschaftliche, universelle Heilmethode, die ihre Grundlage in wirklichem Wissen um des Menschen körperliches, psychisches und spirituelles Wesen hat. Wenn die Menschen nur wollten, könnte ihre Heilweise eine sichere und präzise Methode werden.«

Hier finden wir also schon eine Andeutung dessen, was in der Zukunft auf uns zukommen könnte, und was wir eine glücklichere Art zu heilen nennen möchten. Es wird eine Methode sein, die lange, bevor die Krankheit sich im materiellen Körper zeigt, schon eingesetzt wird. Das glücklichere Heilen muß im Geistigen, bei den Gedanken und in der ganzen Einstellung des einzelnen zum Leben anfangen. Was bei den älteren Patienten, die ich im Krankenhaus beobachtete, so mitleiderregend war, waren ihre Beschwerden, die meistens von Dauer zu sein schienen. Deshalb hatten die Leute sich damit abgefunden, ständig krank zu sein. Als ich ihre angespannten, grauen Gesichter sah, konnte ich nicht umhin, sie mit den strahlenden, lebendigen Gesichtern der glücklichen Menschen zu vergleichen, die ich in der Gemeinde kenne, in der ich wohnte − Menschen, bei denen Wärme und Geborgenheit das Leben durchstrahlte, die die Angst vor dem Tode verloren hatten, vor Trennung und Verlust, und die sich um eine glücklichere Art der Heilung bemüht hatten.

Wir müssen uns nicht müde durchs Leben schleppen und die Krankheit erdulden, so gut wir können. Warum sollten wir uns schließlich mit Schmerzen belasten oder an unserem Körper herumschneiden lassen, so daß uns nur noch ein Schatten unseres früheren Selbst bleibt, wenn wir glücklich, kräftig und nützlich für unsere Mitmenschen unseres Weges gehen könnten? Wir sollten versuchen, Krankheit nicht als etwas anzusehen, das erlitten und ertragen werden muß, sondern vielmehr als eine Herausforderung, der wir uns stellen sollen, die wir durch eine glücklichere Art zu heilen, eine gesündere Einstellung und Ausrichtung und eine reinere Lebensweise überwinden können.

Auf richtige Weise der Krankheit vorzubeugen, verlangt nicht eine große Menge Zeit und Geld, aber es zieht eine hilfreichere Einstellung zum Leben und eine größere Achtung vor allem Leben nach sich. Es verlangt auch Anstrengung auf seiten des Patienten: den Willen, alle Beschwerden gedanklich zu bekämpfen und zu wissen, daß der Fehler in nichts anderem als in einem selbst liegt. Die positive Qualität in der Seele selbst ist es, die dabei gewinnen kann.

Der Schlüssel zu einer sicheren Heilweise liegt also außerhalb des Bereichs des materiellen Körpers; er ist unerreichbar für jene, die völlig gefangen sind im Fleisch und die Existenz von allem leugnen, was nicht aus dem materiellen Leben ist. Meine Freunde sind so, wie sie sind, weil sie gelernt haben, ohne den geringsten Zweifel zu wissen, daß der materielle Körper und das Leben in der Materie nur einen kleinen Teil des ganzen Selbst und des Ganzen der Schöpfung ausmacht, und daß ihre Gesundheit und ihr Glücklichsein tief aus dem Inneren stammen. Der Zweck dieses Buches ist, Ihnen zu zeigen, wie Sie, wie jeder, wie alle, für immer die spannungsgeladene, graue und leidende Gruppe der Kranken, Traurigen und Schmerzvollen verlassen und sich jenen anschließen können, die zur glücklicheren Art zu heilen gefunden haben.

DIE BESSERE HEILWEISE

Ruhet friedlich in dem Wissen, daß die weise Mutter und der unendlich liebende Vater die Kinder dieser Zeit, die dem Eigenwillen übermäßig frönten, durch die Leiden hindurch in das Sonnenlicht des guten Willens bringen.
W.E.

Für die vorliegende Neuausgabe wurde dieses Buch überarbeitet und zum Teil neu geschrieben; dies geschah hauptsächlich wegen des bereits geschilderten Krankenhausaufenthaltes, der mich die Notwendigkeit einer neuen Betrachtungs- und Behandlungsweise der Krankheit, die viel tiefer wirken würde als die bloße Behandlung körperlicher Symptome, klarer denn je erkennen ließ.

Es ist wahr: Um geheilt zu werden, muß der Mensch ein Verständnis seiner selbst als eines in erster Linie geistigen Wesens gewinnen und diese lebenswichtige Wahrheit akzeptieren. Das bedeutet zugleich, daß er Gott als eine aktive und verwandelnde Realität in seinem Leben annimmt. Wenn Gott erst einmal Wirklilchkeit für ihn geworden ist, wird der Mensch auch alles andere aus der richtigen Perspektive sehen. Im Vergleich dazu werden dann alle anderen Dinge unwirklich oder illusorisch. Das gilt auch für Krankheit in all ihren Spielarten, denn auch sie ist unwirklich, vergleicht man sie mit der Realität Gottes.

Es ist wahr, daß nur große Seelen oder jene, die bereits schwer geprüft und gepeinigt wurden durch Leiden, schließlich zu dieser Überzeugung gelangen. Ist diese aber einmal erreicht, dann kann der Schöpfer sein Geschöpf heilen. Hierbei handelt es sich um eine Heilung, die aufgrund ihrer Wesensart nicht versagen kann: es ist eine universale Heilung von Krankheit in jeder ihrer Manifestationen.

Wie aber können wir anfangen, Gott zu definieren? Manche werden zweifellos an ihren Kindheitsvorstellungen von Gott als einem überirdischen Wesen hängen, das irgendwo über uns thront, sich aber niederbeugt, um Menschen zu helfen, wenn sie in Schwierigkeiten geraten sind. Meine eigene Vorstellung ist die von einer unvergänglichen Lebenskraft, die ständig in die ganze Schöpfung ihre eigene lebenswichtige Substanz einfließen läßt, die jeden Teil des sichtbaren Universums durchdringt, aber auch die vielen weiteren, unsichtbaren Universen, die nur geistigeren Wesen als uns bekannt sind. Die gewaltige Erklärung des Lebens seiner selbst als ein Unzerstörbares und Ewiges – das ist nach meinem Dafürhalten der deutlichste Ausdruck Gottes als eines ewig schöpferischen Wesens. Ich glaube, daß Gottes Lebenskraft jeden Winkel des Äthers erfüllt, Welten miteinander verbindet und selbst das fernste Universum noch innerhalb seiner Reichweite erhält, allwissend und allgegenwärtig.

Das sichtbare Universum ist erfüllt von der spirituellen Substanz, ohne die nichts existieren könnte. Solange man noch im materiellen Leben, im sichtbaren Universum gefangen ist, kann man nur sehr wenig von dem geistigen Universum sehen, das es durchdringt, und so können wir noch nicht einmal einen Bruchteil dessen kennen, was uns erst erwartet. Die Verheißung aber eines Landes, in dem alles lichterfüllt ist, wo Gott alles durchstrahlt, wo nichts Häßliches sich einzuschleichen vermag, kann uns schon hier erreichen oder durchdringen – und diese kleine Ahnung, diese Sehnsucht, sind aus jenem Land des Lichtes, das uns Heilung spenden kann.

Von allen Geschöpfen, die auf der Erde leben, hat der Mensch die höchsten Möglichkeiten – freilich nicht nur in seinem materiellen Körper oder im Mentalen, sondern auch in seinem spirituellen Bereich. Alle Geschöpfe umfängt die Fürsorge und Liebe Gottes. Er sieht Möglichkeiten, wo wir keine erkennen können; er sieht den Menschen Fähigkeiten entfalten, die unsere kühnsten Träume übersteigen. Er wünschte, daß alle Menschen lebten, wie Jesus Christus lebte, und daß alle liebten, wie er liebte. Gottes Anteilnahme und Fürsorge ist ewig: Sein Interesse an Wachstum und Entwicklung des Menschen und seine unendliche Fürsorge, mit der er jede Einzelheit im Leben jedes seiner Geschöpfe überwacht. Er wünschte, daß der Mensch sich auf Seine Kraft und Macht im Innern besinnt, um sich über die Krankheit des Körperlichen zu erheben und wahre Heilung zu finden. Jesus zeigte, wie der Christus (Gott) im Innern alle Krankheiten heilen kann, und Jesus sagte: *»Wer an mich glaubt, ...der wird die Werke, die ich tue, auch tun.«* So möchte Gott, daß alle seine Kinder lernen, es ebenso zu tun – die Möglichkeit ist gegeben, und Gott ruft uns auf, es immer weiter zu versuchen.

Deshalb muß ein Fünkchen der Realität Gottes und seiner liebenden Fürsorge für jeden eine Grundvoraussetzung wirklicher Heilung sein. Ein völlig in seinem Körper gefangener Mensch, der sich in bezug auf seine Heilung ganz auf einen anderen verläßt, ohne eigene Anstrengungen zu unternehmen, wäre wohl ein schwieriger Fall. Es ist wahr, daß selbst bei dem Halsstarrigsten eines Tages Erfolge sichtbar werden können, aber das muß weitgehend darauf zurückgeführt werden, daß ein Fünkchen geistiger Erkenntnis schließlich doch Einlaß findet. Bevor dies nicht geschieht, kann keine wirkliche und anhaltende Heilung einsetzen. Wenn die Fenster in der kleinen, verdunkelten Kiste allmählich aufgehen, in der die meisten von uns leben, dringt Licht herein, und mit dem Licht kommt Heilung. Je mehr der Heiler oder Patient sich auf Gott und Sein strahlendes Leben des Geistes einstimmt, desto größer wird die Reichweite seines Heilens oder seine Fähigkeit, Heilung zu empfangen. Keiner sollte sich abschrekken lassen, wenn Ärzte ihm jegliche Chance der Heilung absprechen. Ärzte wissen es nicht immer. Es gibt keine Grenze für die Macht Gottes oder die Fähigkeit eines Patienten, Heilung zu empfangen, wenn er die Fenster seiner Seele weit öffnet.

Nachdem wir nun über Gott und die Wichtigkeit des Glaubens an ihn — wenn wir glücklicher heilen oder geheilt werden wollen — gesprochen haben, wollen wir nun betrachten, wie die Lebensphilosophie des Menschen seinen Körper, sein Denken und seine Gefühle beeinflußt, wenn er krank ist, aber auch über seinen Zustand, bevor er überhaupt merkt, daß Heilung notwendig ist. Krankheit behandelt man am besten in ihrem Säuglingsalter, nicht erst, wenn sie zu einem verhärteten, alten Schurken geworden ist. Im Kleinkindalter also, oder sogar noch früher — da ist die richtige Zeit, um sie anzugehen. Scheinbar geringe An-

gelegenheiten wie kleine Traurigkeiten, Probleme, Abnei-
gungen, Wut und sogar Haß, Ungerechtigkeiten und andere zermürbende Reizungen sollte man in Angriff nehmen oder erleichtern, bevor sie Denken und Fühlen zu
sehr stören und damit zu einer Ursache für Folgekrankhei-
ten werden können.

Eine weitere fundamentale Ursache für Krankheit im
menschlichen Leben ist Angst – unsere allgemeine Ungewißheit in bezug auf die verschiedenen Schläge und Veränderungen, die uns das Leben bringt oder bringen kann. Wir
haben das Gefühl, am Rande eines Abgrundes voll unbe-
kannter Schwierigkeiten zu leben. Diese Ungewißheit, was
uns das Morgen, ja, was uns die nächste Stunde oder gar
nur die nächste Minute bringen mag, begleitet uns ständig,
läßt uns unsicheren Schrittes durchs Leben wanken mit
dem Gefühl, daß wir unser Leben bestimmt genießen
könnten, wenn wir wüßten, warum wir hier sind oder wohin wir gehen.

Wir versuchen zu glauben, daß Gott ein liebender Vater
ist, aber wie können wir glauben, wenn wir soviel Leiden
auf dieser Welt sehen? Wie kann ein Gott der Liebe so etwas zulassen?

Dann ist da noch die Angst vor dem Tode. Der schlimmste
Gesichtspunkt der Todesangst ist vermutlich die Angst, von
allem getrennt zu sein, was wir Leben nennen – von unserer Familile, von allen und allem, was uns lieb ist. Vielleicht glauben wir, daß der Mensch den Tod überlebt, aber
wir wissen nur wenig über das Leben danach und fürchten
uns so vor dem Unbekannten, das uns allem Anschein
nach von allem, was wir kennen und lieben, trennt.

So ist also mehr nötig als der bloße Glaube an den ewigen
Geist, der alles Leben durchdringt, um wirkliche und dau-

erhafte Heilung zu erreichen, um Freiheit von Krankheit zu erlangen. Ein tieferes Wissen vom Leben, vom Tod und dem, was danach kommt, ein weiteres Verstehen des Sinnes, der hinter allem steht — eine praktische Philosophie für das tägliche Leben ist es, was not tut.

Eine solche Philosophie wurden den Menschen zu verschiedenen Zeiten über die Jahrtausende hinweg von vielen verschiedenen spirituellen Lehrern gegeben; sie wird von denen, die sich damit beschäftigen, als die uralte oder auch zeitlose Weisheit bezeichnet. Von Zeit zu Zeit wurden die gleichen Wahrheiten erneut ausgesprochen; dabei mag die äußere Form der Darstellung unterschiedlich gewesen sein, die Wahrheit jedoch bleibt unverändert dieselbe. Krishna, Buddha und Jesus waren drei solche Lehrer, aber es hat noch weitere gegeben. Sie kommen nacheinander, um die uralten Wahrheiten auf jeweils neue Weise wiederzugeben, weil das menschliche Denken dazu neigt, alles abzulehnen, was es für altmodisch hält. Es verlangt nach etwas Neuem und Anderem, und auf jeden Fall muß die Darstellung der Wahrheit zu dem Zeitalter passen, in dem sie gegeben wird. Die Wahrheiten selbst jedoch verändern sich nie; sie sind ewig und unveränderlich.

In dem gegenwärtigen Abschnitt der Weltgeschichte scheint eine besondere, dringende Notwendigkeit für eine solche neue Darstellung der Wahrheit zu bestehen. Einerseits sind eine neue Hinwendung zum Spirituellen, zu Freundlichkeit und Menschlichkeit recht verbreitet, die vielleicht geweckt wurde durch die Grausamkeiten, die den Menschen im Zusammenhang mit zwei Weltkriegen gequält haben. Auf der anderen Seite sehen wir viele Menschen, die mit tödlicher Absicht damit drohen, ihre Mitmenschen und vielleicht die ganze Erde zu vernichten. Die Philosophie für das Leben, die im folgenden wiedergegeben wird, hat uns White Eagle geschenkt. Allein die Zeit wird den Wert und die Wichtigkeit dieser erneuten Darstellung der uralten Weisheit bestätigen; und gewiß kann keiner behaupten, es wäre die einzige Wahrheit, oder aber etwas anderes als die klare und offensichtliche Wahrheit in bezug auf das Wesen des Menschen.

White Eagle erklärt viel über das Leben auf der Erde und danach, und solches Wissen kann der Seele echten und bleibenden Frieden schenken, einen Frieden, der Heilung bringt. Wieder und wieder zeigt er, wie alles Leben vom göttlichen Gesetz regiert wird, und daß es so etwas wie Ungerechtigkeit oder Ungleichheit nicht gibt. Die Wahrheit der Reinkarnation beispielsweise erklärt eine Vielzahl der scheinbaren Ungleichheiten im Leben. Das Gesetz von Ursache und Wirkung oder das Karma-Gesetz erklärt noch mehr. Dieses göttliche Gesetz stellt sicher, daß jeder Mensch genau das erntet, was er gesät hat, sei es gut oder schlecht. Er erntet nicht immer auf der materiellen Ebene, denn der Ursache folgt die Wirkung auf dem Fuße und häufig mehr im Bereich des Seelischen als im körperlichen Leben. Die Menschen sind wie Schüler in der Schule des Lebens, und die Lektionen sind manchmal für Jung und Alt gleichermaßen schwierig; die aber, die das Gesetz in seinem Wirken zu erkennen beginnen, finden es gut, und merken, daß alle ertragenen Schmerzen sich am Ende als wohltuend erweisen werden.

White Eagles Lehre schenkt Wissen, das die Angst beseitigen kann, Wissen, das auch in Zeiten der Not aufrechterhält, und Wissen, das inneren Frieden bringt. Er hilft jenen, die dem von ihm gewiesenen Weg folgen, das Gesetz in seinem Wirken zu erfassen und es somit zu verstehen und zu wissen, daß Gott tatsächlich ein Gott der Liebe ist; und dieses Wissen wird sie glücklich machen. Sollte ihnen ein Trauerfall begegnen, dann wissen sie, daß der Tod sie nicht trennen kann von denen, die sie lieben, und daß Einheit und Gemeinsamkeit zwischen den beiden Welten eine Realität sind. Sie wissen, daß die Qualität ihres Lebens in der nächsten Welt abhängig sein wird allein von der Qualität ihres Lebens auf Erden. Sie kennen das Geheimnis des Warum und Wozu ihres Daseins. Das Schreckgespenst der Angst vor dem Tode gibt es nicht mehr, und die Furcht vor dem, was im Laufe des sterblichen Lebens passieren könnte, verschwindet — und so werden gewöhnliche Menschen wirklich glücklichere Menschen, die nicht nur wahre Heilung empfangen, sondern auch selbst Heiler werden können. Freilich geschieht das nicht alles auf einmal, denn es handelt sich um einen allmählichen Prozeß, um das schrittweise Erfüllen und Durchtränken der leeren Plätze in der menschlichen Seele. Durch die Lektüre der White Eagle-Bücher und das Meditieren über die darin enthaltenen Gedanken ist der Frieden im Herzen allmählich zu erlangen. Vielleicht muß man sogar zuerst darum kämpfen, daß er bleibt. Nichts, das sich lohnt, ist leicht zu bekommen; aber eine spirituell 'angereicherte' Seele ist wirklich eine reiche Seele.

Es wird nun Zeit für den Verfasser, etwas mehr über diesen Lehrer, White Eagle, zu erzählen und mitzuteilen, wie es dazu kam, daß seine Lehren herausgegeben und in Form vieler Bücher und Tonbänder in die Welt hinausgeschickt wurden.

Erstens: Wer ist White Eagle *)? Er ist ein spiritueller Leh-

---

*) Siehe auch die Broschüre *Who is White Eagle?* White Eagle Publishing Trust, New Lands, Liss, Hampshire (dt. Ausgabe von Walter Ohr. »Wer ist White Eagle?«, Grafing 1985[2])

rer, der den materiellen Körper meiner Frau als das Werkzeug gebraucht, durch das er spricht *). Wer White Eagle kennt, weiß seine Einfachheit im Geist, seine ruhige Philosophie, seine sanfte Weisheit und seinen stillen Humor zu schätzen und akzeptiert ihn ohne Vorbehalt. Auch jene, die seine Stimme nie vernommen haben, aber seine Bücher lesen, halten seine Lehre für unbezweifelbar wahr. Der Name White Eagle steht für einen spirituellen Lehrer und soll nicht unbedingt mit einer einzigen Inkarnation in Verbindung gebracht werden. Gewöhnlich ist seine Persönlichkeit die eines alten Indianerhäuptling, aber manchen seiner Freunde ist er auch als ein Tibeter, als ägyptischer Priester-Pharao, als bescheidener Bruder in einem nicht genannten Orden oder als ein Alchemist des Mittelalters bekannt. Ganz gleich, welche Körper und Persönlichkeiten in der Vergangenheit die seinen gewesen sind, bleibt er für uns der geliebte White Eagle.

Nun, was gäbe es über White Eagles Medium, meine Frau Grace Cooke, zu sagen? Besitzt sie außergewöhnliche Gaben oder Fähigkeiten, die ihr für diese Arbeit das geistige Rüstzeug schenken? Ja, tatsächlich, das glaube ich. Von frühester Kindheit an stellte sie erstaunliche psychische und mediale Fähigkeiten unter Beweis, die ohne Zweifel das Ergebnis von viel Ausbildung und Arbeit mit White Eagle in früheren Leben sind. (So wissen wir beispielsweise, daß sie in Südamerika zusammen lebten, als White Eagle der weise Häuptling Ha-Wa-Ta und meine Frau dessen Tochter Minesta waren. *)

---

*) Sowohl Grace als auch Ivan Cooke sind inzwischen in lichtere Welten zurückgekehrt. Um der Lebendigkeit der Darstellung willen bleibt die Präsens-Form jedoch bestehen. (Anm. d. Hrsg.)

Im derzeitigen Leben begann meine Frau mit ihrem spirituellen Dienst in der Öffentlichkeit im Jahre 1913, als sie zum ersten Mal eine Zusammenkunft in der spiritualistischen Kirche leitete. Im Jahr darauf reiste sie durch Großbritannien und gab mit Hilfe ihrer Fähigkeiten des Hellsehens und Hellhörens Beweise für das Leben nach dem Tode. White Eagle stellte sich ihr bereits vor, als sie noch ein Kind war, aber erst Ende der zwanziger Jahre lehrte er durch sie als sein Medium und fing an, durch sie seine wunderbare Botschaft, seine Darstellung der uralten Weisheit vorzulegen, die dazu führte, daß sein Name inzwischen bei so vielen bekannt und geliebt wird. Schließlich gab er Anweisungen, daß die Zeit gekommen sein, eine religiöse Gemeinschaft allein zu dem Zweck zu gründen, die Lehre und Philosophie, die White Eagle durchgab, in der Welt zu verbreiten. So wurde im Jahre 1936 die White Eagle Loge in einem kleinen Kirchenraum im Londoner Stadtteil Kensington gegründet. (Der Name 'Loge' wurde gewählt, weil seine englischsprachige Entsprechung 'lodge' zugleich der Begriff für den Wigwam der Indianer ist, einen Ort der Erholung, und dies war es auch, was die Loge nach dem Willen White Eagles für viele Seelen werden sollte, die in späteren Jahren hierherfinden würden.) Aber bevor es dazu kam, geschahen noch einige Dinge, die meine Frau, mich selbst und das Werk, das zu vollbringen wir aufgerufen waren, sehr tief berühren sollten. Auf erstaunlichen Wegen wurden wir mit den älteren Brüdern der uralten Weisheit zusammengeführt. Die nun folgende Geschichte erscheint vielleicht eigenartig und romanhaft, manchen mag sie wohl auch unglaublich vorkommen – aber sie ist wahr: *)

---

*) Vgl. hierzu: *Der Pfad der Einweihung*, Grafing 1987[2]

Es fing alles zu Beginn dieses Jahrhunderts an, als ein junger Franzose, dessen Vater in Rom lebte, zufällig nach Bagnaia in der Nähe von Viterbo, rund hundert Kilometer nördlich von Rom, in Urlaub fuhr. Hier lernte er einen Einsiedler namens Pater Julian kennen, und aus der Bekanntschaft wurde eine enge und tiefe Freundschaft zwischen dem Eremiten und dem jungen Mann. Als sie voneinander Abschied nahmen, vertraute der Einsiedler seinem Freund ein vom Alter vergilbtes Manuskript an, das das geheime Verfahren des Orakels der »Force Astrale« enthielt, ein Mittel zur Kommunikation mit Meistern des Fernen Ostens. Dieses versuchte der junge Mann jedoch erst zwei Jahre später zu enträtseln, als er, da er in großen Schwierigkeiten steckte, beschloß, das Orakel um Rat zu fragen.

Hierzu war es notwendig, eine Frage klar zu formulieren und anschließend in Zahlen umzuschreiben nach einem Code, der im Manuskript angegeben war. Die auf diese Weise entstandene Zahlenreihe wurde dann in mehreren Schritten weiterentwickelt und verändert. Die Antwort auf die Frage kam schließlich auch in Form von Zahlen, die wieder in Buchstaben zurückverwandelt werden mußten. So erhielt man eine sehr weise und präzise formulierte Botschaft als Lösung der ursprünglich gestellten Frage.

Viele Jahre später empfing der junge Mann auf diesem Wege eine Nachricht, die ihn anwies, die Gruppe oder »Bruderschaft der Polaires« neuzugründen, die 'über die Straßen der Welt reisen' würden. Ziel der »Polar-Bruderschaft« war es, der Menschheit durch gewisses 'Jahre des

---

*) Die ganze ungewöhnliche Geschichte findet der Leser in *The Return of Arthur Conan Doyle*, White Eagle Publishing Trust, New Lands, Liss, Hampshire.

Feuers' hindurchzuhelfen, die sie in Kürze erwarteten (all dies geschah in der sehr unruhigen Zeit zwischen den beiden Weltkriegen), und die Kräfte des Hasses und Mißtrauens um einiges zu ermäßigen, die in Europa vor dem Eintreffen der 'Jahre des Feuers' überhandnahmen. Die »Polar-Bruderschaft« würde auf den inneren Ebenen arbeiten, mit Gedanken und Gefühlen unter Einsatz der vereinten Gedankenkraft (oder besser: Seelenkraft), die von wohlausgebildeten Gruppen zu diesem Zwecke ausgestrahlt wurden. Die Möglichkeiten einer solchen Konzentration von Seelenkraft, Gutes zu bewirken, könnten unermeßlich sein.

Durch die »Force Astrale« erfuhr die »Polar-Bruderschaft« von Sir Arthur Conan Doyles Wunsch, das Wissen zu übermitteln, das er seit seinem Hinübergang im Jahre 1930 erworben hatte. Da das Orakel eine zu langwierige Methode für eine so umfangreiche Nachrichtenübermittlung war, teilte Sir Arthur der Bruderschaft mit, daß seine Witwe das Medium kennen würde, das er gebrauchen wollte. Als diese Kontakt aufnahmen mit Lady Conan Doyle, wandte sie sich auf der Stelle an meine Frau, und man verabredete sich zu einer Zusammenkunft, bei der auch ein Vertreter der »Polar-Bruderschaft« anwesend sein sollte. Bei diesem und den folgenden Treffen bewies White Eagle seine enge Verbindung und Zusammenarbeit mit den Weisen, die die »Polar-Bruderschaft« leiteten. Von da an machte Sir Arthur Conan Doyle von den medialen Kräften meiner Frau Gebrauch, um seine Botschaft durchzugeben (die in dem Buch *The Return of Arthur Conan Doyle* enthalten ist). Wir wurden beide nach Paris berufen, um in einer geheimen spirituellen Zeremonie als Geschwister der »Polar-Gruppe« geweiht zu werden und erhielten den Auftrag, nach England zurückzukehren und dort eine ähnliche Bruderschaft oder Gruppe zu gründen. Die englische »Polar-Bruderschaft« wurde in einem alten Landhaus in Burstow in der Grafschaft Surrey begründet, wo meine Frau und ich damals wohnten. Im Laufe der Zeit fanden noch andere ihren Weg zu uns und wurden in das Werk eingeweiht. Die französische »Polar-Bruderschaft« zerstreute sich, soweit wir wissen, als Paris im Jahre 1940 von den Deutschen besetzt wurde, und fand nicht wieder zusammen.

Die englische »Polar-Gruppe« änderte später ihre Namen in »Star Brotherhood« und widmet sich der Heilung von Nationen und einzelnen Menschen, wie bereits die ursprüngliche »Polar-Bruderschaft«. Die »Star Brotherhood (Stern-Bruderschaft) wurde zur Kerngruppe in der White Eagle Loge – und das Resultat ihrer Arbeit für den Kranken ist die spirituellere Art zu heilen, wie sie in diesem Buche dargelegt wird.

Bevor die französische »Polaire-Gruppe« aufgegeben wurde, kamen viele Botschaften durch die Weisen, und vermittelten weitere Anweisungen für die Arbeit der Bruderschaft. Ein Aspekt ihres Wirkens war die Heilung von Kranken mit Hilfe der (wie oben erwähnt) konzentriert ausgesandten Seelenkraft. Manche bemerkenswerte Heilung wurde auf diese Weise herbeigeführt, und es war – anders als im internationalen Rahmen – bei dieser Arbeit möglich, ihre Wirksamkeit zu demonstrieren und zu beweisen. Die internationalen Bemühungen konnten aufgrund ihrer Beschaffenheit nich auf gleiche Art Beweise liefern, aber wenn die Resultate der Arbeit für einzelne sich als echt und dauerhaft erwiesen – warum sollte sich die Arbeit für die Völker nicht als ebenso wirkungsvoll herausstellen? Verärgerte und verängstigte Regierungen waren vielleicht ebenso krank in ihrer Seele und bedurften der Heilung in gleichem Maße wie einzelne kranke Menschen. Ja, man kann den Verlauf des zweiten Weltkrieges nicht studieren, ohne zu der Erkenntnis zu gelangen, daß etwas, das höher steht als materielle Macht, die Alliierten wieder und wieder schützte und rettete.

Gleich von Anfang an war die Bruderschaft das Zentrum und der Brennpunkt des ganzen Werks der White Eagle Loge. Sie ist von den ursprünglich zwei Personen zu einer viel größeren Gruppe gewachsen, deren Mitglieder alle von den Leitern bei einer geheimen Zeremonie eingeweiht wurden, wie es den ursprünglichen Anweisungen in der »Polar-Bruderschaft« entspricht; und wie die innere Arbeit der Bruderschaft sich seit den Anfangstagen fortgesetzt und ausgeweitet hat, so ist auch die äußere Arbeit der White Eagle Loge gewachsen.

Nicht einmal die Zerstörung unserer Räumlichkeiten in Kensington brachte das Werk zum Stillstand. Wir fanden ein neues Zuhause, und die Geschwister und Mitglieder blieben zuverlässig und treu; sie besuchten die Zusammenkünfte in London auch während des Krieges, ohne sich durch die verdunkelten Straßen oder Fliegeralarme abschrecken zu lassen. Vor Ausbruch des Krieges waren Gruppen gebildet worden, die jenen, die in Schwierigkeiten und Not sind, heilende Gedanken zusandten, und diese 'Schutzgruppen' und die anderen führten ihre Bemühungen über den Krieg hinweg fort, wobei kein einziger der Teilnehmer Schaden erlitt – abgesehen von einem, der, als er von der Zusammenkunft zurückkam, feststellen mußte, daß das Haus, in dem er wohnte, von einer Bombe zerstört worden war. (Vielleicht war es seine Abwesenheit von Zuhause, die ihm das Leben rettete).

Kurz vor Kriegsende gab White Eagle Anweisungen, daß man sich nach Räumlichkeiten auf dem Lande umschauen sollte, und er teilte in Einzelheiten mit, wo diese zu finden wären. Zur gegebenen Zeit wurde dann das Anwesen New Lands in der Nähe des Ortes Liss in der Grafschaft Hampshire erworben und in einen Ort der geistigen Einkehr und Arbeit umgewandelt. New Lands wurde in der Folgezeit das Verwaltungszentrum unseres Werkes und zum Hauptsitz des White Eagle Publishing Trust, der White Eagle-Verlagsstiftung. Im Laufe der Jahre wurden immer mehr Bücher mit den Lehren White Eagles veröffentlicht. Von den ersten Anfängen der Loge und der Bruderschaft an wurden wir von unseren beiden Töchtern und später auch deren Familien unterstützt. Das Werk wurde immer als ein Familienbetrieb geführt, wobei meine Frau nicht nur als Mutter ihrer kleinen Familie, sondern auch der wachsenden Zahl von Mitgliedern und Anhängern White Eagles diente. Wir dürfen sie uns nicht als einen Menschen vorstellen, der in seinem Elfenbeinturm des Mystikers zurückgezogen lebt, sondern auch im praktischsten Sinne als harte Arbeiterin. Ihre Begeisterung und ihr gläubiges Vertrauen haben das Werk durch manche schwierige Zeit hindurch getragen. Später war sie die Inspiration hinter dem Bau des weißen Tempels auf dem Hügel, der an den Garten von New Lands grenzt. Rom wurde nicht an einem einzigen Tage erbaut, auch der weiße Tempel nicht, obwohl man sagen kann, daß die Kraft des Gebetes den Bau vorangetrieben hat. Auch harte äußere Arbeit kam dazu – aber es ist noch immer eigentlich das Gebet, das eine Aura des Segens aufgebaut hat, die New Lands, den Tempel und die Umgebung umgibt, auf die jedermann anspricht. Das allein bringt schon Seele und Geist derer Heilung, die hierher kommen. Heute sind es nicht nur zwei oder drei Gruppen, wie während es Krieges, die Fernheilung aussenden, sondern viele, viele mehr. Jede Gruppe wird von einem eingeweihten Mitglied der Bruderschaft geleitet und setzt so die enge Verbindung mit der »Polar-Bruderschaft« fort und den Weisen im Himalaya und deren machtvollen Heilungsstrahlen. So wie im Tempel und in London kommen Gruppen in vielen Teilen Britanniens und der übrigen Welt zusammen. Sie alle folgen derselben Methode, die White Eagle vermittelt hat; sie alle setzen seine Lehre und Philosophie als Gruppe und in ihrem eigenen Leben in die Praxis um, und durch ihre Beschäftigung damit und ihren Dienst lernen sie, die Heilung der Seele des Menschen zu einer lebendigen Wirklichkeit zu machen.

Damit beenden wir diese einführenden Worte und gelangen nun zum ersten Auszug aus den Lehren White Eagles, die dieses Buch in einer Auswahl wiedergibt, die dem Leser Geborgenheit und Trost spenden soll. Sie sollen ihn im Herzen ansprechen und dort verweilen – nicht nur in seinem Gedächtnis –, und sich auswirken in seinem täglichen Leben.

III

URSACHE VON KRANKHEIT

Die älteren Geschwister bemühen sich unablässig für euch und für alle Menschen. Sie richten nicht über ihre jüngeren Geschwister, weil sie Gottes Gesetze kennen, Gottes Plan für die Entfaltung des Göttlichen Menschen. Die noch jungen Seelen sind rasch mit Urteilen über andere zur Hand; aber die älteren Geschwister sind geduldig, sie erwarten nicht zu viel.
W.E.

White Eagle sagt: „Wenn wir die Menschheit betrachten, dann unterscheidet sich unser Blickwinkel etwas von dem euren, weil ihr euch in der Regel auf den äußeren oder körperlichen Menschen konzentriert, während wir den inneren Menschen sehen; wir blicken in sein Herz, wir sehen seine Gedanken und Beweggründe, seine Empfindungen und Gefühle. Wir können hinter körperlichen Leiden und hinter Schmerz und Pein deren Ursache erkennen, und wir versuchen, euch zu helfen.

Im Grunde gibt es nur eine Ursache für Krankheit, und diese Ursache in ein Mangel in der Seele des betreffenden Menschen, ein Zustand, der ihn daran hindert, aus dem universalen Geist zu empfangen, den er Gott nennt.

Wenn wir das Denken des Menschen betrachten, sehen wir soviel Angst – Angst vor körperlichen Beschwerden und Schmerzen, Angst vor Erkrankung, Angst vor Armut und Verlusten jeglicher Art, Angst vor Einsamkeit und dem Alter, und hinter und über allem steht die Angst, der er sich nie stellt und die er auch nie zugibt, obwohl er sie am meisten fürchtet: die Angst vor dem Tode.

Wenn man durch irgendein Wunder die Angst vor dem Tode beseitigen könnte, wäre das schon ein großer Schritt hin zur Heilung aller Krankheit. Aber das kann nicht geschehen, bevor der Mensch nicht anfängt, sein geistiges Selbst zu entfalten. Dann erst erreicht er einen Zustand, in dem früher für unverständlich gehaltene Dinge klar und durchsichtig werden, und der Tod wird ein Erlebnis voll Gelassenheit und Schönheit, wie wenn einem Erschöpften in seiner letzten, großen Not die Mutter liebevoll zu Hilfe kommt.

Es ist nicht so sehr das bewußte, sondern das unbewußte Denken des Menschen, das von Ängsten beherrscht wird, denn die natürliche Neigung des bewußten Denkens geht dahin, solche Eindringlinge so rasch wie möglich wieder loszuwerden; werden sie aber erst einmal vom bewußten Denken unterhalten, schlagen sie tiefe Wurzeln ins Unterbewußte, wo sie sich von Jahr zu Jahr fester verankern, so daß sie das tägliche Leben allmählich immer stärker überschatten können und häufig mit vagen Befürchtungen und ungewissen Ängsten verdunkeln. So viele Menschen verfallen der Gewohnheit negativer, nutzloser und niederdrückender Gedanken, und in der gleichen Weise, in der eine geschwächte Vitalität einen zur leichten Beute für ansteckende Krankheiten werden läßt, wirkt ein verzagtes

Gemüt wie eine Einladung auf Unfälle und Unglück; in beiden Fällen wirkt die gleiche Gesetzmäßigkeit.

Übt euch deshalb, euren Blick immer oberhalb der dunklen Dinge im Leben zu halten; übt, euch über euere eigenen verschatteten Gedanken und niederdrückenden Gefühle zu erheben, positiv und hoffnungsvoll zu denken. Das Gute im Leben, alles, was glücklich und aufbauend ist, überwiegt bei weitem das Negative und Destruktive — warum also Schwierigkeiten und Krankheiten einladen, indem man sich zuviel mit ihnen beschäftigt? Denkt Gesundheit, und mit der Zeit werdet ihr gesund. Wirkliche und anhaltende Gesundheit kann zum natürlichen Bestandteil eures Wesens werden.

Gott kennenzulernen heißt, Gesundheit kennenzulernen, denn wenn ihr lernt, Gott zu denken, bei der Liebe Gottes zu verweilen, wächst das Leben in euch zu größerer Fülle, und Krankheit hat keinen Platz mehr, findet keine Bleibe in euch, denn das Licht vertreibt die Finsternis.

Gott unterstützt aktiv und unablässig das Gute und läßt aus jedem Übel letztlich ein höheres und edleres Gutes erwachsen. Gott ist sowohl persönlich als auch unpersönlich. Christus ist für euch die Personifizierung der Liebe Gottes; aber verwechselt nicht Christus, den Sohn, mit Jesus, dem Menschen, der gekommen ist, um Gott sichtbar zu machen, indem er unter den Menschen lebte, so wie Gott möchte, daß jeder Mensch lebt. Christus ist der Geist, der den Menschen Jesus mit seiner Flamme erleuchtete; Christus ist der Sohn oder der personale Aspekt Gottes, der in jeder Seele wohnt und mit dieser Seele dulden und leiden wird, sich, falls notwendig, auch kreuzigen läßt und sie schließlich zur Auferstehung führt.

Gott ist zugleich unpersönlich in der Natur, und in diesem Aspekt ist er das Gesetz, das alle Natur auf dieser Erde lenkt und über die kosmischen Universen und Lichtwelten herrscht, in die die Seele des Menschen eines Tages eingehen wird. Der Mensch kann diesem unendlichen und allumfassenden Gesetz nicht entfliehen, und sein Wohlbefinden hängt davon ab, daß er dauernd in Harmonie mit ihm lebt, in ständiger Harmonie mit dem aufbauenden und schöpferischen Prinzip, das Gottes Universum regiert. Jesus drückte dieses Gesetz in einfachen Worten aus, als er sagte: *Liebet einander,* was bedeutet: Lebt in Harmonie, im Einklang, lebt ruhig und friedlich in dem Wissen, daß Gottes liebende Weisheit es ist, die euer Leben lenkt. Gott regiert sein Universum durch das Gesetz der Liebe. Ihr versteht nicht viel von der Bedeutung der Liebe, aber eines Tages werdet ihr mehr begreifen, und durch die Erfahrungen des Lebens werdet ihr lernen, wie liebevoll und weise euer Schöpfer ist. Die Menschen rufen nach Gott und suchen ihn auf den verschiedensten Wegen. Sie suchen nach ihm in materiellen Dingen, aber am Ende müssen alle lernen, daß Gott in ihnen ist. Gott ist im Herzen des Menschen, und in Gott, im Herzen des Menschen, ist alle Wahrheit. Wenn der Mensch sich nach innen wendet, wird er durch Meditation und Kontemplation die Geheimnisse des Universums kennenlernen. Er wird Gott überall finden. Er wird Gott sehen in den Steinen, im Gras, in den Blumen, den Bäumen und allem was wächst. Er wird Gott finden in den Meeren und in den Flüssen, in den Tälern und auf den Berggipfeln und im Himmel über der Erde, im gestirnten Firmament. Mit seinem inneren Auge wird er die Herrlichkeit Gottes überall erblicken und erkennen, und er wird von Staunen erfüllt sein über Gottes Macht und Weisheit.

Aber der Mensch wird Gott nicht nur in diesen körperhaften Formen finden; er wird Gott auch im Herzen seines Bruders entdecken. Das wird ihm himmlische Glückseligkeit vermitteln, denn er wird eins mit allem Leben sein. Die Wahrheit muß im Herzen erkannt werden. Bücherwissen, intellektuelle Bestrebungen werden dem Menschen die tiefsten Wirklichkeiten nicht offenbaren können; nur seine eigene Erfahrung wird ihn Gott erleben lassen. Die Kümmernisse des Lebens, die Verluste, die schmerzlichen Erfahrungen, die ihn fragen lassen, ob es überhaupt einen Gott gibt – all diese Dinge werden den Menschen schließlich dahin führen, Gott in seinem eigenen Herzinneren zu finden.

Wenn ihr den Willen und die Sehnsucht habt, die Wahrheit zu finden, Gott in euch zu finden; wenn ihr nach jener Bewußtseinsebene strebt, auf der ihr die Bedeutung der Liebe Gottes erkennen könnt und durch euer Verstehen imstande seid, anderen zum Licht hin zu helfen, dann werdet ihr wahrlich eine goldene Ernte auf dieser Erde erleben. Der Mensch schafft, wie Gott schafft. Gott hat die schöpferische Macht in den Menschen eingepflanzt. Der Mensch ist das Kind Gottes, und der Geist Gottes ist in ihm. Der Mensch besteht aus dem materiellen Körper, der Seele und dem Geist. Wie der Mensch im Geiste und durch den Geist Gottes lebt, so wird er einen vollkommeneren materiellen Körper schaffen, eine harmonischere Umgebung, und ein Leben voll Schönheit und Vollkommenheit. Dies ist ein Gesetz: gerecht, vollkommen und wahr.

Es hat den Anschein, daß es vor allem anderen notwendig ist, daß der Mensch sich selbst kennenlernt, den inneren Menschen, dessen er kaum bewußt ist. White Eagle spricht von den Ängsten, die den Menschen beherrschen, nicht so sehr im bewußten, sondern eher im unbewußten Denken. Wir tun wohl daran zu betrachten, was er mit diesen Begriffen meint.

Das Unterbewußte sollten wir uns als einen integralen Bestandteil eines jeden Menschenwesens vorstellen, der mit dem Baby zusammen geboren wird. Vielleicht hat es aber schon den Körper dieses Babys seit dem Augenblick der Zeugung mit aufgebaut — wer könnte das sagen? Aber gehen wir einmal davon aus, daß das Unterbewußte von der Geburt des Kindes an die Verantwortung für dessen Wohlergehen übernimmt. Es regelt und beeinflußt die inneren Vorgänge des Kindes — sein Nahrungsaufnahme-, Verdauungs- und Ausscheidungssystem, seine Atmung, seinen Blutkreislauf und seinen Herzschlag. Es kann sich auch sehr herrisch aufführen — wie alle Eltern wissen —, wenn das Kind sich hungrig oder unwohl fühlt. Was es will, das wird es bekommen, denn es ist ein einspuriges Denken, das nur nach seinen eigenen Bedürfnissen strebt und von sich aus egoistisch funktioniert, ganz und gar. Dieses Unterbewußte ist es, was das Kleinkind in seinen ersten Lebensjahren als so egozentrisches Wesen erscheinen läßt. Erst später, wenn das bewußte Denken allmählich zum Vorschein kommt, beginnt das Kind, an andere zu denken und auch etwas Selbstlosigkeit zu zeigen.

Das Unterbewußtsein ist zugleich verantwortlicher Ingenieur und unermüdlicher Arbeiter für den Körper, der eine lebenslange Aufgabe übernommen hat, die ihn vom Mutterleib bis ins Grab beschäftigt halten wird. Dieses unterbewußte Denken ist zu jeder Zeit der vierundzwanzig Stunden eines Tages unser Gefährte; wir schlafen mit ihm, und es weckt uns auf, begleitet uns bei unserer Arbeit, und ist noch immer aktiv bei uns, wenn wir uns in der Nacht wieder schlafen legen. Und die ganze Zeit treibt es uns an und hält uns in Stand.

Dieser Teil unseres Wesens wird von Esoterikern das »Körper-Elemental« genannt, es lenkt den Strom des Blutes, kontrolliert die atmenden Lungen, das pulsierende Herz, die Verdauung und Ausscheidung und wird eigentlich aus der Sicht des Erwachsenen nie volljährig; es bleibt seinem Wesen nach kindlich, aber beileibe nicht einfältig wie ein Kind – ja, das war es auch niemals gewesen! Denn es ist zum Teil auch ein uralter Teil unseres Denkens, da in ihm die unzähligen guten und schlechten Züge, Eigenschaften und Eigenheiten gespeichert sind, die wir von längst vergangenen und vergessenen Vorfahren erben; vielleicht befinden sich unter diesen einige Heilige und viele Sünder. Und alles, was wir kennen, unsere Gesichtszüge, unseren Körper, unsere Stimme, Gestik und Hautfarbe, könnte eine genaue Kopie der ihren sein. Dann ist das Unterbewußte ein sehr alter Teil unseres Wesen, der diese Dinge verbirgt und doch auch weiterreicht. Zugleich ist es auch ein Massen- und kollektives Denken, weil es nicht so deutlich vom Geist unserer Mitmenschen getrennt ist wie das bewußte Denken, sondern gelegentlich seine Empfindungen und Gefühle vom Empfinden und Fühlen der Masse übernimmt oder sie diesem mitteilt.

Vielleicht sollten wir den Begriff Unterbewußtsein aufgeben zugunsten des klareren Wortes »Körperbewußtsein«. Zum Körper gehörend, beschäftigt es sich mit allem, was den Körper an Gutem oder Krankem betrifft. Es nimmt alles, was in seinem Aufsichtsbereich geschieht, wahr, und das mit einer Genauigkeit, die dem Bewußten oder dem Intellekt gänzlich abgeht. Mit welcher Präzision kehren

47

doch Erinnerungen aus der frühen Kindheit, die fünfzig, sechzig, siebzig Jaahre lang vergessen waren, im hohen Alter wieder ins Gedächtnis zurück — wenn das bewußte Denken schon nachgelassen hat und das Körperbewußtsein wieder — wie in den ersten Lebensjahren — die Kontrolle übernimmt! Das ist denn in der Tat eine zweite Kindheit, wenn das Körperbewußtsein, das des Leibes ursprünglicher Bewohner gewesen war, wieder daran geht, alles andere zu beherrschen.

Aber nicht nur die Kindheitserinnerungen werden unfehlbar wahrgenommen und gespeichert, sondern alles, was im Laufe eines ganzen Lebens geschieht — jeder Gedanke, jedes Gefühl —, sinkt ab in das Körperbewußtsein und wird dort aufgezeichnet. Darüber hinaus werden solche Erinnerungen ein regelrechter Teil des Körperbewußtseins, der wiederum die Lebenseinstellung des bewußten Denkens beeinflußt. Wenn wir also eine gesunde Sicht des Lebens in unserem Körperbewußtsein speichern, erhalten wir uns selbst gesund und glücklich. Diesen einfachen Vorgang können wir natürlich auch umkehren.

Hier aber kommen wir zum springenden Punkt bei diesem Thema: Was für Gedanken über uns selbst machen wir uns denn gewohnheitsmäßig? Sind wir gewohnt, Gedanken des Wohlergehens in unser Körperbewußtsein einzuspeichern — stündlich, täglich, monatlich, jahrein, jahraus? Wenn das der Fall ist, dann programmieren wir es zu einem gesunden Leben. Oder denken wir im allgemeinen traurig, klagend an unseren Körper? Erfüllt uns jeder Schmerz und jedes Weh, das geringste 'Quietschen und Knarren' schon mit stöhnender Besorgnis? Wenn das der Fall ist, dann programmieren wir unseren Körper für einen Krankheitszustand. Noch wichtiger aber: Wie ist unsere gewohnheitsmäßige Sicht unserer Welt und der Mitmenschen? Ist sie freundlich, aufbauend, großzügig? Oder ist sie kritisch, habgierig, mitleidlos? Solche Gedanken und Gefühle wirken sich im Körper aus, zur Gesundheit – oder Krankheit. Aufbauende Gedanken wie Vertrauen und Liebe, Zuversicht, Hoffnung und Nächstenliebe können Gesundheit und Wohlbefinden in den Körper einbauen; negative, niederdrückende Gedanken jedoch und quälende Sorgen ziehen uns mit gleicher Gewißheit nach unten und erfüllen das Körperbewußtsein mit Angst, die sich später auch äußerlich niederschlägt. Beobachten Sie einmal einen Schwarm Vögel beim Füttern und achten Sie darauf, wie jedesmal Futterneid und Angst sie erfaßt. Genauso kann es mit dem Körperbewußtsein des Menschen geschehen. Die Spielarten der Angst stehen uns so zahlreich zur Verfügung. Denken Sie nur daran, wie die Medien die Angst ausschlachten; wie intensiv sie sich dem Unglück, den Unfällen und dem Tode widmen.

Jeder Gedanke des Wohlseins oder Unwohlseins sickert gleich den Empfindungen aus dem bewußten Denken ins Körperbewußtsein hinab. So beeinflussen sie im Laufe der Zeit das Körperbewußtsein, manifestieren Gesundheit oder Krankheit, in genauer Übereinstimmung mit der vorherrschenden Wesensart der Lebenseinstellung und der Innenschau des Menschen, und abhängig davon, wie weit die Angst in ihm ihre Wurzeln schon geschlagen hat.

Daß es sich so zu äußern gewohnt ist, macht uns noch auf einen weiteren Zug des Körperbewußtseins aufmerksam – auf seine Vorliebe, mit der es sich in Szene setzt. Wir können das akzeptieren, weil die meisten von uns in ihrem bewußten Denken ohnehin dazu neigen, dasselbe zu tun – warum sollte es also nicht auch das Körperbewußtsein?

Aber nur, wenn das letztere sozusagen die Szene beherrscht, dient unser Kopfdenken als Zuschauer; unser Körperbewußtsein wird zu der Bühne, auf der die eigentliche Vorstellung stattfindet. Betrachten wir einmal eine ganz gewöhnliche Erkältung als Beispiel, denn diese Rolle hat unser Körperbewußtsein seit langem und gut eingeübt und beherrscht sie zur Vollendung, von ihren unangenehmen Anfangserscheinungen über Schnupfen und erhöhte Temperatur bis hin zu Husten und Heiserkeit. Was für einen Grund könnte das Körperbewußtsein haben, um sich solch demütigendem Theaterspiel hinzugeben? Weil es im Laufe der Zeit dazu erzogen wurde, indem man es zum Zeugen des Körperbewußtseins unzähliger anderer gemacht hat, die genau das gleiche taten. Wohl mag das Kopfdenken des betreffenden Menschen alle möglichen Vorbeugungsmaßnahmen treffen, um sich vor eine Erkältung zu schützen; aber wenn die Erkältungen in reichem Maße vorhanden sind, dann reizt das versteckte Gewahrwerden der Erkrankungszeichen das Körperbewußtsein, und dieses stellt sich als Bühne zur Verfügung, und die Vorstellung kann beginnen.

Der Anhänger der »Christlichen Wissenschaft« (Christian Science) beschuldigt das 'sterbliche Denken' (ein anderer Begriff für das Körperbewußtsein), der Anstifter jeder Form von körperlicher Erkrankung zu sein, und heilt sich selbst, indem er das sterbliche Denken ständig neu konditioniert. Wenn wir am Ende dieses Buches angelangt sind, sind wir vielleicht besser in der Lage, diesen Vorgang zu billigen oder abzulehnen. Gewiß ist jedenfalls, daß die gedankliche Einstellung mancher Menschen so diszipliniert ist, daß diese nie Krankheitserreger aufnehmen oder sie auf andere übertragen, ungeachtet der beängstigenden Verbreitung von Keimen und Viren, die immer mehr zunehmen soll. Ein Arzt beispielsweise kann täglich von Patient zu Patient gehen, von denen mancher eine ansteckende Krankheit hat, und solange der Arzt nicht erschöpft ist durch Überarbeitung oder private Schwierigkeiten, wird er weder selbst Beschwerden bekommen noch die Infektion von einem Patienten auf den anderen übertragen – und das, trotzdem er sich kaum gegen Ansteckungen schützt (zumindest sieht es für den Laien so aus). Der wirkliche Schutz ist natürlich das disziplinierte Körperbewußtsein des betreffenden Arztes – ein Bewußtsein, das durch jahrelange Übung unter Kontrolle ist und dem Kollektivdenken der Medizin folgt, das beschlossen hat, daß Ärzte gegen Infektionen immun sind. Der Patient hat in dieser Hinsicht auch keine Befürchtungen; sein Körperbewußtsein hat gelernt, sich nicht vor Infektionen fürchten zu müssen, die von Ärzten übertragen sein könnten.

Wir haben nun gesehen, wie zuverlässig das Körperbewußtsein sich in den Besitz der geringsten insgeheimen Angst des bewußten Denkens bringen und zur Überraschung und zum Schrecken des Patienten eine Erkältung produzieren und inszenieren kann, ganz besonders in Jahreszeiten, in denen Erkältungen angezeigt zu sein scheinen. Könnte das sein, weil eine Art universeller Bewußtseinsinfektion jeder Ansteckung durch Krankheitskeime vorausgeht, weil solche Gedanken sich leicht von einem Körperbewußtsein zum anderen übertragen lassen?

Könnte es auch sein, daß die Gesundheit und das Wohlergehen von Kindern weitgehend vom Zustand des Körperbewußtseins ihrer Eltern bestimmt wird? Das hieße, von den Hoffnungen und Ängsten, die die Eltern in bezug auf ihre Kinder unterbewußt besitzen, und das gilt insbesondere für Mütter. Eine Mutter, die ihre eigene Kindheit in, sagen wir, einer Atmosphäre voller 'Befürchtungen' verbrachte, nimmt diese Atmosphäre so in sich auf, daß sie Teil ihres Denkens und Körpers wird, und sie ist somit geeignet, die Atmosphäre ihrer häuslichen Umgebung jetzt damit zu prägen. Was bleibt dem Kind dann anderes übrig, als selbst wieder davon betroffen zu werden?

Wir gelangen nun zum bewußten Denken — zum Wachbewußtsein, zum Kopfdenken oder Intellekt; man nennt es auch das Frontaldenken, und ganz gewiß kann man sagen, daß es sich immer nach vorne drängt — ein Phänomen, das vielleicht symptomatisch für seine Selbsteinschätzung ist —, betrachtet man es im Vergleich zum Körperbewußtsein, das sich scheinbar nicht aufdrängt. Das bewußte Denken ist das Mittel, mit dessen Hilfe ein Mensch sein alltägliches Leben und dessen Probleme bewältigt und das ihm (in einigen Bereichen nur begrenzt) die Eindrücke seiner fünf Sinne übermittelt.

Niemand wird bestreiten, daß der Intellekt, der Verstand und die Erfindungsgabe es waren, die den Menschen so weit gebracht haben. Trotzdem hat auch dieser Intellekt seine Grenzen, wenn er dazu neigt, die Wahrheit zu kristallisieren und dabei Partei zu ergreifen für den Buchstaben, der tötet, statt für den Geist, der Leben schenkt. Intellekt ist nicht unbedingt gleichbedeutend mit Intelligenz. Im Vergleich mit den Ansprüchen der Körperintelligenz ist er recht schwach; ja, wir müssen uns fragen, ob es dem Kopfdenken jemals gelingen kann, den massiven Widerstand des Körperbewußtseins zu brechen und zu überwinden, selbst mit stärkster Anstrengung. Die Antwort ist: Nie. Und doch gibt es Fälle, in denen allein die Macht der Willenskraft über irgendwelche tragischen Leiden triumphiert hat. Aber selbst dann genoß das Kopfdenken vermutlich die Unterstützung von etwas weitaus Lebenswichtigerem — ja in der Tat der stärksten Quelle, des mächtigsten Verbündeten, an den sich der Mensch in seiner tiefsten Not wenden kann: das Herzdenken.

Wenn Sie die Überschriften und Schlagzeilen in Ihrer Tageszeitung studieren, werden Sie feststellen, daß wir in einer fast ausschließlich vom Kopfdenken regierten Welt leben, in der der Intellekt sich als Intelligenz ausgibt und die weltlichen Sinne mehr gelten als die geistige Weisheit. Die tiefere Intelligenz des Menschen jedoch, und die Quelle seine Weisheit sind nicht zu finden in seinem Alltags-, in seinem Kopfdenken. Hier ist das Denken aus dem Herzen gefragt.

DAS HERZDENKEN

Tief im Innern eures Herzens ist ein nie versiegender Quell des Lebens und der Kraft; wenn ihr in diesem Leben und Licht leben könnt, werdet ihr ein Bruder des Lichtes werden und in euren Bemühungen, der Menschheit zu helfen, nicht versagen können.
Seid also guten Mutes und dem Christuslicht im Innern treu. Laßt das Licht durch euer Wesen fließen, so daß die heilende Berührung und das heilende Wort euer ist. So wird die ganze Erde erhoben werden.

W.E.

Die meisten Menschen bleiben im Zustand der Unwissenheit über dieses Denken im Herzen — wenn auch nicht völlig unwissend. Nur wenige durchwandern ein ganzes Leben ohne Einwirkungen aus diesem höheren Denken, ohne sanfte Regungen eines vagen, sehnsüchtigen Sinnes für das Schöne, ganz ohne irgendwelche geistige Bewegung und Bestrebung, und ohne wenigstens flüchtige Eindrücke einer göttlichen Macht und Gerechtigkeit, die stärker ist als das Chaos und das Unrecht der materiellen Welt. In der Tiefe unsere Wesens lebt ein geistiges Bewußtsein; tief im Innern empfinden wir — nicht wie das oberflächliche, vorübergehende und zuweilen rasende Durcheinanderwogen der Emotionen, sondern stark, reich und unauslöschlich. Gelegentlich übernimmt dieses umfassendere Bewußtsein die Kontrolle über uns, wenn wir zum Beispiel in besonderer Gefahr schweben oder ein akuter Notfall vorliegt, im Falle einer Katastrophe oder größter Verzweiflung. Wenn wir dann zu unserem eigenen Erstaunen durch ein Wunder an Kraft oder Geduld, Mut oder Standhaftigkeit doch durchkommen und gewinnen, dann ist dies darauf zurückzuführen, daß eine tiefere Schicht unseres Wesens als jene des gewöhnlichen, alltäglichen Kopf-und-Körper-Selbst die Zügel in die Hand genommen hat, und wir ihren Befehlen gefolgt haben.

Dies kann auch in nationalem Maßstab geschehen; wir brauchen uns nur an die Jahre zu erinnern, die dem zweiten Weltkrieg vorausgingen und ihn unausweichlich herbeiführten, und uns vor Augen zu halten, wie faul, unbekümmert und leichtsinnig England in gewisser Hinsicht war. Manche dachten damals, es würde ihm nie mehr gelingen, sich zu erheben und der Herausforderung zu stellen. In jener Zeit kümmerte sich Britannien nicht um sein geistiges Erbe oder seine Vergangenheit im Dienst und in der Führung der Welt, und nicht um seine Verantwortung ihr gegenüber. Es war eine Nation im festen Griff ihres Körperbewußtseins, und daher versunken nur in den Dingen, die sie im Hinblick auf ihr körperliches Wohlbefinden für wesentlich hielt — eine Nation, die im Denken und Trachten materialistisch und eigensüchtig war. Als der Krieg ausbrach (der an sich ganz gewiß seinen Ursprung im Körperbewußtsein und Kopfdenken des Menschen hat) – was für eine Veränderung tat sich da! Was war es, das die Kontrolle übernahm, damit diese Veränderung geschehen konnte?

Nichts anderes als das erwachende Herzdenken der Nation. − Doch nun wollen wir versuchen, dieses Herzdenken zu definieren.

Dazu müssen wir weit zurückgehen. Niemand kennt die Vorgeschichte dieses Landes und seines Volkes genau. Wir müssen in die Zeit vor den Hügelgräbern, unter denen die Toten auf den Kreide-Ebenen Englands zur Ruhe gelegt wurden, zurückgehen, in die Zeit, die vor den gewaltigen Steinkreisen war. Avebury und Stonehenge sind jung im Vergleich mit den Zeiten und Völkern, die wir nun suchen.

Wir müssen zurückgehen in eine Zeit, in der dieses Land sonnig und warm war und ein freundliches Klima besaß, als es bevölkert war von Männern und Frauen, die neu waren auf der Erde (denn das Menschengeschlecht hat sich nicht aus einer affenähnlichen, tierischen Rasse entwikkelt). Im Anfang war der Mensch ein geistiges Wesen, das aus dem Denken Gottes hervorging. Vollkommen rein und gänzlich unberührt von der Erfahrung von Gut und Böse, begab sich der Mensch auf eine Reise, die ihn bis an seine Grenzen führen und erproben sollte. Im Laufe dieser Reise stieg er hinab in eine Welt der Materie. Er legte sich Röcke von Fellen an, die in der Genesis (1 Mo 3,21) erwähnt sind; gemeint ist damit der materielle, fleischliche Körper. Davor hatte er einen ätherischen Leib bewohnt − das war die Zeit im Garten Eden, von der auch in der Genesis geschrieben steht. Später wurde er aufgrund seines fleischlichen Körpers von Eden (oder seiner ätherischen Welt) ausgeschlossen und wurde zum Ackerbauern, zum Bewohner einer Wildnis, die voller Dornen und Disteln war. Diese Wildnis steht symbolisch für seine neue, menschliche Natur, und die Dornen und Disteln für sein

Versagen. Er war so tief gesunken, das sein höheres Selbst vom niederen abgetötet wurde; mit anderen Worten: Kain erschlug Abel. Die darauf folgende Bestrafung Kains war größer, als er ertragen konnte. So ist es seitdem immer gewesen, und daraus wächst das Streben, das am Ende den Menschen zurück zu Gott führen wird.

Somit sind wir zurückgelangt an den Anfang des Menschen, da das Menschengeschlecht in seiner eigenen Wildnis umherwanderte. Man konnte den Menschen nicht für alle Zeiten in solchen Umständen lassen. Er brauchte Hilfe, Weisung, Trost. Und so kamen Lehrer, um den Menschen weiterzuhelfen. Woher kamen sie? Meist, so hat es den Anschein, von Planeten, deren Zivilisation weiter fortgeschritten war als die irdische. Diese großen Weisen reisten von schöneren Welten als dieser her auf den dunkelsten Planeten. Sie boten, so heißt es, einen wundersamen Anblick, und ihre Anmut und Schönheit übertraf die der Menschen. Sie waren Meister über sich selbst und daher Meister ihrer materiellen Umgebung. Sogar die Steine folgten ihrem Befehl. So entstanden steinerne Tempel, deren Größe und Erhabenheit noch heute unsere Vorstellungskraft vor Rätsel stellen. In unendlich ferner Vergangenheit wurden gewaltige Bauwerke und Tempel durch eine Kraft errichtet, die das Vermögen von Sterblichen bei weitem übertraf.

Den Bewohnern der Wildnis lehrten jene Weisen göttliche Wahrheit über sich selbst; ihre Seelen und ihre Bestimmung wurde ihnen anvertraut, und über unsichtbare geistige Welten, die jenseits der körperlich-materiellen Welt existieren. Manche wurden geheiligt, mächtig im Geiste. Selbst am tiefsten Punkt seiner Entwicklung war der

Mensch nie völlig von seinem ätherischen Leben getrennt, auch wenn es verdeckt wurde vom körperlichen Leben, von der Materie. Jeder Mensch aber hinterläßt einen Eindruck in der ätherischen Welt, die ihn umgibt, mit allem, was er tut und ist; gleiches gilt auch für die stoffliche Welt, wenn auch nicht in demselben Maße. Vergängliche Materie ist in ständigem Wandel begriffen; was aber die ätherische Materie wahrnimmt, scheint für alle Zeiten zu bleiben. Somit prägt das Leben, Denken und Tun eines jeden Menschen jene Materie mehr oder weniger für immer.

Ein Besuch früherer Schlachtfelder oder auch von Schlachthöfen, wo Tiere in Massen getötet werden, oder Tatorten scheußlicher Verbrechen wird einem bestätigen, daß Untat und Schrecken wie ein dunkler Fleck aufgezeichnet wurden, wenn auch nicht so sehr im Materiellen, so doch deutlich in der unsichtbaren ätherischen Umgebung.

Nun läßt sich leicht behaupten: Wenn eine böse Tat (oder ein böses Leben) einen so dunklen Fleck im Ätherischen hinterläßt, dann wird entsprechend ein gutes, ein heiligmäßiges Leben eine helle Strahlung, einen leuchtenden Eindruck auf die Umgebung prägen. Und darüber hinaus würde jede solche gute Strahlung ein viel länger bleibender Eindruck sein, weil, grob gesagt, das Böse von Natur aus dazu neigt, sich schließlich selbst zu vernichten, was seinem Wesen entspricht.

Halten wir uns einmal einige der Orte vor Augen, wo gute Leben ihren Eindruck hinterlassen haben. Dreißig Kilometer von der Stelle entfernt, wo diese Worte jetzt aufgeschrieben werden, steht die Kathedrale von Winchester, ein majestätisches Bauwerk, das an einem Ort errichtet wurde, wo schon viel früher eine heilige Stätte war. Von dieser Stelle und von der Kirche selbst gehen Strahlungen aus über das weitgehend flache Land, das die Stadt umgibt. Manche Menschen sind sensitiv und spüren diese Strahlen, andere sind nicht sensitiv und ignorieren sie. Trotzdem sind die Strahlungen so real wie das Sonnenlicht, und sie können die Seelen der Menschen erhellen.

Das gleiche gilt für die alten Hügeltempel-Anlagen, derer es in diesem Lande so viele gibt. Manche, wie Stonehenge und Avebury, locken viele Besucher an. Wenn Sie eine solche Stätte aufsuchen möchten, dann versuchen Sie, dies allein zu tun. Gehen Sie andächtig, wie zum Gebet, bereit zur Anbetung. Steigen Sie den Hügel empor, spüren Sie das Gras unter Ihren Füßen und lauschen Sie dem Lied der Lerche, die hoch aufsteigend dem Schöpfer ihren Lobgesang darbringt. Nehmen Sie sich ein Beispiel an diesem Vogel. An dieser Stätte lebte man im Dienst für Gott und den Menschen – ein heiliges Leben, das ganz dem Dienen gewidmet war. *„Niemand hat größere Liebe denn die, daß er sein Leben lässet für seine Freunde".* Solche Männer und Frauen lebten und starben auf diesen Hügeln, und ihre Körper sind inzwischen eins geworden mit der hellen, kreidigen Erde. Es ist der Widerschein des Eindrucks von solchen Leben, was uns aus dem ätherischen Umfeld dieser heiligen Stätten entgegenstrahlt und für alle Zeiten weiterstrahlen wird.

Man fühlt die Kraft, die Reinheit dieser britischen Hügel. Hier ist das Herz dieses Landes – und das Herzdenken Britanniens. Die Obhut dieses Herzens kann keiner Kirche, keiner Regierung, keiner Körperschaft übertragen werden, und niemand kann sie entreißen. Die flachen Hügel sind ihr Schrein, die Lerchen singen ihren Ruhm, und der strahlende blaue Himmel und die Wolkentürme sind Tempel und Allerheiligstes zugleich. Die Menschen ignorieren diese Dinge und machen sich gar darüber lustig. Aber wenn Gefahr im Verzug ist, wenn die Herausforderung näherkommt und das Land selbst bedroht ist – was geschieht dann? Das Herz Britanniens übernimmt die Kontrolle, und – das gilt für eine Nation ebenso wie für den einzelnen – der neue Mensch tritt hervor. Bis zu diesem Punkt handelte es sich nur um einen Menschen mit Körperbewußtsein und Kopfdenken, also um zwei Drittel des Ganzen; jetzt kommen das Herz-Selbst und das Herzdenken hinzu und vervollständigen ihn – er kann sich dem Gegner stellen. Dieser Mensch und der Geist in ihm sind solcherart, daß keiner ihm widersprechen kann. Geduldig, zäh, standhaft, gutmütig, zeigt er die wahren Qualitäten seiner Rasse. Wo kommen diese Eigenschaften her? Sie sind Teil seiner Seele, weil sie auch aufgeladen sind mit der Substanz Britanniens. Sie stammen aus Erde und Luft, Meer und Himmel des Landes, und vor allem sind sie das Erbe, das von heiligmäßigen und heldenhaften Menschen diesem Land anvertraut ist. Sie sind sein Schild, seine wirkliche Verteidigung. Keiner soll sie durchdringen, und keiner könnte sie durchdringen. Die Menschen halten dagegen, daß dieser oder jener glückliche Zufall Britannien gerettet habe, und daß der Zufall es immer gerettet hätte, obwohl es nicht vorbereitet war und in großer Not. Britannien wurde nicht durch Zufall, sondern aus Absicht gerettet, die einem höheren Ziel dienen soll, das eines Tages alle Opfer der Mühe wert erweist.

Wir haben vom Denken im Herzen einer Nation gesprochen, um zu verdeutlichen, was wir darunter verstehen. Aber wie steht es mit dem Denken im Herzen des einzelnen? Wie sollten wir das definieren?

Der einzelne Mensch befindet sich weitgehend in der gleichen Situation wie sein Land während der sogenannten Friedensjahre zwischen den beiden Weltkriegen: Nur zwei Drittel von ihm – Körperbewußtsein und Kopfdenken – sind aktiv, und damit ist er nur unzureichend ausgerüstet für das Leben, weil das Geschöpf teilweise von seinem Schöpfer getrennt ist. Dieser Schöpfer, den wir Gott nennen, trennt niemals von sich aus den Menschen von der Quelle seiner geistigen Versorgung. Im Gegenteil, die beiden sind enger miteinander verbunden, als man es für möglich hält. Jeder Mensch ist eine Idee im Denken Gottes. Ebenso sind die Welt und das Universum, in dem sie sich bewegt, alles Manifestationen, Offenbarungen von Gottes Gedanken. Würde irgendein Mensch nur für den Bruchteil einer Sekunde von Gott vergessen, wäre es ausgelöscht. Der Mensch aber kann Gott vergessen und sich in seiner Vergeßlichkeit scheinbar von Gott trennen. Dessen ungeachtet scheint der Mensch für Gott ebenso wichtig zu sein wie Gott für den Menschen. Das Reich Gottes kann sich nur weiterentwickeln, wie sich der Mensch entwickelt, und wenn der Mensch stehenbleibt, bedeutet dies ein Stehenbleiben für Gott. Wir müssen uns ein für alle Mal aus dem Kopf schlagen, daß Gott es nötig hätte, dauernd besänftigt zu werden, daß er lauter wunderliche Einfälle hätte und auch noch parteiisch sich auf die Seite irgendeiner Nation oder Kirche schlüge.

Woran wir voller Staunen glauben sollen, was wir vertrauens- und liebevoll akzeptieren wollen, ist die Vorstellung eines Gottes, der die Liebe des Menschen sucht, der sich Liebe und Vertrauen entgegengebracht sehen möchte, der der Gefährte und Begleiter des Menschen sein möchte, bis

Gott und Mensch in eins verschmelzen, und der Mensch ständig in der liebevollen Pflege der göttlichen Güte und Barmherzigkeit lebt.

Eine solche Vorstellung, sagt White Eagle, enthält den Kern der Offenbarung Jesu Christi für die Menschheit. Der Vater, von dem Jesus sprach, war Vater für jede Menschenseele und dem Menschen so nahe verbunden, daß er jeden seiner Schmerzen mit ihm litt. Das ist es, was Jesus unter Beweis stellte mit seinen Worten, mit seinen Wundern und mit seinem Leben.

Können wir diese wesentliche Wahrheit über Gott und den Menschen glauben? Warum sollten wir glauben? Nur, weil etwas in unserem Innern sagt, daß es wahr ist; irgendwo, tief im Innern haben wir die Kraft, Wahrheit zu erkennen. Durch diese Kraft werden wir auf der Stelle verstehen, daß das ganze Leben, mit all seinen Schwierigkeiten, seiner Kompliziertheit, seinen Problemen und Nöten – ganz zu schweigen von seinen Freuden und angenehmen Seiten – auf kein anderes Ziel ausgerichtet ist als auf ein Erwachen tief in uns.

Wo ist der Sitz der Kraft, die Wahrheit zu erkennen, und in welchem Teil des Menschen spürt er die Wahrheit? Im ätherischen Herzen oder im Herzdenken, das seinen Sitz in der Mitte unserer Brust hat. Durch dieses Herzdenken ist der Mensch mit Gott verbunden, weil es der Christus in ihm ist. Eine solche Verbindung kann kräftig und wirkungsvoll sein; in diesem Fall fließt ein ununterbrochener Strom der Lebenskraft von Gott zu Mensch. Die Verbindung kann aber auch schwach und unzuverlässig sein; dann schmachtet der Mensch nach geistigem Licht und Luft und schleppt sich nur mit Mühe durchs Leben.

Gleich wie die Umstände einmal sind, früher oder später

muß der Mensch sich Gott bewußt nähern, denn Gott ist sein Leben. Wenn dieser Punkt erreicht ist, dann wird das Wandern in der Wildnis aufhören, und der Mensch wird vollständig sein, ausgeglichen und fähig zu einem harmonischen Leben und einem dauernden Glücksgefühl, das die Welt ihm nie wieder entreißen kann. Er wird geheilt und heil werden, und auf diese Weise ist es recht, daß er aus dem Kampf des Lebens siegreich hervorgeht.

Nun wollen wir klären, was gemeint ist, wenn es heißt, daß das Herzdenken der Christen im Herzen ist. Was ist dann Christus? Hier wollen wir White Eagle zu Wort komen lassen:

„Jesus, so wird uns erzählt, war dreißig Jahre alt, als er seinen Dienst begann; das heißt, als die Taube oder der Heilige Geist nach der Taufe durch Johannes auf ihn niederstieg. Das zeigt uns, daß Jesus als ein Meister damals bereit war, Erleuchtung zu empfangen oder die große Einweihung, als sein Körper, Denken und Seele sich dem Christus-Geist hingaben und zu dem wohlbereiteten, vervollkommneten und gereinigten Instrument für die höchste Manifestierung des Lichtes und der Macht Christ wurden. Eine Kraft, so groß wie diese, wäre nicht zu fassen in Körper oder Seele eines Kindes oder Jugendlichen oder eines gewöhnlichen Menschen, sondern mußte während der Jahre der Vorbereitung warten, bis das menschliche Gefäß fertig war.

Somit liegen uns zwei unterschiedliche, wenn auch sich zum Teil gegenseitig überschneidende Geschichten vor: Die eine spricht von Jesus von Nazareth, der innerhalb der Bruderschaft der Essener von auserwählten und geweihten Eltern geboren wurde; in der anderen ist die Rede von einer Manifestation des Christus-Geistes oder des vollkom-

menen Sohnes Gottes durch Jesus, die nur durch dessen
sehr lange Vorbereitung und selbstloses Opfer möglich
wurde. Das ist Mysterium, das die schlichte christliche Geschichte von der Geburt, dem Leben und Tode Jesu durchdringt.

Manche meinen, die biblischen Aufzeichnungen über Leben und Tod des Jesus von Nazareth seien ungenau, und
sie sind bestenfalls bereit zu glauben, daß ein unbedeuten-
der Prophet namens Jesus oder Joshua einmal in Judäa
lebte und später dort eines natürlichen Todes starb. Mit unserem inneren Wissen bezeugen wir, daß Jesus als Sohn eines Handwerkers in der Bruderschaft der Essener geboren
wurde, und daß die Geschichte von der Kreuzigung, my-
stisch verstanden, eine wahre Geschichte vom Christus-
Geist ist; aber es bedarf der intuitiven Weisheit aus dem
Zentrum der Wahrheit, um die wahre Bedeutung der Worte
zu verstehen.

Wir sagen auch, daß Jesus, der Meister, noch immer lebt
und die Gebete seines Volkes erhört; daß Jesus, der Meister, noch immer hinter dem Wirken aller wahren Christen
steht, sei es innerhalb oder außerhalb der orthodoxen Re-
ligionsgemeinschaften. Denn es stimmt: Nachdem das
Drama der Kreuzigung vollendet war — ein Drama, das so
gewaltig und wunderbar ist, daß sich eines Tages alle Menschen davor in Andacht und Lobpreis beugen werden —,
lebte Jesus weiter. Der gekreuzigte Körper wurde wieder
mit Leben erfüllt (oder seine geläuterten Partikel wurden
wiederbelebt), und er zog sich in die Abgeschiedenheit der
Berge zurück, um in einem der mystischen Zentren zu
wohnen, die damals in Syrien existierten. Kann er vom tief
Gläubigen noch immer gesehen werden? Ja, seine gegenwärtige Gestalt kommt: Er steht beim Kommunionsaltar;

er hat noch immer die Kraft, Kranke zu heilen, Trauernde zu trösten und Menschen in Not zu segnen und zu bewahren. Aber Christus, der Sohn Gottes, ist nicht der Mensch Jesus; Christus ist der universale Geist, der Weg, die Wahrheit und das Leben, der Großmeister aller Mysterien.

Verwechselt nicht Jesus, den Menschen, mit dem Christus, dem Sohn. Obwohl die beiden in den Evangelien zu verschmelzen und eins zu werden scheinen, ist es doch nach wie vor sehr wichtig, einen klaren Begriff von den Qualitäten und Attributen eines jeden zu besitzen. Der Christus-Geist ist die Macht, die seit Anbeginn bestand. *„Wie es war im Anfang, ist es jetzt, und soll es immerdar sein…"* Die Stimme, die durch Jesus sprach, bestätigte dies: *„Ehe denn Abraham ward, bin ich"*, und zeigte damit an, daß der Christus viel älter war, daß er in der Tat zeitloser und universaler Geist war, verglichen mit dem Menschen auf Erden. Christus hatte sein Dasein im Herzen Gottes schon vor Anbeginn der Welt. Deshalb laßt uns Christus als den Sohn Gottes annehmen und glauben, daß dieser Sohn sich durch Jesus offenbarte, den Meister der christlichen Mysterien; und laßt uns glauben, daß Jesus so empfangen, geboren und ausgebildet wurde, daß er als Werkzeug oder Gefäß dienen konnte für die Manifestation oder den Ausdruck Christi im Sterblichen.

Gott wohnt im Herzen des Menschen in Gestalt seines Sohnes, des Lichtes, der Liebe Christi. Der Sohn Gottes ist das Licht und ist das Leben aller irdischen Geschöpfe. *„Im Anfang war das Wort, und das Wort war bei Gott, und Gott war das Wort … Und Gott sagte: Es werde Licht …"* Das Licht war der Erstgeborene Vater-Mutter-Gottes, und das Licht schien in der Finsternis, in der Materie, auf der Erde, aber die Finsternis hat es nicht begriffen.

Im physikalischen Sinne erleuchtet das Licht der Sonne euer Leben und ermöglicht es euch, alle Arten schöner Gestalten auf der Erde wahrzunehmen; wenn es kein Licht gäbe und ihr euch im Zustand der Findernis befändet, wärt ihr außerstande, irgendetwas Schönes auf der Erde zu sehen. Darüber hinaus hättet ihr keine Nahrung, um euch zu speisen, weil die Sonne die Speise schenkt, die das körperliche Leben nährt.

Die materielle Sonne hat auch einen geistigen Aspekt, einen spirituellen Körper, und durch das Licht der geistigen Sonne nehmt ihr Wahrheit wahr, schaut ihr Gott. Ihr habt einen materiellen Körper, aber ihr habt auch einen spirituellen Körper und einen göttlichen Geist, der das Licht eurer Seele ist. Und wenn eure Seele geistig entwickelt ist, dann wird auch euer stofflicher Körper von dem gleichen göttlichen Geist erleuchtet.

Was hat all das mit dem Chaos und Leid auf der materiellen Ebene zu tun, fragt ihr? Es hat alles zu tun mit der Gesellschaft, mit dem menschlichen Leben auf der Erde; wenn nämlich der göttliche Geist, der Lebensfunke im Menschen, der Sohn Gottes, vollkommenen Ausdruck finden kann im menschlichen Charakter und der menschlichen Seele, wird er das ganze Leben verwandeln.

Ihr werdet sagen: „Aber wenn der Mensch diese Stufe seiner Entwicklung erreicht, wird er gar nicht mehr auf der materiellen Ebene leben, dann wird er in der geistigen Welt sein." Nun, wir in der geistigen Welt würden eine solche Behauptung nicht wagen. Alles, was wir von unseren Lehrern in den Hallen der Weisheit erfahren haben, ist, daß der Mensch einem Säugling gleich ist, ein Kleinkind, das auf der Erde wohnt, und Gott hat dieses Kind mit der Macht beschenkt, den Zustand seines materiellen Lebens zu meistern. In seiner Liebe und Weisheit hat Gott den Geist und die Seele in materielle Stofflichkeit gekleidet, um diesem individuellen Geist die Gelegenheit zu geben, sich zu einem vollkommenen Menschen zu entwickeln.

Christen stellen sich den Vollendeten, den Sohn Gottes, als Jesus vor — Jesus, den großen Eingeweihten, der sich in Leib, Denken und Seele so vervollkommnet hat, daß er als Gefäß dienen konnte für jenes große weiße Licht, jene Liebe, jenen Sohn des Schöpfers, der die Erlösung der Menschheit ist, immer gewesen ist und auch sein wird. Aber wir wissen, daß die ganze Menschheit sich selbst erlösen kann in dem Maße, in dem dieses Licht sich durch den Menschen offenbaren kann. Jeder Mensch kann ein Gesalbter werden, ein Erlöser. Euer christlicher Glaube sagt euch, daß der Sohn Gottes, Jesus Christus, euch erlösen wird. Aber wir sagen euch aus der Welt des Geistes, daß dieses göttliche Licht, die göttliche Liebe, der Erstgeborene des Vaters, im Menschen selbst ist; und so ist der Mensch selbst, durch den Christus in sich, sein eigener Erlöser.

Was spricht die Stimme des Christus im Herzen? Wie können wir Worte finden, um wahr von dieser Stimme zu reden, die manche Menschen ignorieren, und nie aufwachen, um sie zu hören? Sie kommt als ein Flüstern aus dem Allerinnersten, vielleicht nie stärker als ein schwaches Sehnen, ein Hungern nach etwas, das körperliche Freuden und Errungenschaften übersteigt und übertrifft, ein Sich-Ausstrecken nach dem, das alle Zwietracht auflöst, alle Angst verwandelt, ein Hunger, den nichts auf der Erde, nichts, was stofflichen Wesens ist, stillen kann. Manche Menschen haben den Eindruck, daß ihnen das Leben kaum mehr als Desillusionierung, Enttäuschung, Schmerzen und Leid bringt; diese lehren ihre eigene Lektion. Manche führt ihr Weg durch Freude und Dankbarkeit, die die offene Seele näher zu Gott erheben. Diese Erfahrungen sind Teil des Weges, den früher oder später alle auf ihrer Suche nach Christus beschreiten müssen.

Die Stimme des Christus im Herzen des Menschen ist die Stimme der Freundlichkeit, sie lehrt Nachsicht und Geduld, läßt keinen Raum für Härte oder Kritiksucht. Wer könnte es auch wagen, Kritik zu üben, da jede Seele ihren selbstbestimmten Weg geht? Sie lehrt Bescheidenheit im Denken und Demut im Geiste. „Nicht ich ... sondern nur die überragende Macht Gottes, die mich besser kennt, als ich mich je selbst kennen kann, und mich trotz meiner vielen Schwächen vervollkommnen kann – sie und nur sie allein vollbringt die Werke."

Inzwischen wird klar geworden sein, daß dieses Buch weniger eine Heilweise für diese oder jene Krankheit empfiehlt, sondern eine Lebensweise andeuten will, die die Kraft hat zu heilen. Zu diesem Zweck haben wir kurz das Körperbewußtsein und seine Funktionen beschrieben und auch die Möglichkeiten und Grenzen des Kopfdenkens erwähnt, wenn es nicht mit dem Herzdenken verbunden ist. Der größte Mangel des reinen Kopfdenkens ist seine Unfähigkeit, geistige Wahrheit zu erfassen. Konfrontiert man es mit Gründen für einen Glauben an die Existenz Gottes oder die Realität Christi als eines personalen und allzeit gegenwärtigen Einflusses, mit den Beweisen für das Fortbestehen des menschlichen Lebens nach dem Tode, mit der Frage der Reinkarnation oder des Karma-Gesetzes (Karma bedeutet, daß in jedem Aspekt des menschlichen Lebens Wirkungen unfehlbar auf Ursachen folgen) – verliert es den Grund unter den Füßen. *Von sich aus* kann es die Bedeutung solcher Mysterien weder erfassen noch begreifen. Deshalb ist dieses Denken nicht zu verurteilen. Das Kopfdenken hat seine eigene, spezielle Funktion — wie auch das Körperbewußtsein —, die es mit erstaunlichem Erfolg erfüllt; aber wir werden solange nur als zweidimensionale Wesen agieren, wie wir nur vom Körperbewußtsein und Kopfdenken beherrscht werden. Wir sind zur dreidimensionalen Wesenhaftigkeit bestimmt und bestehen aus Körper, Denken und Geist. Wir sind geschaffen nach dem Bilde Gottes — geistig —, und können auch körperlich und mental in gewissem Maße so werden, gemäß unserer körperlichen und mentalen Gesundheit und Ganzheit. Als zweidimensionale Wesen können wir nie unsere volle Größe erreichen, nicht vollständig sein oder die vollendete Harmonie des Lebens kennenlernen.

Man könnte sagen, daß der Mensch während der ersten Jahre seines Lebens als körperliches Wesen existiert, als kopfdenkendes, verstandgeprägtes Geschöpf vom frühen Erwachsenenalter bis in die mittleren Lebensjahre. Aber während der ganzen Zeit sollte er ein gewisses Maß spiritueller Intelligenz und Begreifen entwickeln in bezug auf das Woher, Warum und Wohin seines eigenen Daseins. Wenn das vollbracht ist, wird das Leben für diesen Pilger der Ewigkeit vernünftiger.

Die meisten Leute, die eine Reise unternehmen wollen, bereiten sich darauf vor.

Die eine Reise, der keiner auszuweichen im Stande scheint, führt über den Tod des materiellen Körpers in das Leben danach. Eigenartigerweise sehen die Menschen keine Notwendigkeit, sich darauf vorzubereiten, hauptsächlich, weil sie davor zurückschrecken; ihre Entwicklung ist beim Kopfdenken stehengeblieben. Diese Angst ist Ursache für den größten Teil der Disharmonie und Krankheit, die uns beherrscht.

Gehen Sie in irgendeiner Stadt irgendeines Landes auf irgendeine Straße, und studieren Sie aus einer neuen Sicht die Gesichter der Passanten. In wievielen dieser Gesichter werden Sie die heitere Gelassenheit, Frieden, Glück oder jenen Ausdruck von Beständigkeit finden, der aus einem ruhigen Herzen und Leben erwächst? Wie viele Gesichter aber werden Sie finden, die von Schmerzen verzerrt und gezeichnet sind, die die Last und Mühe der Jahre wiedergeben? Lassen Sie dabei die jugendlichen Gesichter außer acht, denn Körperbewußtsein und Kopfdenken sind mit der Jugend zufrieden. Die Zeit der Prüfung kommt später im Leben, im späteren mittleren Alter, wenn die Materialität jeden Reiz verliert und der schimmernde Lebensfaden allmählich dünner wird — der Faden, der das Geschöpf mit dem Schöpfer verbindet. Sollte die Verbindung jedoch mit den Jahren stärker und kräftiger werden statt schwächer und dünner, wird das Geschöpf eine wachsende Fülle des Lebens erfahren und kennenlernen.

All dies soll nichts, was irgendwo gesagt ist, bestreiten oder gar versuchen, jemanden zu überreden, diese oder eine andere Sicht zu übernehmen. Es geht hier nur darum, Fakten festzustellen, die kein vernünftiger Mensch leugnen kann. Vielleicht ist das aber noch nicht ganz genau der Grund, der einen Menschen vor der Wahrheit zurückscheuen läßt, sondern etwas noch Stärkeres — sein angeborenes Zögern vor geistiger Bemühung. Vielleicht hat der liebe Gott mit uns besonders viel Geduld, weil er sieht, daß Faulheit und Dummheit — und nicht pechschwarze Sünde — unsere wirklichen Erzfeinde sind! Wie dem auch sein möge: Etwas Bedeutendes muß überwunden werden in dem Leidenden, dessen fixer Glaube es ist, daß er nur jemandem Geld zu bezahlen bräuchte, um zur Gesundheit zurück verholfen zu bekommen, und sich danach um nichts weiter bemühen zu müssen. Dies gilt leider sowohl in bezug auf die orthodoxe als auch auf die alternative Heilweise. Selbst bei der geistigen Heilung neigt der Patient zu der Erwartung, daß die Vorsehung alles tut, während er nur da zu sitzen und auf die Heilung zu warten braucht. Dies kann nicht der wahre Weg zur Heilung oder Erlösung sein. Deshalb streben wir nach etwas, das wahr klingt, das aus seinem Wesen heraus befriedigend und stichhaltig ist. White Eagle hat ein weises Herz – sicher und sanft wird er uns auf diesen Weg der Wahrheit führen.

WACHSTUM IN DIE WEISHEIT

Der Tempel, aus dem Jesus die Geldwechsler vertrieb, ist der Körper des Menschen. Ihr seid jener Tempel, und in euch wohnt der Geist Gottes. Aber wenn ihr euch der niederen Natur unterwerft, die habgierig, selbstsüchtig und voller Angst ist, dann laßt ihr Diebe und Räuber in euren Tempel ein. Dann wird der Christus, der Meister in eurem Innern, sich erheben und sprechen: „Hinaus! Dies ist das Haus Gottes!"

DER VOLLKOMMENE PLAN

White Eagle sagt: „Ein göttlicher und vollkommener Plan besteht für die Entwicklung der Seele des Menschen; wenn eure Augen schauen können, werdet ihr anfangen, etwas von der Herrlichkeit und Größe dieses Planes zu verstehen.

Manche Menschen beschäftigen sich viel zu sehr mit dem, was sie das Böse, die Finsternis, nennen, bis sie in Gedanken ständig gegen diese Kräfte kämpfen. In einer Beziehung haben sie natürlich recht. Für euch auf der Erde erscheint das Böse als eine sehr aktive, gegensätzliche Kraft. Es *ist* eine gegensätzliche Kraft, aber wir dürfen nicht vergessen, daß der Gegensatz auch seinen Platz hat, ebenso wie die natürlichen Elemente Kraft und Energie; denn wenn keine Kraft der Energie in der Natur entgegenstünde, würde etwas Verheerendes die Folge sein. Ihr müßt versuchen, diese beiden Gegebenheiten – Böse und Gut, Gut und Böse – als zwei große, gegensätzliche Elemente zu betrachten, die die Welt auf ihrem Kurs halten, wobei das eine dem anderen entgegengestellt ist. Wir können die beiden Elemente mit der Zentrifugal- und der Zentripetal-Kraft vergleichen, da das eine nach außen strebt, und das andere nach innen. Das Böse scheint jener Kraft zu entsprechen, die nach innen strebt, und deshalb verbinden wir es mit dem Egozentrischen, Ichbezogenen. Starke menschliche Selbstsucht tendiert dazu, alles an sich zu ziehen, während Selbstlosigkeit, Liebe, Licht ausströmt und verstrahlt, und das *neu erschaffende* Element ist. Es ist wichtig, die beiden Aspekte von Gut und Böse auf diese Weise leidenschaftslos als Kräfte oder Elemente zu sehen, die beide notwendig sind im menschlichen Leben.

Wenn ihr geduldig seid und nachdenkt, werdet ihr finden, daß das, was als böse erscheint, immer am Ende irgendwie Gutes hervorbringt. Ja, das Gute kommt aus dem Bösen, und das Böse hat seine eigene Rolle zu spielen, in der Evolution der Menschheit ebenso wie in der Evolution des Lebens überhaupt.

Wenn der Mensch die geistigen Gesetze wirklich verstünde, die sein eigenes Leben und das Leben aller Schöpfung regeln, könnte er nie mehr sündigen, nie wieder vorsätzlich diese Gesetze verletzen. Weil der Mensch das geistige Gesetz der Liebe nicht versteht, sündigt er. Hat er erst ein weiteres Verständnis erlangt, kann er nicht mehr sündigen und wird nichts Böses mehr tun.

Die Menschen trachten nach Wissen, aber kein Faktenwissen wird ihnen je die Weisheit vermitteln, die das Verstehen des geistigen Gesetzes mit sich bringt. Weisheit ist eine Eigenschaft der Seele, während Wissen meistens eine Sache des Intellekts ist. Trachtet also nach wahrem, geistigem Wissen; trachtet nach der Weisheit des Geistes, des Christus im Innern. Wenn ihr aufrichtig und beständig durch Gebet und Meditation eure Verbindung mit Gott anstrebt, werden Verstehen und Weisheit euch zufließen. Ja, ihr werdet feststellen, daß ihr sogar Zugriff zum universalen Wissen haben könnt, jener tiefen Weisheit des Himmels und des Herzens, in der Wahrheit wohnt. Was auch immer euer Geist zu wissen braucht, dieses Wissen kann er erlangen, denn es ist da, in eurem Herzen."

GOTT FÜR EUCH SELBST BEWEISEN

„Viele von euch haben dies auf ihre eigene Weise schon getan. Ihr habt um Führung oder Hilfe bei irgendeinem Problem gebetet, und sie ist gekommen, wenn auch vermutlich nicht so, wie ihr es erwartet hattet; die Hilfe ist auf Gottes Weise gekommen, nicht auf eure. Wendet euch also in eurer Not immer an Gott; geht zu Gott, wie ihr euch an liebende Eltern wenden würdet. *»Trachtet am ersten nach dem Reiche Gottes und nach seiner Gerechtigkeit, so wird euch solches alles zufallen.«* Hieraus ergibt sich die klare Tatsache: Daß ihr lernen müßt, demütig und einfach zu werden und Gott zu vertrauen.

Die Grundursache all der mannigfachen Krankheiten der Menschen ist der Mangel an geistiger Einsicht im Leben des Menschen; und die eine wahre Heilung ist das Einfließen des Gotteslichtes in sein Leben. In eurem Herzen befindet sich das, was wir die permanente Lebenszelle nennen wollen; und von dieser permanenten Lebenszelle kann euer ganzes Wesen neu aufgeladen oder unterhalten werden. Immer, wenn ihr aufrichtig nach Gott strebt und euch verbindet mit dem Christus, empfangt ihr sein Licht und seine Lebenskraft in eurer Lebenszelle, und diese kann, durch euer eigenes Herzbewußtsein allmählich euren Körper erfrischen, verjüngen und erneuern. Das ist die Art der wahren und vollkommenen Heilung, wie Jesus sie zeigte, das Geheimnis der ewigen Jugend und des ewigen Lebens. Jesus war unter denen, die diese göttliche Macht unter Beweis stellten, der größte. Jesus hielt sich nicht mit Krankheitsnamen und -symptomen auf. Er ging immer an die geistige Ursache. Er heilte, indem er das Licht und die geistigen Strahlen einflößte, die die Seele erwecken."

GEISTIGES GESETZ IN DER MATERIELLEN WELT

„Sein ganzes Leben lang hat Jesus das geistige Gesetz gelehrt und demonstriert, das alles Leben regiert. In seinen Gleichnissen offenbarte er das Gesetz wieder und wieder; seine Wunder führten es vor Augen — wie das geistige Gesetz in einer materiellen Welt wirkt —, vor allem das Gesetz von Ursache und Wirkung. Hier, hinter dem Schleier, können auch wir das Wirken dieses geistigen Gesetzes in der materiellen Welt sehen. Wir sehen zum Beispiel, wie Gedanken der Liebe und Güte Gutes, Frieden, Glück und Schönheit schaffen werden. Auf der anderen Seite sehen wir aber auch, wie Groll, Egoismus, Habgier und Haß Zustände wie Chaos, Unglück, Verzweiflung und Häßlichkeit erzeugen.

Ist euch klar, daß der Mensch, der diesen niedersten Emototionen nachgibt, unter die Herrschaft des Körper-Elementals *) gerät, des niedersten Selbst – und das höhere Selbst, den Engel, vertreibt? Der Mensch neigt so sehr dazu, sich vom Körper-Elemental beherrschen zu lassen, das immer nur allzu bereit ist, Besitz von ihm zu ergreifen. Als Jesus böse Geister ausgetrieben hat, waren das nicht unbedingt andere Wesenheiten. Der leidende Besessene kann ebenso wahrscheinlich auch unter der Kontrolle dieses niederen Elementals gestanden sein, das die Herrschaft über ihn übernommen hatte. Sehr ihr, wie Jesus das geistige Gesetz unter Beweis stellte, als er Teufel austrieb und Kranke heilte? Er bewies die Macht des Christus im Menschen: die Schwächen des niederen Selbst zu überwinden und den Menschen vollkommen zu machen. Als er die Macht des Vaters demonstrierte, wandte er sich an das höhere Selbst des Leidenden, rief es zur Tat und gab ihm die Kraft, sich durchzusetzen und Besitz von dem kranken Körper zu ergreifen, und damit alles, was unharmonisch war, auszutreiben. Als er die Toten erweckte, berief er sich auf den Geist; er gab der Seele Macht und Leben und ermöglichte es ihr, zurückzukehren und ihre Arbeit auf Erden wieder aufzunehmen.

Manche werden wohl die Frage stellen, ob Jesus nicht in das Karma oder den freien Willen des Leidenden eingriff. Dazu wollen wir euch daran erinnern, daß der Christus in euch euer Karma verwandeln kann. Wir weisen hin auf die Macht über die Materie, die der Christus-Geist im Menschen besitzt. Bei den meisten befindet sich das niedere Selbst unter Kontrolle; aber wenn das höhere Selbst sich

---

*) verwandt mit dem Körperbewußtsein, vgl. Kp. 3

öffnet und die Kraft Christi empfängt, gibt es nichts mehr, das es nicht vollbringen könnte. Dann verwandelt Christus die Dunkelheit in Licht und Krankheit in vollendete Harmonie.

Das größte Hindernis für diese Christus-Heilung ist das Selbst unterhalb des alltäglichen Bewußtseins – das unterbewußte Selbst. Wenn dieses einmal durch das Einfließen der Christus-Kraft über das höchste Selbst erleuchtet wird, wird das Leben bereichert, der Körper geheilt. Die negativen Gedanken, die einen wesentlichen Bestandteil des niederen Selbst bilden, sind real und haben Macht, nicht nur über das gewöhnliche, bewußte Leben, sondern auch über das unterbewußte Leben – was auf die Gesundheit und das Glück des Menschen verheerend wirkt. Aber wenn die Seele des Kranken seine Verwandtschaft, sein Einssein mit dem göttlichen Leben ganz erkennt und sich mit dem Christus verbindet, dann wird er geheilt, dann ist er heil und vollendet.

Keine Macht der Erde kann den vom göttlichen Leben erleuchteten Menschen berühren, und die Christus-Liebe strahlt von ihm aus, um die Menschheit zu heilen und zu segnen.

Praktiziert jene Wahrheiten, die Christus zu lehren kam ... »Du sollst lieben den Herrn, deinen Gott, von ganzem Herzen, von ganzer Seele und von ganzem Gemüte und mit all deiner Kraft ... Du sollst deinen Nächsten lieben wie dich selbst.« Positive Gesetze, positive Gebote, von denen alle Gesetze und die Propheten abhängen! Es kann keinen Kompromiß geben. Bemüht euch in Demut und Einfachheit, das geistige Gesetz in der materiellen Welt zu verwirklichen. Das Körper-Elemental macht den Menschen träge, und dann findet er es leichter, den Weg der Welt zu gehen.

Aber ihr müßt lernen, die Forderungen des niederen Selbst und des Körper-Elementals zu erkennen und abzulehnen und, so gut ihr könnt, euch auf das göttliche Selbst, die göttliche Liebe einzustimmen. Dann achtet auf die Wirkung an eurem Körper, in eurem Leben. Aber euer Bemühen soll nicht um euretwillen, sondern zum Wohle des Ganzen sein. Handelt recht um des Rechten willen, und weil die Liebe Christi euch nur das eine verlangen läßt — eurem Bruder zu helfen, nicht durch Störung oder Einmischung, sondern indem ihr ihm Wohlwollen und Freundlichkeit, Verständnis und Güte schenkt. So werdet ihr ein Kind des Friedens, ein wahres Kind Gottes werden.

Krankheit wird allgemein so sehr als selbstverständlicher Teil des Lebens akzeptiert, und die Medizin hat sie mit so vielen interessanten Namen bedacht, daß es euch schwerfällt zu begreifen, was wir sagen; dessen ungeachtet wiederholen wir, daß alle Krankheit aus der gleichen Quelle entspringt, aus einem inneren geistigen Ursprung, der sich letztlich im materiellen Körper auswirkt.

Über dem Kopfdenken liegt das Herzdenken oder der Geist des Menschen, und ihr dürft euch nicht im Körperlichen aufhalten, wenn ihr die wirkliche Ursache von Krankheit finden wollt. Nehmen wir ein ganz einfaches Beispiel: Wir würden wohl keinen anderen verletzen oder beleidigen — aber ist es nicht seltsam, wie oft Menschen sich selbst Leid antun wegen der schweren Belastungen, die ihnen (wie sie meinen) die Vorsehung auferlegt hat, und dann unter Rückenbeschwerden leiden? Andere spüren Schmerzen in Füßen und Beinen — kommen diese vielleicht daher, daß sie nicht genug Mut aufbrachten, um voller Gottvertrauen vorwärtszugehen? So assoziieren wir Bein- und Fußbeschwerden mit einem Mangel an gläubigem Vertrauen.

Es gibt auch jene, die sich weigern, geistige Wahrheit zu erkennen oder zuzugeben, oder die sich weigern, der Stimme des Geistes zu lauschen, wenn sie zu ihnen spricht. Wir neigen dazu, Seh- oder Hörbeschwerden mit solchen Weigerungen zu assoziieren, die nicht unbedingt aus diesem Leben oder aus dem bewußten Denken stammen müssen. Diese Dinge liegen so tief in der Seele, daß das Kopfwissen sehr häufig nichts von ihnen weiß.

Wir geben euch diese Gedanken, um zu zeigen, wie wichtig es für die Gesundheit ist, eure Schwierigkeiten und eure Ängste vor irgendwelchen bedrohlichen und schrecklichen Beschwerden abzuwerfen, denn solange es von der Angst gefangen ist, kann das Denken nicht die Wahrheit sehen; wenn ihr um euch selbst Angst habt, dann zweifelt ihr an Gottes Macht.

Nun, die Wahrheit ist sehr einfach; Wahrheit ist aber auch sehr tief, tiefer, als der Intellekt erfassen kann. Wer diese Wahrheit in sich selbst finden will, muß erst einfach werden, so einfach, wie ein Kind in seiner Zuneigung und im Glauben ist; einfach, wie es auf Freundlichkeit anspricht in seiner Liebe zum Leben. Alle Schönheit, Liebe und Güte sind dem Wesen nach wahr; und es ist auch war, daß ihr, wenn ihr selbst einfach geworden seid, anfangen werdet, tiefe und große Wahrheiten zu verstehen, die ohne diese Einfachheit im Herzen weder zu ahnen noch zu erfassen sind.

Angst ist der große Feind jeglicher Erkenntnis der Wahrheit. Ihr müßt damit anfangen, daß ihr dies ändert; ihr müßt euch weigern zu glauben, daß negative Dinge so real sind, wie sie scheinen. Nur der Mensch verleiht ihnen durch seine Einstellung und Reaktion einen Schein von Realität. Macht es euch zur Gewohnheit, in das Licht Gottes zu blicken. Seht Christus in eurem Herzen, der die Welt durch seine Liebe umfängt. Lernt, niemals niederdrückende Dinge zu denken oder über sie zu sprechen, niemals euch über Krankheitssymptome zu verbreiten noch in Schilderungen von Schmerz und Leiden, weil euer Unterbewußtes die ganze Zeit zuhört und alles aufnimmt, nur, um es euch eines Tages in irgendeiner Form wieder zu präsentieren. Denkt immer daran: Was dem äußeren Selbst als bedrohlich, schmerzhaft und destruktiv erscheint, ist seinem Wesen nach etwas Vergängliches. Negative Dinge lösen sich auf und zerstören sich selbst, einfach, weil sie es müssen..."

BEKÄMPFUNG DER KRANKHEIT

„Vielleicht seid ihr im Augenblick krank? Versucht zu erkennen, daß diese Krankheit etwas ist, das ihr ständig in euren beiden Aspekten aufbaut, indem ihr der Angst vor ihr Nahrung gebt. Weigert euch anzunehmen, was sich so heimtückisch einschleicht. Aber natürlich müßt ihr auch daran denken, daß ihr nicht rücksichtslos über das hinweggehen könnt, was als 'Naturgesetze' bezeichnet wird. Das soll heißen, solange ihr jung seid in der geistigen Wahrheit, müßt ihr euch in gewissem Maße auch vorgefaßten Meinungen fügen und euch nicht weigern, die Hilfe der medizinischen Wissenschaft zu erstreben, wenn diese für notwendig erachtet wird. Handelt weise und recht bei allen Angelegenheiten von Gesundheit und Krankheit in diesen frühen Stadien. Später, wenn ihr lernt, ruhiger zu leben und friedlicher, werdet ihr widerstehen können und euch über diese Probleme erheben durch die Kraft Christi in euch.

In dem Maße, in dem ihr lernt, weiser und friedvoller zu leben, wird eure Gesundheit sich bessern und lästige Beschwerden verschwinden. Manche unter euch lieben es vielleicht zu sehr, beim kleinsten Wehwehchen zum Arzt zu eilen, oder sie verlassen sich zu sehr auf materielle Hilfen. Das göttliche Licht und die Gemeinschaft mit Gott wird euch von allen Schmerzen und Leiden befreien, wenn ihr nur den Preis im Dienen und in Beständigkeit bezahlen wollt.

Konzentriert euch auf richtiges Denken. Dieses rechte Denken sollte ganz und gar Gottesdenken sein, das das ganze Wesen durchdringt. Meditiert über diese gewaltige Wahrheit, und ihr werdet ihre Bedeutung erkennen. Rechtes Denken ist dem Wesen nach ausgeglichen, liebevoll und freundlich, tolerant und großzügig. Rechtes Denken bedeutet allezeit eine gute Einstellung zum Leben."

INTERESSANT, NEU UND VERBLÜFFEND EINFACH

Die älteren Brüder leben, um Gott und dem Menschen zu dienen. Sie arbeiten ununterbrochen, meditieren und festigen ihr Gottesbewußtsein und senden der Menschheit das Licht und die Kraft, die von ihnen als einer Bruderschaft ausstrahlt. Sie möchten, daß ihr wißt, daß ihr die Stärke ihrer Liebe empfangen dürft. Wessen immer ihr bedürft, sei es in Krankheit, Einsamkeit oder Angst, blickt zu ihnen, und ihr werdet sofortige Hilfe erhalten, Kraft und Frieden und ein Gefühl des Wohlseins.
Eine neue Welt leuchtet hinter dem Schleier. Zweifelt nicht, fürchtet euch nicht, lebt ständig in der Gesellschaft der Leuchtenden, der Gefährten des Geistes. Laßt euch nicht irreführen durch sogenannten gesunden Menschenverstand oder Vernunft. Sie haben ihren Platz und geben euch einen Ausgleich; aber laßt` euch nicht von ihnen blenden. Blicket dahinter, auf das wahre Gottesleben.
W.E.

Wir haben uns bemüht, die Ursache aller Krankheit herauszufinden — nicht etwa von einer bestimmten Erkrankung —, zusammen mit den Ursachen jener schwer definierbaren Frustrationen oder Neurosen wie chronischem Überdruß, Langeweile, Depression und Hoffnungslosigkeit, die so viele Menschenleben bedrücken.

White Eagle teilt uns ganz einfach mit, daß Krankheit durch einen Mangel an geistigem Licht in der Natur des Menschen zustandekommt. Wer könnte leugnen, daß an der Natur des durchschnittlichen Menschen etwas fehlt — und könnte dieses Fehlende das Licht sein, die geistige Erleuchtung, wie White Eagle sagt? Könnte es sein, daß wir dieses Licht, diesen Geist entwickeln sollen als einen wesentlichen Teil unserer normalen Ausstattung für das Leben, und daß unser Leben ohne es mangelhaft und verarmt ist?

Betrachten wir unter solchen Gesichtspunkten die normale Entwicklung eines Menschenwesens, die Entfaltung seines Denkens und Charakters, wie man sie im Laufe seines Lebens von ihm erwartet: Die Säuglingszeit und die Kindheit sind, wie wir alle wissen, dem Wachstum des Körpers gewidmet. Zu diesem Zwecke übernimmt das Körper-Elemental oder Körperbewußtsein bei der Geburt (möglicherweise sogar bereits bei der Zeugung des Kindes) die Kontrolle und bleibt auch später noch in dieser Rolle, nur gelegentlich unterbrochen oder gestört vom Kopfdenken, wenn dieses sich dann entwickelt. Das Körperbewußtsein geht während der Kindheit überwiegend seine eigenen Wege. Nach der Pubertät geht dann das Kopfdenken daran, das Heft in die Hand zu nehmen — zumindest im Bereich des äußeren Selbst —; in dieser Phase wird es mit wachsender Geschwindigkeit vorangetrieben, da man es einem Prozeß unterwirft, der Ausbildung genannt wird. In einer Welt der Konkurrenz ist das Ziel der Ausbildung, das

Kind zu lehren, wie es seinen Lebensunterhalt verdienen kann. Währenddessen – weit davon entfernt, etwa vertrieben zu sein – verbringt das Körperbewußtsein sehr aufmerksam seine Zeit und nimmt in sein unfehlbares Gedächtnis alles auf, was sich im Kopfdenken rührt, und macht es zu einem Teil seiner selbst. Das wäre soweit schön und gut, wenn nur bejahende, konstruktive Gedanken es erreichten, wenn nur Hilfreiches im Unterbewußtsein gespeichert würde. Aber dem ist nicht so, denn angstvolle und destruktive Gedanken sind überreichlich vorhanden, und das Körperbewußtsein unterscheidet nicht. Dieses ganze Konglomerat wird unter Verschluß gehalten, bis – sollte die Ansammlung krankmachender Gedanken jene von gesunden Gedanken übersteigen – der Körper in der Folge krank wird, und dies mit der gleichen Gesetzmäßigkeit, mit der zwei und zwei vier ergeben.

Wir können uns das geistige Gesetz jederzeit beweisen: Wenn geistiges Licht wirklich das Leben des Menschen durchdringen und verwandeln kann, dann wird es dieses gewiß auch verklären. Die Antwort ist also einfach. Aber vielleicht doch nicht so einfach, denn wir stehen noch vor dem Problem, das Herzdenken zu wecken, das vielleicht schon viele Jahre gefangen, vergessen und vernachlässigt war. Es ist unwahrscheinlich, daß unsere eingeborene Göttlichkeit sich schlagartig als stark und entschieden genug erweisen wird, um Leben zu verwandeln.

Nach Angabe des biblischen Rezepts entsteht die Erlösung des Menschen durch ständiges Gebet, Buße und Fasten. Gebet und Buße ersetze man durch weiseres Leben, klügeres Essen, weiseres Denken, Entspannen und Tun; Fasten ersetze man durch einfacheres Leben, als es da unsrige ist. Denn wenn die wahre Ursache unserer Beschwerden irgendein innewohnendes Dunkel ist, das sich im Körper als Krankheit manifestiert, und die Heilung im Heilwerden der menschlichen Seele besteht, dann ist der einzige Arzt, der die Macht hat, eine solche Heilung in universalem Maßstab zu bewirken, der Christus im Menschen.

Gottes Macht kann jede Heilung vollbringen, und in dem Maße, in dem Gott gefunden wird, kann der Leidende die universelle Heilung aller Krankheit erlangen. Jede Art von Medizin, Chirurgie, Naturheilkunde, Christlicher Wissenschaft, Glaubensheilung usw. hat ihre Versager und auch Erfolge. Mit Gott kann es kein Versagen geben. Nur wir können versagen, uns an Gott zu wenden; in diesem Falle kann er uns nicht heilen. Es ist dieser heimliche, aber sehr reale Zweifel in uns allen, der das, was wir lesen, wertet. Vielleicht fühlen wir uns sicher in bezug auf Gott, aber zweifeln stark an uns selbst, und das mit einiger Berechtigung.

Manche von uns wissen nichts von den Kräften zur Selbstheilung, die in uns wohnen; wir rutschen in die Krankheit hinein, weil irgendwo tief in uns verborgen der Wille zum Krankwerden ist; irgendwo dort unten in der Nähe unseres Sonnengeflechts (wo das Körperbewußtsein denkt und fühlt) kann eine Verbindung oder Neigung zur Krankheit wachsen. All dies muß geändert werden, um zu Gott zu streben, was zugleich bedeutet, der Gesundheit entgegen. Selbst wenn er krank ist, kann der Mensch durch Beharrlichkeit und Willenskraft sich weiterhin 'leerlaufen' lassen. Aber das ist keine Heilung. Wenn er jedoch diesen, seinen Willen, dauernd durch den Willen Gottes stärken kann, dann kann er von Gott erbitten, was er braucht. Beständig, hingebungsvoll, mit Standhaftigkeit, Glauben und Vertrauen, tagein, tagaus, jahrein, jahraus, kann er seine Gesundheit und das Glücksgefühl zurückerlangen; da dies genau die Vorgehensweise ist, die Gott von ihm wünscht.

White Eagles Worte deuten alle auf diesen gleichen Schluß hin: „Krankheit bedeutet, daß die materiellen Zellen sich nicht mehr in Ausrichtung und Harmonie befinden. Das gilt für alle körperlichen Behinderungen, selbst wenn sie Ergebnis von Unfällen sind – sie alle sind ein Anzeichen der Unfähigkeit der Körperzellen, auf Gott eingestimmt und ausgerichtet zu bleiben.

Medizinisch könnt ihr das mit jeder beliebigen Bezeichnung benennen; ganz gleich, welchen Namen ihr wählt, bleibt die Ursache doch dieselbe, und die Kraft, die heilt, ist ebenfalls dieselbe. Es ist die Kraft Gottes, und die Kraft Gottes benutzt viele irdische Kanäle und Wege, um zu heilen, das Leben wieder instandzusetzen, die geistige Schau zu öffnen, den Charakter zu bilden und die Seele des Menschen schließlich zur Gotteserkenntnis zu führen. Denkt immer in Begriffen des Geistes, des Lebens aus dem Geiste, der reinigenden, läuternden Kraft des Geistes.

Um den materiellen Körper in Gesundheit, Harmonie, Freude und Liebe zu erhalten, müßt ihr in Übereinstimmung mit dem natürlichen und göttlichen Gesetz leben; wenn Natur- und Gottesgesetze gebrochen werden, leidet der stoffliche Leib. Trachtet also danach, euch auf das Unendliche einzustimmen und auf jeder Ebene ein reines Leben zu führen. Strebt allezeit nach dem Leben aus dem Geiste."

Vermutlich werden manche mit dieser Diagnose des menschlichen Leides nicht einverstanden sein. Sie werden ohne Zweifel das Gefühl haben, daß der hier skizzierte Weg der Seelenerlösung und körperlichen Heilung einen unumgänglichen Nachteil hat: er bedeutet ständiges Bemühen. Wie wahr! Heilungen dieser Art werden sich kaum mit, sagen wir, einer Serie von Injektionen, einer Verabreichung chemischer Medikamente oder Massagen oder womöglich einer kleineren Operation vergleichen lassen. Die Wahl von Methoden, die ohne große Anstrengung heilen können, steht dem Leidenden frei. Aber wirkliche Heilung ist ohne Anstrengung nicht zu erreichen. Der liebe Gott wird auch nicht sein Bestes tun und eine vollkommene Heilung spendieren, solange der Patient untätig und faul herumsitzt, wenn geistige Heilung der Weg zur Gesundung ist. So funktioniert das einfach nicht. Die Regel scheint wohl zu sein, daß man für empfangene Dienste bezahlt. Deshalb wird der Patient seine Heilung verdienen müssen, indem er etwas von sich selbst gibt als seinen persönlichen Beitrag; denn ein persönliches Opfer in irgendeiner Form ist ein sehr wesentlicher Teil der Transaktion.

Ein kleines Beispiel zu unserem Thema ist folgende Geschichte, die wir in Form eines Briefes wiedergeben:

„Ich wurde gebeten, über eine Heilung zu berichten, die ich empfangen habe, denn so sehe ich es. Es begann alles vor vielen Jahren. Als ich sechzehn Jahre alt war, gewöhnte ich mich an das Pfeiferauchen; ich war der Überzeugung, daß dies eine recht männliche Sache war. Gut vierzig Jahre nach diesem Zeitpunkt rauchte ich ständig, im Durchschnitt etwa hundert Gramm Tabak in der Woche. Ich war also ein recht schwerer Raucher. Im Laufe dieser vierzig Jahre habe ich zweimal große Anstrengungen meiner Willenskraft unternommen, um mit jener Gewohnheit zu brechen, und schaffte es einmal mit verbissener Hartnäckigkeit, zwei Jahre lang nicht zu rauchen. Während dieser ganzen Zeit hat mich das Verlangen zu rauchen nie verlassen, sondern bohrte in mir wie Zahnschmerzen. Dann,

87

Ende Fünfzig, begann ich, recht fleißig die Botschaften von White Eagle zu lesen, und stellte fest, daß sie nach einiger Zeit regelrecht in mich eindrangen — ich meine, in mein inneres Selbst, wo sie mir ein Glücksgefühl schenkten. Die ganze Zeit rauchte ich nach wie vor, und dachte überhaupt nicht daran, es wieder aufzugeben. Dann stellte sich auf einmal ein neues Denken über die Raucherei ein, zum Teil körperlich, zum Teil geistig. Ich meine, daß meine körperlichen Sinne des Riechens, Schmeckens und so weiter schärfer wurden. Ich erinnere mich noch, wie ich eines Tages zu einem Schrank ging und einen Anzug herausnahm, den ich längere Zeit nicht mehr getragen hatte. Er stank nach kaltem Tabakrauch, und ich weiß noch, wie ich mich wunderte, daß all meine Kleidungsstücke so rochen; aber dann dachte ich nicht weiter daran. Es war eigenartig: Obwohl ich selbst noch fröhlich weiter rauchte, schien mein Geruchssinn sich mehr und mehr an dem Tabakqualm anderer Raucher zu stören! Ich bekam auch eine neue Einstellung zu der Angelegenheit. Ich pflegte ja zu denken, daß es recht männlich aussah, wenn man rauchte. Jetzt war ich mir dessen nicht mehr so sicher und begann mich zu fragen, warum die Leute mit Zigaretten und Pfeifen im Gesicht umhergingen. Eines Tages dachte ich sogar, wie dumm sie damit doch aussahen!

Aber das alles war noch lange nicht genug, um mich zu bewegen, das Rauchen selbst aufzugeben. Dazu mußte es tiefergehen. Aber geistig fühlte ich mich nicht allzu wohl dabei, nachdem ich angefangen hatte zu erkennen, daß der Körper des Menschen der Tempel seiner Seele war oder sein sollte — und in einem Tempel rauchte man schließlich nicht. Es war also wie eine vage Unsicherheit, die langsam von mir Besitz ergriff.

Dann, auf einmal, passierte es einfach. Ich nahm meinen Tabaksbeutel heraus und legte ihn ins Feuer. Das tat ich völlig freiwillig und überlegt, nicht aus einem spontanen Impuls heraus. Ruhig sah ich zu, wie der Tabak verbrannte, obwohl es eine schreckliche Verschwendung war, wenn man bedachte, was Tabak kostete. Danach war das Rauchen für mich erledigt und vorbei. Ich hatte nie mehr den Wunsch zu rauchen.

Ich war in den Sechzigern, als dies geschah. Als ich es aufgegeben hatte, fühlte ich mich erleichtert und sogar befreit. Ganz gewiß ging es mir gesundheitlich seit damals besser, und ich werde vermutlich noch einige Jahre länger leben. Aber das sei nur am Rande erwähnt. Die Hauptsache ist, daß ich von etwas losgekommen bin, das falsch geworden war − für mich!"

Diese Geschichte ist in unserem Zusammenhang dienlich, weil sie zeigt, wie das fleißige Lesen der Worte White Eagles etwas im Herzdenken des Lesers angerührt hat und dieses zu einer allmählichen Verfeinerung der körperlichen Sinne führte. Das Herzdenken stellte das Körperbewußtsein des Rauchers langsam um und zerbrach damit die Gewohnheit (nein, das Ritual, denn das ist etwas viel Mächtigeres) von über vierzig Jahren, so daß eine vollkommene Heilung die Folge werden konnte.

Man wird dem sogleich entgegenhalten, daß dieser Fall nichts beweist. Das Rauchen kann man nicht eindeutig als eine Krankheit bezeichnen. Aber das ist doch gewiß eine Angelegenheit der persönlichen Meinung? Sicher ist, daß es das Leben verkürzt, daß es kleinere und größere Beschwerden verursacht, und daß man es damit, langfristig gesehen, als tödlich wirkend bezeichnen kann. Könnte man es nicht auch eine Krankheit des Denkens nennen, die sich im Körper ausdrückt, zuerst durch katarrhalische Beschwerden, später in schwereren Krankheitsformen? Es sei offen zugegeben, daß gewisse Dinge, die wir hier erwähnen, nicht zu beweisen sind. Sie müssen davon abhängig bleiben, ob sie an sich vernünftig klingen, um akzeptabel zu sein. Andere Dinge wiederum kann man durch eine Begebenheit untermauern, die sie veranschaulichen. Hier folgt nun eine solche Geschichte, die vor einigen Jahren geschah und von dem betreffenden Heiler berichtet wird.

BERICHT ÜBER FRAU X

„Ich sprach einige Zeit mit dieser Patientin, um mir eine gute Vorstellung von der Ursache ihrer Krankheit machen zu können. Sie war eine Frau um die Fünfzig und war schon viele Jahre verwitwet. Sie war geistig klar und entschlossen. Es hatte den Anschein, daß sie in der Kindheit nicht nur vernachlässigt, sondern auch lange Zeit hindurch mißhandelt worden war. Das mag in gewissem Maße zu ihrem Zustand beigetragen haben.

Seit Jahren war sie schon krank und konnte nicht arbeiten und ihren Lebensunterhalt verdienen. Während dieser Zeit wurde sie ärztlich behandelt und beobachtet, ging von einem Arzt zum anderen, wurde von einer Klinik in die nächste überwiesen. Die Londoner Ärzteschaft schien sich sehr für sie zu interessieren. Einige Zeit war die Patientin von einem der führenden Psychologen betreut worden, dessen Geduld und Hingabe sie über den grünen Klee lobte.

Keiner der Experten konnte die Ursache ihrer Krankheit herausfinden, und überhaupt war es nicht möglich, irgendwelche organischen, körperlichen Veränderungen festzustellen. Auch die Behandlung durch den Psychologen blieb erfolglos; über Jahre hinweg ging es mit ihrer Gesundheit immer mehr bergab.

Als ich sie zum ersten Mal sah, war sie sehr abgemagert, nicht in der Lage, längere Zeit auf den Füßen zu stehen, unglaublich blaß, und ihre Stimme war so schwach, daß man sie kaum hören konnte. Sie starb buchstäblich weg, und keiner konnte die Ursache herausfinden. Meiner Meinung nach hatte ich es mit einer Seele zu tun, die von Gott getrennt war. Ich glaube, daß jedermann eine Verbindung mit seinem Schöpfer hat, sei sie schwach oder stark. Manche sind sich dieser Verbindung bewußt. Sie muß zumindest teilweise aufrechterhalten bleiben, sonst muß der Mensch sterben. In diesem Falle hatte ich das Gefühl, daß die Verbindung so schwach war, als existierte sie fast nicht mehr; und deshalb ließ sich keine körperliche Ursache für den Krankheitszustand ermitteln.

Meine Aufgabe als Geistheiler war es, mich mit der göttlichen Kraft zu verbinden und diese in den Körper der Patientin zu leiten. Alle geistige Heilung geschieht auf diese Weise. Jeder Mensch hat Zentren in seinem Ätherleib, das sind Eingangspunkte, die besonders empfänglich für die Heilungsstrahlen sind. Ich konzentrierte mich darauf und betete, daß das geistige Licht durch meine Hände in diesen licht-ausgehungerten Körper und in die Seele fließen möge. Als die Behandlung vorüber war, ließ ich die Patientin schlafend auf der Behandlungsbank liegen, und eine Stunde später schlief sie da immer noch. Als sie dann erwachte, schien sie benommen und etwas verwirrt, und sie brauchte noch einige Zeit, bevor sie wach genug war, um nach Hause gehen zu können. Einige Tage später schrieb sie mir und teilte mit, daß sie sich als Folge dieser Behandlung viel besser und glücklicher fühlte und um weitere Hilfe bäte. Sie kam weiterhin zur Behandlung und war am Ende völlig geheilt, obgleich diese Heilung nicht auf der Stelle eintrat — dafür sorgten schon die zwanzig Jahre ihres Krankseins. In meiner ganzen Praxis hatte ich noch nie eine Seele kennengelernt, die so weit von ihrem natürlichen Quell des Lebens entfernt war — so nahe vor ihrem Hinübergang aus diesem Grunde stand."

Diese Geschichte ist von besonderem Wert, weil sie so deutlich illustriert, was mit einer Seele passieren kann, die sich von ihrer Quelle der geistigen Versorgung getrennt hat. Die meisten denken, daß wir aus uns selbst leben, und sind es zufrieden, außer in Augenblicken der Einsamkeit und Hoffnungslosigkeit. Aber in Wahrheit sind wir mit jedem Pulsschlag unseres Herzens von unserem Schöpfer abhängig, mit jedem Atemzug, den wir machen, und Gott ist so notwendig und lebenswichtig für uns wie Luft und Sonnenlicht. Genau genommen, sind diese beiden sogar von geringerer Wichtigkeit, verglichen mit der größeren Wirklichkeit, die Gott ist.

DAS NEUE BEWUSSTSEIN

Geistige und Natur-Gesetze zu brechen und dann zu erwarten, daß die geistige Welt euch schützt, bedeutet, daß ihr Gott, euren Herrn, herausfordert. Dies kann eine schwere Sünde sein. Seid ihr versucht, so zu handeln, dann sprecht: „Hebe dich hinweg, Satan!" Wir müssen zuerst lernen, in Harmonie mit geistigen und mit Natur-Gesetzen zu leben, dann können wir uns an unseren Schutzengel um Hilfe auf dem Lebensweg wenden.
W.E.

Der Brief des Pfeifenrauchers gegen Ende des vorangegangenen Kapitels hob das neue Bewußtsein hervor, das der Schreiber infolge der Regung seines Herzdenkens erfuhr. Er sagte, daß er die Dinge nun aus einer ganz anderen Perspektive sähe. Der Liegeplatz seines persönlichen Selbst verlagerte sich weg von der Verankerung in Körperbewußtsein und Kopfdenken, weil er nun die Tiefen des Herzdenkens auslotete. Sobald dieser Prozeß einsetzt, beginnt sich der Leib selbst zu verwandeln und wird einem Verfeinerungsvorgang unterworfen, der ihn schließlich gegen körperliche Krankheit immunisiert. Gleichzeitig mit der Abstoßung der gröberstofflichen Atome oder Substanz des Körpers und ihrer Ersetzung durch feinere Substanz kommt ein neues Bewußtsein der gewaltigen Tiefe in dieses Herzens-Selbst des ganzen Menschen. Der nur auf Körper- und Kopfebene Lebende mag vielleicht spotten über die Vorstellung eines Lebens nach dem Tode und lachen über die Bemerkung, daß er viele Erdenleben bräuchte, um sich genügend zu bilden und zu disziplinieren und sein Herz-denken zu wecken; aber wenn dieses sich erst einmal rührt, wird der Mensch nachdenklicher und toleranter, visionärer und empfänglicher für geistige Wahrheit. Von innen herauf steigt die Erkenntnis, daß es in diesem Inneren etwas gibt, das ewig ist, viel älter als dieser vergängliche, äußere Mensch.

White Eagle sagt: „Das Leben hat Sinn und Zweck, und sein Ziel ist geistig. Laßt euch nicht so belasten durch die Dinge des Alltagslebens (die wirklich unwichtig sind, weil sie vergänglich sind), daß ihr das ewige Gottesleben darüber vergeßt.

Am Anfang ist es nicht leicht, zu vertrauen und an dem inneren Licht und der Wahrheit des Herzens festzuhalten. Der Körper scheint so massiv, schwer und störrisch, und das Denken so widerspenstig zu sein. Aber das Denken muß ein Werkzeug des Geistes werden, und die Substanz des Körpers kann durchlichtet, verfeinert und erhoben werden durch höheres Bestreben und durch eure Liebe und Hingabe für Gott. Dieses ständige Leben in der Gegenwart Gottes wird euch mit der Zeit mehr bedeuten als alles andere im Leben. Aber *„trachtet am ersten nach dem Reich Gottes... so wird euch solches alles zufallen."* Dann wird der Mensch echte Demut entwickeln, denn er wird erkennen, daß er aus sich nichts ist, nichts tun kann, sondern Gott in ihm die Kraft ist, die alles Gute vollbringt. Der

Gott in ihm bewegt ihn, nach dem göttlichen Gesetz zu leben, zu handeln und zu lieben. Göttliche Intelligenz ist gerecht, vollkommen und wahr, und ihr unterläuft kein Fehler; aber während Gottes Gesetz genau ist, gibt es ebenso auch die Gnade Gottes, die liebende Weisheit, die das Karma mildert, das die Seele sich erschafft. Gott gebraucht es, um der Seele den höchsten Segen zu schenken. Versucht die Tatsache zu akzeptieren, daß all die Schwierigkeiten und Kümmernisse in eurem Leben einem weisen Zweck dienen, und selbst Krankheit und Gebrechlichkeit die Macht haben, euch näher zu Gott zu ziehen.

Wenn ihr krank seid — dann blickt in euch; prüft euch gründlich und aufrichtig. Seid ehrlich genug, im Versuch zu erkennen, welche bestimmte Schwäche tief in euch es war, die eure Krankheit wirklich verursacht hat. Wenn ihr dieses Wissen erst einmal ins Tageslicht bringen könnt, werdet ihr schon einen großen Schritt in Richtung Selbstheilung hinter euch haben. Es ist gut, das zu tun, denn eines Tages wird jedermann lernen müssen, unerschrocken in den Spiegel seiner eigenen Seele zu blicken und sein wahres Selbst offenbart zu sehen. Akzeptiert dann auch, daß das gegenwärtige Leid euch etwas lehren kann, das für eure Zukunft von unendlich großem Wert ist. Seid gewiß, daß die Krankheit, wenn ihr sie so betrachtet, sich als guter Freund erweisen kann..."

ES GIBT EINEN SINN BEI ALLEM LEIDEN

„Vielleicht sind einige unter euch, die traurig sind wegen des Leidens derer, die sie lieben. Es ist sehr schwer, wenn man still und ruhig bleiben muß und gar nichts tun kann.

Wann immer ihr Zeuge körperlichen oder seelischen Leides seid, daß ihr nicht heilen könnt, dann versucht daran zu denken, daß der Leidende sich durch Lebensumstände bewegt, die seine Seele am Ende ins Licht führen werden. Denn jede Seele, die im Körper leidet, geht voran, um sich der himmlischen Schar anzuschließen, über die geschrieben steht: *„Diese sinds, die gekommen sind aus großer Trübsal, und haben ihre Kleider gewaschen, und haben ihre Kleider helle gemacht im Blute des Lammes."* Somit ist es eure Aufgabe, euren Freund oder Verwandten immer in das Licht, die Hoffnung und den Mut emporzuheben, die seiner Seele zum Ausgleich helfen werden. Wir versichern euch, daß der »Große Weiße Geist« ein Gott unendlicher Liebe und Güte ist. Trotzdem ist jedes Kind Gottes dazu bestimmt, auf Erden durch Erfahrungen zu gehen, die es zu jenem Glücksgefühl und Frieden leiten werden, nach dem es sich sehnt.

Wir geben euch diese Botschaft als eine Botschaft des Friedes und um euch zu trösten. Denn was im persönlichen Leben geschieht, im individuellen und einzelnen Leben, das geschieht auch im kollektiven Leben. Was ihr in der Welt seht, was schmerzlich erscheint, ist der Weg, den das Menschengeschlecht beschreiten muß. Was ihr an persönlichem Leid eines einzelnen seht, ist der Weg, den diese bestimmte Seele zu gehen hat."

Diese Worte werfen die uralte Frage oder Problematik des unschuldigen Leidens von neuem auf, die die Philosophie und die Religion aller Zeiten vor ein Rätsel gestellt hat. Aber es ist gut, dieses Problem anzusprechen, denn bis heute ist noch nichts gesagt worden über die bedenklicheren und erbarmungsloseren Beschwerden, die die Menschheit bedrücken; denn, wie wir nur zu gut wissen, können unheilvolle Dinge sich in dem geheimnisvollen Bereich des Körperbewußtseins entwickeln und wachsen, wo Gedanken und Gefühle aufgezeichnet und abgeladen werden. Mit diesen Gefühlen sind unterbewußte Eifersucht, Reizbarkeit, Neid, Ängste und besorgte Vorahnungen, lange gehegter Groll gemeint, derer die unglückselige Masse der Menschen sich manchmal weitgehend nicht bewußt ist. Gewohnheitsmäßige Reizbarkeit beispielsweise kann sich zu unterbewußter dauernder Verärgerung gegenüber dem Leben im allgemeinen auswachsen. Häufig vernachlässigen Leute, die ihr Zuhause oder ihr Geschäftsleben gut organisieren und einrichten bis zur Perfektion, ihr eigenes Innenleben; und dieses Innenleben ist es, was weitgehend bestimmt, ob sie glücklich leben werden oder unglücklich. Das Körperbewußtsein speichert alles und vergißt nie.

Doch in der Tiefe des Herzens gibt es noch eine andere Aufzeichnung, und diese zeigt unser Guthaben oder unsere Schuld bei dem Chronik-Engel, dem alles aufzeichnenden – mit anderen Worten: das gute oder schlechte Karma, das wir in diese Inkarnation mitgebracht haben. Krankheit kann also entweder aus Karma erwachsen, das man im derzeitigen Leben sich aufgeladen hat, oder aus einer karmischen Schuld, die wie ein Same in einem oder mehreren früheren Leben gelegt wurde und nun aufgeht. In diesem Zusammenhang seien einige Abschnitte aus Vorträgen über die Krebskrankheit zitiert, die schon im Jahre 1938 gehalten wurden. White Eagle sagte seinerzeit: „Ihr habt uns gebeten, über Krebs zu sprechen, und eure Frage war, ob Krebs durch chirurgische Maßnahmen heilbar sei. Wenn wir erklären, daß Krebs seinen Ursprung in einer tiefverwurzelten Disharmonie in der Seele des Menschen hat, werdet ihr die Logik unserer Antwort verstehen: daß es unmöglich ist, die Krankheit allein durch Operation zu heilen. Aber Krebs ist nicht unheilbar. Ich würde ihn als eine in erster Linie geistige Krankheit bezeichnen, weil er weitgehend durch Disharmonie aufgrund der Verletzung von Natur- und geistigen Gesetzen (nicht unbedingt im gegenwärtigen Leben) hervorgerufen wird. Diese Gesetze können aus Unwissenheit verletzt worden sein, aber durch das Leid, das durch Unwissenheit entsteht, geht die Seele schließlich in das Land des Lichtes hinüber.

Wir sehen diese Krankheit, wie sie ihren Sitz in dunklen Flecken oder einem dunklen Gespinst hat, das in den Ätherleib hineingewoben ist. In fortgeschrittenen Stadien sehen wir sehr dunkle und fast massive Verdichtungen im Ätherkörper. Wenn die störende Geschwulst mit Hilfe des Chirurgenskalpells entfernt wurde, ist die kranke Zellanhäufung aus dem materiellen Körper gewiß beseitigt. Aber wir haben damit keine Heilung vollbracht. Der Krebs durchwandert im Blutstrom immer noch den Körper, ist eng verbunden mit dem Ätherleib, und mit dem Ego.

...Das Ego ist das innerste, das unpersönliche Selbst. Das Ego sehnt sich nach Lektionen. Es ist ihm gleich, wie es sie erhält – *es will die Lektionen.* Dieses göttliche Streben in jedem wächst und erweitert sich, selbst durch Schmerzen. Es sehnt sich nach Wachstum, vor allem ins Gottesbewußtsein, und es weiß, daß es nur wachsen kann durch Wissen, das es durch Erfahrung erwirbt. Das klingt vielleicht recht unbarmherzig; aber das Ego will Leiden im materiellen Körper verursachen, wenn es keinen anderen Weg gibt. Ihr werdet fragen: „Wie steht es mit einer armen Seele, die unschuldig ist und nicht versteht, wozu dieses Leiden ist?" Wahrlich, das *Denken* kann unwissend sein, aber in der Seele ist Weisheit. Wenn ihr in der Lage wäret, den Prozeß der geistigen Erleuchtung zu beobachten, der im Leidenden stattfinden kann, dann würdet ihr Gott für das Geschenk des Leidens danken. Ihr würdet es noch besser erkennen, vermöchtet ihr zu sehen, wie diese Seele ihrer Belohnung entgegengeht. Denkt daran, es gibt Belohnungen... Die Belohnung ist eines der großen Gesetze − eines der fünf großen Gesetze des Lebens.

Wenn wir sagen, daß das Messer des Chirurgen den Krebs nicht heilen wird − was dann? Es gibt ein Heilmittel, und es ist so gewöhnlich wie Luft oder Wasser. Ich will es als Lebensessenz bezeichnen... Diese Lebensessenz findet sich in verschiedener Form und verschiedenem Grade in der ganzen Schöpfung. Krankheit im Patienten ist zurückzuführen auf eine Behinderung, eine Blockade in der Aufnahme der Lebensessenz. Ein vollkommen harmonischer, wohl ausgeglichener, perfekt eingestimmter Körper (und Seele) ist ihrem Einfließen immer offen.

Die Lebensessenz ist großzügig und reichlich in manchen Vegetationsformen zu finden. Sie ist auch in Licht- und Farbstrahlen, die eines Tages bei der Behandlung der Krebskrankheit noch intensiv eingesetzt werden sollen. Aber nicht alle Patienten werden auf Licht und Farben gut ansprechen. Manche brauchen die Lebensessenz in einer anderen Form. Man kann sie über bestimmte Nahrungsmittel − belebende, lebensspendende Nahrung − aufnehmen, oder aus dem Mineralreich lösen und verabreichen. Es gibt keine bestimmte Heilmethode, die für alle Leidenden geeignet wäre, und der Patient wird so auf die Behandlung ansprechen, wie es seinem geistigen Entwicklungsstand entspricht. Der springende Punkt des Ganzen ist die Bewußtseinsqualität des Kranken, und diese Qualität ist etwas, das er aus seiner Vergangenheit mitbringt.

Vor langer, langer Zeit, als die Menschen in engerer Verbindung mit der Natur lebten, hatten sie eine Methode zur Vollkommenheit entwickelt, mittels derer sie alle nötige Heilung aus der Natur bezogen. Sie erhielten die Strahlen des Lichtes und der Farben aus ihrer Umgebung. Die ägyptischen Priester beispielsweise setzten geheime oder spirituelle Strahlen zur Behandlung ein. Selbst wenn ein Unfall passierte, konnten die Priester der Natur helfen, die Wunde rascher zur Heilung zu bringen. Heute säubert und verbindet ihr eine Verletzung und sagt dann: „Jetzt muß die Natur ihren Teil tun." Der Priester in Ägypten oder Mittelamerika wendete unsichtbare Heilungsstrahlen an, um die Wundheilung zu beschleunigen.

Da der Krebs hauptsächlich eine Folge von Disharmonie ist, kann sich diese Disharmonie entweder auf der mentalen oder der körperlichen Ebene oder beiden zugleich auswirken, manchmal auch im Seelenleben. Der Grund für die zunehmende Verbreitung dieser Krankheit ist, soweit wir sehen können, auf die wachsende »Künstlichkeit« des Lebens zurückzuführen, das der Mensch zu führen gezwungen ist. Dem werdet ihr vielleicht entgegenhalten, daß es nicht recht ist, daß die Opfer derart leiden müssen, wenn sie nichts davon wissen, ein geistiges Gesetz verletzt zu haben, oder daß ein solches Gesetz überhaupt existiert. Das geistige Gesetz nimmt keine Rücksicht auf Unwissenheit; das Gesetz ist gerecht, vollkommen und wahr. Obgleich aus irdischer Sicht ein Unschuldiger zu leiden scheint, gibt es aus geistiger Sicht so etwas wie unschuldiges Leiden nicht; darüber hinaus würdet ihr, wenn ihr mit den Augen des Geistes schauen könntet, selbst sehen, daß ein wunderbarer Läuterungs- und Reinigungsprozeß in der Seele stattfindet, die sich solchem Leiden unterzieht.

Wir müssen uns vor Augen halten, daß das Karma-Gesetz die steuernde Kraft bei jeder Inkarnation ist. Wenn es irgendwann einmal eine »Sünde wider den heiligen Geist« (manche Menschen werden diesen Begriff vielleicht verstehen) gegeben hat, dann liegt seitdem ein Saatkorn des Dunkels in der Seele, das aufgearbeitet und eliminiert werden muß. Dieser Vorgang könnte die Gestalt einer tiefverwurzelten Krankheit annehmen, aber auch ganz andere Formen, die sich nicht unbedingt im Körperlichen ausdrücken müssen. Die Disziplin, derer die Seele bedarf, wird ihr beigebracht in Form von Gelegenheiten oder Lektionen, die es der Seele ermöglichen, gerade die Bewußtseinsqualität zu erwerben, nach der sie sich sehnt. Jedesmal also, wenn eine vollkommene Heilung von Krebs oder einer anderen sogenannten unheilbaren Krankheit stattfindet, sei sie durch Operation oder andere Methoden herbeigeführt, so ist dies möglich, weil der Leidende sein Karma wiedergutgemacht hat − das ihm vielleicht nicht bekannt war −, und die Engel, die auf Anweisung der »Herren des Karma« wirken, haben den Schaden, der im Körper entstanden ist, repariert. Angst, Haß, Groll − all diese Dinge sind ein Bruch der Harmonie. Der Groll aber ist nicht der einzige oder gar der Hauptgrund. Alles, was im Leben stets unharmonisch ist, wird den Körper zur Erkrankung disponieren. Wenn ihr euch auf das große weiße Licht einstimmt, auf die ewigen Harmonien des Lebens, wird es keinen Krebs geben. Übt euch in den Gesetzen der Reinheit und Frömmigkeit; eßt immer reine Speisen *); atmet frische Luft und trinkt sau-

---

*) Man schätzt, daß die Sterblichkeit bei der Krebserkrankung höchstens halb so

beres Wasser und Fruchtsäfte; atmet die mächtigen Harmonien der Natur ein; achtet auf eine Harmonie zwischen Ruhen, Schlafen und Arbeiten; seid ohne Spannung, Hetze, Angst oder Besorgnis; gelangt zu dem gelassenen und ruhigen Leben – und bleibt dabei –, das all jene führten, die ihr niederes Selbst meisterten; laßt eure Gefühle nicht von Verlangen und Begehren beherrscht sein: All diese müssen unter Kontrolle sein, wenn ihr gesund, heil und weise werden wollt. Jene, die ein hohes Alter erreichen, leben im Einklang mit der Natur, Gott nahe, und haben Frieden."

Es ist der Erwähnung wert, daß auch die Medizin zu dem Schluß gekommen ist, daß der Krebs tiefsitzende mentale und emotionale Ursachen haben könnte. Noch einen Schritt in diese Richtung, und die medizinische Wissenschaft wird herausfinden, daß, was für Krebs gilt, auch für alle anderen Krankheiten richtig ist – daß sie alle von Ursachen herrühren, die tief im Leben des betreffenden Menschen verwurzelt sind.

Das bringt uns zurück zum Fall der Frau X, den wir im vorausgegangenen Kapitel vorgestellt haben. Solche Geschichten nur zu erzählen, hilft dem Leser nicht weiter, wie man so sagt. Man findet wohl nur wenig Veranlassung für das Leiden der Frau X, und deshalb erhebt sich immer wieder die Frage, warum sie überhaupt gelitten haben sollte. Warum sollte irgendeine Seele sich von einem barmherzigen Gott getrennt finden, und aufgrund eines Mangels an Gotteslicht allmählich verfallen? War die harte Kindheit dieses Menschen nicht ein weiterer Grund, warum sie der

---

so hoch wäre, wenn die ganze Bevölkerung zum Vegetarismus wechselte. Fakten und Zahlen über diesen Punkt wären vermutlich sehr aufschlußreich, stünden sie uns zur Verfügung.

Liebe Gottes bedurfte? Warum in aller Welt wird dieser oder jener Mensch blind geboren, oder taub, stumm, verkrüppelt oder behindert? Warum fordern Unfälle und Krankheiten einen so hohen Zoll an menschlichem Leben? Warum kühlen tausendundeins schmerzliche Fragen, die schon immer Kirchen, Moralisten und Philosophen zur Verzweiflung getrieben haben, unsere Begeisterung ab, wenn wir nach Gott suchen und ihm vertrauen wollen? Kann ein blinder Glauben, der keine Fragen stellt, befriedigende Antworten liefern? Ist ein unerschütterlicher und unerschrockener Glaube, häufig im Widerspruch zur Vernunft, die einzige Quelle des gerne Gläubigen? Wir wollen versuchen, die Antwort darauf selbst zu finden.

IN DER SCHULE DES GEISTES

Der Mensch wurde nach Gottes Bild geschaffen. Das Bild des vollkommenen Menschen ist im Denken Gottes, ist Teil von Gott. Und ihr, meine Brüder und Schwestern, ihr seid dieses vollendete Bild des Kindes, des Gotteskindes, das sich im Geiste des Vater-Mutter-Gottes befindet.

W.E.

Ganz tief unter den äußeren Gedanken und Gefühlen des Menschen befinden sich einige Gewißheiten, die ein integraler Bestandteil seines Wesens sind. Nur, wenn wir tief in diese hinteren Winkel unseres Wesens blicken, können wir erkennen, daß es sie gibt.

Unter diesen Gewißheiten und in Bereitschaft, uns zu überraschen, gibt es den angeborenen Glauben, daß wir nach dem Tode weiterleben werden. Früher wurde man sogar überredet zu glauben, daß selbst der Körper aus dem Grabe auferstehen würde. Diesen Glauben hat der Mensch inzwischen verworfen; er akzeptiert nun, daß der Tod Anspruch auf den Leib erheben wird, aber nicht die tieferen Bewußtseinsschichten des Herzens, die Empfindungen und Gefühle, die seine Seele sind. Dieser innere Mensch überlebt, und er weiß, daß er überleben wird. Manche Leute zweifeln nie daran; bei anderen ist es eine vage, fast nicht erkennbare Hoffnung oder Ahnung. Die Stärke oder Schwäche dieser Ahnung hängt möglicherweise von dem Überwiegen jener Seelenqualitäten ab, die überlebensfähig sind. Es ist wahrscheinlich, daß solche Menschen, deren Interesse hauptsächlich um zeitliche, vergängliche Objekte ihrer Sinne kreist, weniger des Weiterlebens gewahr sind als jene, die dem Geheiß ihres Meisters gefolgt sind und ihre Schätze im Himmel anhäufen...

Das erklärt nicht ganz, warum so viele Menschen zurückscheuen, wenn die Rede auf Religion, das Weiterleben oder den Tod kommt — ihnen sind diese Themen peinlich. Das könnte sein, weil man, um wirklich an das Weiterleben zu glauben, seine Einstellung zum und im täglichen Leben grundlegend ändern müßte, und eine solche Kehrtwendung kann schmerzlich sein und erscheint daher inakzeptabel. Trotzdem, ganz gleich, wie sehr das Kopfdenken es ignoriert oder leugnet, ist tief in jedem von uns eine starke Gewißheit, daß etwas in uns überleben, weiterleben wird — wir können uns einfach nicht vorstellen, völlig ausgelöscht zu werden. Wie wahr ist diese instinktive Überzeugung!

Die Unsterblichkeit der Seele anzuerkennen, führt uns mit einer weiteren Wahrheit zusammen — die vielen als noch weniger akzeptabel erscheint. Hier wollen wir White Eagle das Wort überlassen, und wir zitieren jetzt aus seinem Buch »Der geistige Pfad« *):

---

*) Aquamarin Verlag, Grafing 1986[4]

DER MENSCH LEBT VIELE LEBEN

„Viel Verwirrung rankt sich um dieses große Prinzip oder Gesetz der Reinkarnation. Mancher fühlt Widerstreben oder Abneigung schon bei der bloßen Vorstellung, daß er wieder in einen materiellen Körper zu inkarnieren habe und kann nicht verstehen, warum er, nachdem er dieses körperliche Leben hinter sich gebracht hat und in die Lichtsphären weitergezogen ist, gezwungen werden sollte zurückzukehren. Es scheint weder Vernunft noch Logik in diesem Gesetz zu liegen, und es paßte auch nicht, so sagen einige, mit ihrer Vorstellung von einem allweisen und all-liebenden Gott zusammen.

Die Menschen denken vielleicht an den Hinübergang eines lieben Freundes, daran, daß er von Zeit zu Zeit wieder auftauchte und Botschaften und Schilderungen der himmlischen Sphären übermittelt, in denen er wohnt, und sie fragen sich, warum er, nachdem er erst einmal befreit ist, wieder in die Sorgen des Erdenlebens zurückkehren müßte. Es scheint keinen Sinn darin zu geben. Wenn die Seele soviel vom himmlischen Licht aufgenommen hat, scheint es unvorstellbar, daß sie abermals geboren werden sollte, in niedrige oder vielleicht unangenehme Umstände auf Erden − und ein Verstoß gegen die göttliche Ordnung von Liebe und Entwicklung.

Die Reinkarnation ist ein weites Feld, und wir versichern euch, daß die derzeit vorherrschenden Ideen darüber nur eine grobe und unangemesse Beschreibung dessen sind, was tatsächlich geschieht. Bis ihr das Gesetz der Reinkarnation klar versteht, werden die meisten der tieferen Probleme des Lebens für euch im Dunkel bleiben, und ihr werdet die Gerechtigkeit im Leben nicht finden können, selbst wenn ihr glaubt, daß Gott gut ist, allweise und all-liebend. Leben ist Wachstum, und der ganze Zweck des Lebens auf Erden ist geistiges Wachstum; es gibt universelle Probleme, die nur zu lösen sind, indem ihr Verständnis für den Prozeß der Seelenentwicklung erlangt. Der Mensch, begrenzt durch seinen irdischen Verstand, hat keine Vorstellung von der wahren Bedeutung der Zeit. Er denkt sich seine siebzig Lebensjahre oder gar ein Jahrhundert als einen langen Zeitraum, während dies doch in Wahrheit nur ein winziger Augenblick ist. Er sieht seine Inkarnation nicht im Zusammenhang seines ganzen unsterblichen Lebens, und deshalb vermag er nicht zu erfassen, wie wenig in einer einzigen kurzen Erdenlebenszeit vollbracht werden kann.

Betrachten wir zunächst einmal ein Menschenleben von siebzig Jahren von der Geburt bis zum Tode. Dann wollen wir das Leben eines ganz normalen Menschen mit einem Leben der Göttlichkeit vergleichen, wie es bei einem großen Lehrer oder Meister sichtbar wird. Folgt aufmerksam dem Vergleich der beiden, und prüft dann gründlich eure eigene Seele. Wie oft seid ihr eurem eigenen Ideal untreu geworden? Es ist wahr, ihr seid nur Menschen, aber doch seid ihr auch göttlich, und das Ziel des Lebens ist die vollkommene Entfaltung des Gottmenschen, des Christusmenschen. Es ist sogar das Ziel der Schöpfung, daß alle Kinder Gottes sich in die Vollendung und Herrlichkeit des Christus entwickeln.

Manchmal fällt die Bemerkung: „Oh, dieser oder jener ist aber eine *alte* Seele!" Wie aber ist diese Seele weise und stark und strahlend geworden? Durch die Disziplin im körperlichen Leben. Disziplin heißt aber Wachstum, und die feinste Disziplin, die unser Vater-Mutter-Gott uns auferlegt

107

hat, ist die tägliche Arbeit, die gemeinsame Aufgabe.
Trotzdem kämpft jede Seele dagegen an. Ihr werdet sagen:
„Ja, wir können das akzeptieren, aber hat die Seele auf
der astralen Ebene nicht größere, bessere Möglichkeiten
sich zu entwickeln?" In gewissem Maße, ja; aber denkt
daran, daß die Grenzen von Zeit und Raum und die Be-
schränkungen des körperlichen Lebens auf der nächsten
Ebene nicht mehr bestehen; deshalb kann es eine Disziplin
dieser Art dort nicht geben, und der Zweck der Reinkarnation ist nun einmal die Disziplin. Seine Sorgen tapfer zu
tragen, seinen Erfolg mit bescheidenem Herzen entgegen-
zunehmen, sein Glück mit anderen zu teilen – all dies
kann Disziplin ins Leben bringen.
Die wahre Heimat der Seelen sind die himmlischen Berei-
che, Stätten der Schönheit und des Glücks. Junge Seelen
mit wenig Erdenerfahrung sind wie ungeborene Babys, die
im Mutterschoß ruhen. Sie müssen noch lernen, ihre
Gliedmaßen zu gebrauchen, zu strampeln, zu gehen und
tätig zu werden. Wir müssen uns auch vor Augen halten,
daß diese Kinder potentielle Götter sind, junge Schöpfer.
Gott dachte sich das physische Dasein als ein Mittel, das
Kind zu üben, all seine Fähigkeiten zu gebrauchen.
Wir können uns kein besseres Symbol für das Erdenleben
des Menschen denken als das Samenkorn, das in das Dunkel der Erde eingepflanzt wird, um zu einer wunderschönen Blume heranzuwachsen. Die vollkommene Blume, der
Archetyp der Blume, wird zuerst im Denken Gottes geschaffen, und dann wird das Samenkorn in die Erde gesenkt, um zur Vollendung heranzuwachsen. So ist es auch
mit euch, die ihr wie die Saat seid, in körperhafte Gestalt
eingesenkt, um dem Licht entgegenzuwachsen, bis ihr vollkommene Söhne und Töchter Gottes werdet – zur voll-

kommenen Entsprechung des archetypischen Gottmenschen, den Gott sich zu Anbeginn vorgestellt hat..."

DAS GRÖSSERE SELBST

„Stellt euch dann zunächst die Seele des Menschen vor,
nicht, wie ihr sie in der Persönlichkeit des Alltagslebens
kennenlernt, sondern als etwas viel Größeres, das in der
Himmelswelt weilt und die Summe aller Erfahrungen früherer Leben ist. Der personale Mensch, die Persönlichkeit
des Menschen, stellt nur einen kleinen Teil dieser größeren
Seele dar, die auf einer höheren Bewußtseinsebene existiert. Dennoch kann die Persönlichkeit eine mehr oder
weniger starke Verbindung mit jener größeren Seele unterhalten und sich, so sie es wünscht, auf sie beziehen.
Der Mensch besitzt also eine Seele in der Himmelswelt,
die das Samenkorn, den Geist, die eigentliche Essenz Gottes im Menschen enthält, welche den Lebensweg weist.
Deshalb sagen wir: *Gott weist den Lebensweg.* Dieses Streben, das den Menschen zum Höchsten anspornt − zuweilen gegen den Willen des niederen Denkens oder den Eigenwillen −, ist der Gott im Menschen. Und es ist dieser
Geist- oder Gottesfunke, der das Leben der Seele lenkt
und sie durch viele Erdenerfahrungen führt. Jedesmal,
wenn ein Teil der Seele in die Inkarnation hinabsteigt,
nimmt er bestimmte Erfahrungen auf, die notwendig sind
für Wachstum und Entwicklung der größeren Seele oben.
Je nach eurem Wachsen und Reifen tragt ihr also zu diesem
größeren Selbst bei. Durch euer Streben auf dieser irdischen Ebene in der Inkarnationenfolge erbaut ihr jenen
schönen Seelentempel.

Wir möchten eure Vorstellung von der Reinkarnation erweitern, damit ihr euch von dem Gedanken löst, daß der Mensch zwischen zwei Welten hin- und herpendelt. Wir möchten, daß ihr eine größere, großartigere Vorstellung von dem ständigen Wachstum des Gottesbewußtseins gewinnt, das in der größeren Seele stattfindet, die euer ist. Manchmal, wenn ihr in großen Schwierigkeiten oder Not seid, empfangt ihr vielleicht wie einen Blitzstrahl von dem Licht und der Kraft aus jenem größeren Selbst, und vollbringt oder ertragt dann etwas, was ihr vorher für unmöglich gehalten hättet. Es könnte auch sein, daß andere, die ihr kennt, einen ähnlichen, blitzartigen Eindruck bekommen haben, durch den der Feigling zum Helden, der Eigensüchtige zum Selbstlosen verwandelt wurde. Ihr habt keine Vorstellung von den Möglichkeiten des Menschen, wenn dieser erst einmal die Verbindung mit jenem größeren Selbst herstellen und aufrechterhalten kann, das sein wahres Wesen ist.

Macht nie den Fehler, geliebte Kinder, über jemanden ein Urteil zu fällen. Blickt nie auf eine Seele und sagt: „Armes Ding, ist eben noch nicht entwickelt"; denn ihr wißt nicht, was ihr sprecht. Es könnte sein, daß der, der so niedrig erscheint, im Himmel eine Seele großer Reinheit und Schönheit ist. Ihr könnt es nicht beurteilen..."

WARUM KÖNNEN WIR UNS NICHT ERINNERN?

„Ihr mögt fragen, welche Beweise für die Reinkarnationstheorie wir euch geben können. Wir erwidern darauf: Geistige Dinge können nur auf geistige Weise belegt werden. Nur wenige können die Reinkarnation beweisen (obgleich es eine Reihe nachprüfbarer Fälle gibt) oder irgendeine andere geistige Wahrheit; aber den Beweis werdet ihr aus eurer eigenen Intuition erfahren, als Folge eures eigenen Erlebens.

Die einzige Möglichkeit für den Menschen, Wissen über die göttlichen Geheimnisse zu erlangen, ist der Weg der Liebe und Selbstlosigkeit. Das Verstandesdenken (das durchaus seinen Platz in der Evolution hat), kann von sich aus die Wahrheit nie entfalten; aber es ist notwendig, daß es ausgebildet wird, bevor ein Verständnis dämmern kann. Der Mensch sucht Wahrheit durch emsiges Lesen zu finden, aber der Kern der Wahrheit liegt im Geiste, und ihr könnt die Wahrheit nur für euch selbst finden – kein anderer kann sie euch geben. Auf eurer Suche nach einem klaren Verständnis der Reinkarnation müßt ihr euch mit dem inneren Menschen, eurem innersten Selbst, vertraut machen. Wenn ihr eurem innersten Selbst von Angesicht zu Angesicht gegenübertretet, verlangt ihr nicht mehr weiter nach Beweisen; denn den Pfad der Seelenentwicklung »schaut« ihr hier.

Ihr fragt euch vielleicht auch, warum ihr euch an eure Vergangenheit nicht erinnern könnt – aber könnt ihr euch denn noch der Zeit erinnern, als ihr zwei, drei oder vier Jahre alt wart? Wie könntet ihr dann hoffen, euch Inkarnationen zu entsinnen, die Hunderte und Tausende von Jahren zurückliegen? Das Gedächtnis ist nicht im körperlichen Gehirn, es befindet sich auch nicht im Astral- oder Mentalkörper, in die ihr euch gehüllt habt. Aber wenn ihr in dem noch höheren Körper aktiv sein könntet, den manche auch den Kausalkörper nennen, und den ich als den Tempel bezeichnen möchte, dann wird eure Schau geöffnet, und ihr werdet euch erinnern, weil ihr das himmlische

Denken berühren werdet, den Speicher aller Geschehnisse der Vergangenheit.

Wieviel Zeit vergeht zwischen den Inkarnationen? Dafür können wir keine starre oder feste Regel angeben. Man kann nicht sagen, daß der Mensch alle zwei-, drei- oder fünfhundert Jahre reinkarniert. Das wäre falsch. Behaupteten wir aber, daß er den einen Körper verläßt und gleich darauf in den nächsten schlüpft, wäre das ebenfalls nicht richtig. Wenn wir sagen, daß Jahrtausende verstreichen zwischen den Inkarnationen, wäre das immer noch nicht die ganze Wahrheit. Alles hängt vom einzelnen ab. Aber es ist der Seele möglich, sich zu einem bestimmten Zweck rasch wieder zu verkörpern.

Zu welchem Zeitpunkt zieht die Seele in den Körper ein? Vor oder bei der Geburt? – Wir würden sagen, daß die Seele sich allmählich im Laufe der Jahre mit dem Körper verbindet. Im Alter von einundzwanzig Jahren hat sich die Seele in der Regel vollständig inkarniert, doch es wäre uns lieber, uns bei dieser Äußerung nicht an einen bestimmten Zeitpunkt gebunden zu wissen. Der Kontakt der Seele mit dem Körper der Mutter wird schon vor der Empfängnis aufgenommen.

Eine weitere Frage, die ihr vielleicht stellen möchtet, will wissen, ob es möglich ist, daß die Seele sich im Laufe einer Verkörperung zurückentwickelt. Darauf würden wir antworten: Wenn man auf seinem Wege etwas Schönes verpaßt, dann ist es ratsam, umzukehren, um es zu finden. Würdet ihr das eine Rückentwicklung nennen? Denkt aber immer daran, daß es unmöglich ist, daß eine Seele über eine andere urteilt. Urteilt ihr, so verurteilt ihr euch selbst.

Ihr mögt fragen, ob die Inkarnation immer in die gleiche Familie erfolgt, und, falls dies so ist, ob immer die gleichen

Seelen Eltern und Kinder sind: Nein, das ist nicht der Fall, obschon die Mitglieder einer Familie zueinander streben. Die Verbindung könnte beispielsweise zuweilen so aussehen, daß man als Bruder oder Schwester, Vater oder Sohn, Mann oder Frau wieder zusammenkommt. Durch karmische Gemeinsamkeiten seid ihr verbunden mit Familie und Freunden, und so beschreitet ihr auch euren Entwicklungsweg als Familien und Gruppen. Je nach Karma erwarten euch Liebe und Glück − oder vielleicht Haß und Zwietracht, die in Liebe zu verwandeln eure Aufgabe ist."

„Durch seine Verkörperung beeinflußt der Mensch unweigerlich den Teil der Welt, in dem er sich aufhält; so ist das Gesetz. Der Mensch wird dahin gestellt, wo er dem irdischen Leben am besten dienen kann. Er gibt dem Leben und empfängt vom Leben der Erde.

Wir wollen die Wahrheit der Reinkarnation dem Andersdenkenden nicht aufzwingen. Trotzdem ist Reinkarnation, wie der Wechsel von Leben und Tod, ein Gesetz; ob der Mensch es glaubt oder nicht, spielt keine Rolle. Es ist doch seltsam, daß manche Menschen zu denken scheinen, sie könnten das Weiterleben nach dem Tode, die Reinkarnation oder das Gesetz von Ursache und Wirkung außer Kraft setzen, wenn sie nicht an diese Gesetzmäßigkeiten glauben.

Wir betonen aber: der Mensch hat seinen freien Willen. Er wird nie zu etwas genötigt oder gezwungen, und auch nie nolens volens aus dem Himmel entfernt und auf die Erde zurückgeworfen. Solange ein Mensch erklärt: „Ich will nicht zurückkehren", lautet die Antwort: „Gut, mein Kind, ruhe dich eine Weile aus; es gibt keine Eile." Gott hat es nie eilig. Alles ist eine Frage der Entwicklung der einzelnen Seele, und wenn ihr das Verständnis erlangt habt wird eure einzige Sehnsucht sein, zurück an die Arbeit zu gehen, und eure einzige Frage, wie bald ihr zurückkehren könnt.

Wir haben bereits angedeutet, daß ihr vielleicht denken werdet, daß die Seele auf der Astralebene ihre Lektionen lernen und die Erlösung erlangen könnte, und daß sie auf dieser Ebene genau den gleichen Umständen begegnen würde wie auf der Erde. Aber die Lebenssubstanz auf der Astralebene ist sehr verschieden von der irdischen Materie. Sie ist leichter zu formen, viel einfacher durch das Denken zu beeinflussen. In der dunklen, grobstofflichen Materie trifft die Seele auf eine schwere Lektion, die gemeistert werden muß, und *nur in der Materie* zu meistern ist. Der ganze Zweck der Schöpfung ist die geistige Höherentwicklung: Die Seele muß die grobe Materie meistern; sie muß die Grobstofflichkeit meistern, weil Gott sich in ihr befindet, und Gott wirkt in der Materie durch seine gesamte Schöpfung. Der Gottesfunke im Innern wächst und entfaltet sich, bis er sein Werk erfüllt hat: die vollkommene Meisterschaft über seine Umgebung. Es ist leichter, und viel bequemer, sich vorzustellen, daß die Seele, die sich aus den Fesseln des Fleisches gelöst hat, in eine andere Welt weiterzieht und ihre Erlösung unter angenehmeren und einfacheren Umständen erlangt; aber auf diese Weise geht das nun einmal nicht.

Wir möchten auch darauf hinweisen, daß die Freude der Seele, die die Meisterschaft über das Fleisch erlangt hat, unvergleichlich groß ist. Wenn wir euch nur etwas von dieser intensiven Freude vermitteln könnten, die man durch die Erfahrungen im Physischen gewinnt, würdet ihr es ganz verstehen und glücklich sein angesichts der Möglichkeiten, die der Seele geboten sind, um auf die Erde zurückzukehren und weitere Abenteuer zu bestehen.

Viele von euch sind auf die Erde zurückgekehrt, weil sie der Menschheit helfen wollen – nicht unbedingt durch Kirchgang und gute Werke, sondern weil eure bloße Anwesenheit eine Freude im Leben und ein Trost für jene sein können, die um euch sind: für die Familien, in die ihr geboren seid, für die Familie, die ihr selbst einmal gründen werdet, und auch für viele Freunde. Ihr könnt am besten dienen, indem ihr nicht eure Energien und Kräfte verstreut, sondern Kind Gottes *seid,* und indem ihr Wärme und Licht schenkt, um jeder Blume zu helfen, das zu bringen, was das Beste ist an der Stelle im Garten Gottes, an die sie gepflanzt wurde..."

ENGEL DES LICHTES
UND ENGEL DES SCHATTENS *)

„Es gibt zwei Aspekte im Leben, die "gut" beziehungsweise "böse"genannt werden. Auf der einen Seite, der 'guten','wirken viele Wesen unter der Leitung unseres Herrn und Meisters Christus. Auf der anderen Seite sind die Scharen jener, die als böse oder als "Engel des Schattens" bezeichnet werden. Obgleich ihre Arbeit sich von denen der "Engel des Lichtes" unterscheidet, wirken sie doch noch innerhalb des kosmischen Gesetzes, innerhalb von Gottes Gesetz. Wenn ihr Gott als einen Vater grenzenloser Macht akzeptiert, müßt ihr erkennen, daß das, was als das 'Böse' bezeichnet wird (oder in den Bereich der "Engel des Schattens" und der Zerstörung fällt), doch noch in Reich-

---

*) aus *Naturgeister und Engel,* Aquamarin Verlag, Grafing 1986[4]

weite und unter Kontrolle der grenzenlosen Macht ist. Andernfalls gäbe es absolutes Chaos; ihr könntet keinen Glauben, kein Vertrauen und keine Zuversicht in diese göttliche Liebe haben, die dem Menschen über die verschiedenen Mysterienschulen nahegebracht wurde, die wiederum die Religionen zu allen Zeiten beeinflußten. Dem wahren Schüler des Meisters wurde immer eine unendliche Liebe offenbart, die Weisung, Schutz und Inspiration schenkte und aus dem scheinbaren Chaos das Gute hervorbringt.

Aber wenn es sowohl "Engel des Lichtes" als auch "Engel des Schattens" gibt, die ständig am Werke sind, muß das doch gewiß bedeuten, daß der Konflikt niemals ein Ende haben wird? Dies alles ist eine Frage der persönlichen Vorstellung von Licht und Dunkel. Meint ihr nicht auch, daß wir die Finsternis viel zu sehr als etwas hervorheben, das dem Licht *entgegengesetzt* ist? Wenn wir im Geiste über die Ebene der Erde emporsteigen, sind wir überrascht zu erfahren, daß Licht und Finsternis in Wirklichkeit eins sind, daß der Konflikt aufhört und Harmonie herrscht, weil Licht und Dunkel nur Widerspiegelungen voneinander sind. Das Leben kann nicht sein ohne Finsternis, die unabdingbar ist für die Entwicklung, da sie den negativen Aspekt beisteuert, um den positiven hervorzuheben.

Wir müssen das fest und deutlich in eurem Denken verankern: Während die "Engel des Lichtes" unter der höchsten Führung des Herrn und Meisters des Lichtes wirken, der Christus, der Sohn ist, arbeiten auch die "Engel des Schattens" innerhalb des Gesetzes und auf Befehl Gottes. Aber ihr Wirken ist komplementär zu dem der "Engel des Lichtes". Diese beiden Kräfte wirken auf die Menschheit ein mit dem festen Ziel, die Entwicklung zu fördern und dem Menschen hin zu dem Bewußtsein seiner angeborenen Göttlichkeit zu helfen. Denn im Anbeginn wurde der Menschengeist, der individulle Funke göttlichen Lebens, von Gott ausgehaucht, um über die vielen Stufen des Lebens hinabzusteigen, bis er schließlich in Materie gehüllt wurde, um zu lernen, die Materie zu beherrschen, so daß der Funke unbewußter Göttlichkeit wachsen möge ins gottesbewußte Sein. Ein Beispiel des vollkommen geworden Menschen habt ihr im Gottesbewußtsein von Jesus, dem Christus.

Bevor der Mensch ausgesandt wurde auf diesen Weg des irdischen Erfahrens, kamen fortgeschrittene Wesen auf diesen Planeten, um der Menschheit zu helfen, auf ihm Fuß zu fassen. Dabei wirkten auch "Engel des Lichtes" und "Engel des Schattens" mit: "Fürstentümer und Gewalten" des Guten wie des Bösen. Laßt uns die letzten Worte neu formulieren: Engel *im* Lichte und Engel *im* Schatten also, Engel, die dem Lichte dienen und Engel, die der Finsternis dienen. Die "Engel des Lichtes" (oder des Guten) stehen für die Kräfte des Aufbaus; jene des Schattens (oder des sogenannten Bösen) sind die notwendigen Kräfte der Zerstörung — notwendig, weil sie ständig dabei sind, jene Aspekte des Lebens auf individueller wie nationaler Ebene zu entfernen, die ihren Zweck erfüllt haben und nun keinen Nutzen mehr haben. Denkt also nicht, daß die Engel des Lichtes und des Schattens Feinde sind, die einander ständig bekriegen, sondern seht sie vielmehr als einander ergänzende Kräfte. Unterschätzt auch nicht die Macht dieser Engelwesen, denn beide Aspekte der Engelwelt sind dauernd am Wirken, über Generationen und irdische Menschheitszyklen hinweg, um das Wachstum zu fördern und jenes zu vernichten, das im Menschen unwürdig ist.

Da erhebt sich bei euch die Frage: Können die Engel des Schattens, jene Engelkräfte, die vielleicht des Lichtes, der Macht und der Weisheit des Allerhöchsten noch nicht ganz gewahr sind, über die Engel des Lichtes triumphieren und damit die Vernichtung der Menschheit verursachen? Unsere Antwort lautet Nein. Die Schattenengel können nur bis zu einem bestimmten Punkt gehen, und nicht über diesen hinaus. Denn dann tritt ein kosmisches Gesetz in Kraft, das ihnen ihre Macht nimmt. Gott läßt nicht zu, daß das Universum ihm aus der Hand gleitet. Nichts kann geschehen, das nicht im Willen Gottes wäre.

Zwei Wege liegen vor dem Erdenmenschen, und er kann wählen, welchen er nehmen wird. Auf der einen Seite kann er in Harmonie mit dem kosmischen Gesetz arbeiten — und wer die Vision der himmlischen Mysterien erlangt hat, wirkt immer in Harmonie mit dem kosmischen Gesetz, mit dem Gesetz der Liebe. Auf der anderen Seite arbeitet jener, der sich noch im Zustand der Finsternis befindet, sei es auch unbewußt, gegen das kosmische Gesetz. Infolgedessen umgibt er sich, eine Inkarnation nach der anderen hindurch, mit Leiden. Sobald der Mensch aber lernt, in Übereinstimmung mit dem göttlichen Gesetz zu leben und zu wirken, und sich voller Vertrauen Gott unterstellt, wird er glücklich. Die "Engel des Lichtes" arbeiten mit ihm, und er mit ihnen, und gemeinsam können Mensch und Engel zur Entfaltung des Gottesbewußtseins im Rest der Menschheit beitragen..."

LIEBE IST DER SCHLÜSSEL ZUR WAHRHEIT

„Es gibt eine Grundwahrheit, auf der alle Religionen aufbauen: die dem Menschen innewohnende Göttlichkeit.
Der Mensch wurde geschaffen vom Vater-Mutter-Gott, damit das menschliche Gotteskind, der Geist des Menschen,
durch verschiedenartige Inkarnationen aus der Unbewußt-
heit ins Gottesbewußtsein wachsen kann. Der Schlüssel,
der diesem Erdenkind am Ende das Himmelstor öffnen
wird, ist die Liebe. Liebe ist das Gesetz des spirituellen
Wachstums. Es ist eine Sache, über Liebe zu sprechen,
aber eine ganz andere, wirklich liebe-voll zu werden. Das
ganze Leben ist darauf ausgerichtet, solch wahre Liebe her-
vorzubringen, wenngleich Liebe in jeder Form gut ist. Wir,
die wir tief Einblick in die Seele der Menschen nehmen
können, sehen soviel spontane Freundlichkeit, so viele gü-
tige Gedanken, so viele hilfreiche Taten; diese sind gottähnlich in ihrer Motivation und in ihrer Auswirkung —
gottähnlich nämlich, weil die Seele in diesem Augenblick
Liebe offenbart, Gott manifestiert. Deshalb sind wir sicher, daß eines Tages alles menschliche Leben wachsen
wird, um Liebe und Güte spontan aller Schöpfung Gottes
entgegenzubringen.
Wir haben gesagt, daß das göttliche Leben im Menschen
gleich einem Samenkorn seinen Anfang nimmt, das vom
Vater-Mutter-Gott abgetrennt ist und ins Erdenleben eingesenkt wurde — wie man ein Samenkorn im Garten in die
Erde eines Beetes legt. Wenn ihr daran geht, euch Gedanken über die Schönheit, Majestät, Strahlkraft und die un-
vorstellbare Herrlichkeit Gottes zu machen, und dann be-
denkt, wie wenig die Seele in einer einzigen Inkarnation
wächst, werdet ihr erkennen, daß Zeitalter von Erfahrun-

gen vor dem Menschen liegen, bevor er seine göttlichen Möglichkeiten erlangt haben wird.

Stellt euch doch einmal den durchschnittlichen Menschen vor, wie ihr ihn kennt: Er ist zwar freundlich und human, aber welchen größeren geistigen Fortschritt macht er wohl im Laufe eines kurzen Erdenlebens? Kaum einen, werdet ihr antworten; das mag euch einen Eindruck zu verschaffen von dem Zeitraum, den eine solche Seele braucht, um bis zur Meisterschaft heranzureifen. Und nur durch das Leben in der Materie kann die Seele sich so entfalten, daß sie schließlich jene Reife erlangt.

Viele empfinden ihren Glauben an die Reinkarnation als zutiefst befriedigend, weil er soviel erklärt, was sonst unverständlich bleibt im Menschenleben. Durch einen solchen Glauben könnt ihr lernen, daß alle Menschen Geschwister sind im Herzen; alle sind aus dem einen Geist. Ihr könnt lernen, daß der, der noch gestern (in einem früheren Leben) König war, heute ein Bettler sein kann; daß jener, der gestern materielle Armut litt, morgen wohlhabend sein mag. Das Wissen um die Reinkarnation lehrt einen die richtigen Wertbegriffe des Lebens − im Gegensatz zu den falschen Wertvorstellungen der Welt. Es bietet wiederholte Gelegenheiten zum Glücklichsein, zu Freude und zum Lernen und zu all jenen Dingen, die dem Menschenherzen lieb sind. Vor allem aber offenbart es einen allgegenwärtigen Gott der Liebe und Gerechtigkeit.

Ihr werdet fragen wollen, ob eine Seele in all ihren Verkörperungen immer das gleiche Geschlecht annimmt. Wir schätzen die Frage geschlechtlicher Unterschiede nicht so hoch ein wie ihr. Die Seele wird von dem Körper angezogen − sei er nun männlich oder weiblich −, der es ihr ermöglichen wird, die bestimmte Erfahrung oder Lektion zu erlangen, die sie gerade braucht. Gewöhnlich inkarniert sie sich im Umfeld ihrer Gefährten aus früheren Leben, weil sie mit denen, die sie liebt, und mit jenen, denen sie etwas schuldet, wieder zusammenkommen muß, denn jede Schuld muß eines Tages zurückbezahlt werden. Jeden Tag eures Lebens schafft ihr euch neue Verpflichtungen, macht ihr neue Schulden − ein Gedanke, der näherer Betrachtung wert ist, denn vielleicht könnt ihr auf diese Weise eine Gelegenheit erkennen, die schon darauf wartet, von euch bemerkt und wahrgenommen zu werden. Aber vergeßt nicht, daß ihr euer Leben auch so einrichten könnt, daß ihr alte Schulden nicht länger mitschleppt; jede Schuld muß eines Tages ohnehin beglichen werden.

Wenn der Mensch das Gesetz der Reinkarnation wirklich versteht und akzeptiert, beginnt er etwas vom Sinn des Lebens zu begreifen. Eine kurze Reihe von Jahren, in denen man wenig oder gar nichts erreicht, wäre doch wohl kaum der Mühe und Schmerzen wert. Aber wenn die Seele zumindest weiß, wohin ihre lange, lange Reise sie führt, wird sie erfüllt von Hoffnung und Glück. Sie weiß nun: ganz gleich, welche Schrecken ihr begegnen werden, was immer ihr während einer Inkarnation fehlen wird − alles hat einen tiefen, weisen Sinn. Wenn die Sicht endlich klarer geworden ist, wird der Kummer zu einem vorübergehenden Leid. Die Seele geht weiter, größeren und herrlicheren Erleuchtungen entgegen; sie spürt, wie die Liebe Gottes sie im Innersten bewegt. Alle Gaben der Liebe sind Gottes Geschenke für die Seele. Jede Hoffnung und Bestrebung des Geistes wird zu Gottes Zeit verwirklicht werden. Dieser Gedanke allein bringt Licht, Hoffnung und Freude. Wenn also das niedere Denken murrt und sagt: „Wenn ich nur glauben könnte − aber es ist alles zu nebulös!", dann weigert euch, darauf zu hören. Stellt dieses irdische Denken an den Platz, der ihm zusteht, dann wird euer höheres Selbst, euer höheres Denken, wachsen und alles verstehen. *„Was kein Auge hat gesehen, und kein Ohr gehöret, ...das hat Gott bereitet denen, die ihn lieben".* Versteht jedoch, daß ihr zuerst die Kräfte in eurem Innern ausbilden müßt, um solche Herrlichkeiten zu erfassen und euch daran erfreuen zu können. Diese Kräfte zu entwickeln, heißt, weise von all den Erfahrungen Gebrauch zu machen, die das Leben euch bringt, und zu lernen, das niedere Selbst zu überwinden. Das bedeutet, die Kontrolle über eure Umgebung und all ihre Disharmonien zu gewinnen. *"Und das Licht scheint in der Finsternis!"* Dieses Licht aber ist in euch. Das Licht muß hinausscheinen, bis die Finsternis nicht mehr existiert. Dann seid ihr wieder zurück, im innersten Herzen der Sonne, der Quelle, aus der ihr euch ursprünglich auf eine Reise begeben habt, in deren Verlauf ihr Gottesbewußtsein entwickeln und die Eigenschaften Gottes zu gebrauchen lernen sollt, mit denen jeder Sohn und jede Tochter Gottes ausgestattet sind."

Wir wissen jetzt, daß alle Krankheit ihren Ursprung in tiefen Disharmonien in der Seele des Menschen hat, und wir wissen, daß die Heilung aller Krankheit in der Wiederherstellung der Harmonie in dieser Seele besteht. Wie einfach und klar kann doch der ganze Vorgang dargestellt werden: Alles, was notwendig ist für Gesundheit und Erlösung des Menschen, ist seine Hingabe an die Gotteskraft und die göttliche Heilung. Wie naheliegend erscheint doch so eine Wahrheit − und wie äußerst schwierig wird es doch dann für den ruhelosen Menschengeist, sich Gott zu übergeben.

Der Grund, warum die meisten Leute den Gedanken der Reinkarnation ablehnen, ist möglicherweise und verständlicherweise der, daß sie sich im derzeitigen Leben so herumgestoßen fühlen, daß sie vor der Vorstellung, dieses wiederholen zu sollen, zurückschrecken. Trotzdem glaubt eine große Mehrheit der Menschen im Osten bereits, daß man nicht nur einmal, sondern viele Male wiederkehren muß. Lehrerpersönlichkeiten wie Krishna, Gautama Buddha und Jesus gaben diese Wahrheit an ihre Anhänger weiter; der Glaube an die Reinkarnation war zur Zeit Jesu im Osten so weit verbreitet, daß er fast automatisch als Bestandteil der frühchristlichen Lehre übernommen wurde. Eine Beschäftigung mit den Worten Jesu zeigt deutlich, daß er selbst die Reinkarnation als ausgleichendes Element im menschlichen Leben akzeptierte.

Wir müssen davon ausgehen, daß die frühe Christenheit geistige Wahrheiten besaß, die man für das Wohlbefinden der Welt für notwendig erachtete. Das Urchristentum muß Gott erklärt und seine Wege dem Menschen gegenüber zu begründen vermocht haben. Mit anderen Worten, es muß eine vernünftige Religion gewesen sein, die schwere Schläge und Belastungen aushalten konnte. So manche Äußerung der frühen Kirchenväter bestätigen das. Origenes war einer von jenen, die nicht nur dachten, sondern auch sagten, daß ohne den Glauben an die Reinkarnation keine göttliche Gerchtigkeit vorstellbar wäre. „Worin", fragt er, „liegt die Erklärung für die Verschiedenheit der Schicksale verstandesbegabter Wesen?" Kirchenväter wie Nemesias, Synesias und Hilarius besaßen eine recht vergleichbare Einstellung, sprachen vom Sündenfall der Menschen auf die Erde und den groben, irdischen Leibern, die die Menschen nun − nach ihrer vormaligen Glückseligkeit

123

– tragen müßten; Justinus, der Märtyrer, schrieb weitgehend Ähnliches. Erst im Jahre 553 begannen die Kirchenoberen die Lehre von der Reinkarnation mit diesen denkwürdigen Worten zu unterdrücken: „Wer auch immer die mystischen Lehren von der Vorexistenz der Seele und die daraus folgende wunderbare Annahme von ihrer Wiederkehr unterstützt, der soll verflucht sein."

Durch die Unterdrückung der Reinkarnationslehre durch die Kirchenväter wurde das Christentum unvernünftig – oder auf jeden Fall der bekennende Christ mehr von seinem Glauben als von seiner Vernunft abhängig, während er sich doch auf beide stützen sollte. Im Rückblick über die Jahrhunderte zeigt es sich als ein Jammer, daß jene Verfügung der Kirche die Möglichkeit nahm, dem Menschen die mannigfachen scheinbaren Ungerechtigkeiten im Leben zu erklären. Die Leute sehen, wie ihresgleichen sündigen und ungestraft davonkommen; sie sehen das Leiden der anscheinend Unschuldigen und leiden unter Grausamkeit und Gewalt. Sie sehen, wie Kinder blind, verkrüppelt, gelähmt oder geisteskrank geboren werden. All dies scheint ein unendlicher Gottvater nicht zu beachten, und die rechtgläubige Kirchenlehre kann es nicht erklären. Alle Achtung vor jenen Christen, die die gleichen Zweifel hatten, und doch an ihrem Glauben an Gott festhielten! Aber wäre eine solche Zerreißprobe nötig?

Was hat dies alles mit dem Heilen zu tun? Sehr viel – denn die eigentliche Krankheit fängt an, wenn der Mensch seiner Welt grollt oder sich verbittern läßt; das Erste bei jeder Heilung ist der Frieden im Herzen. Wir können nicht in gelassener Ruhe leben, solange wir nicht eine Ahnung davon haben, warum wir leben, und wohin wir gehen. Der Beginn des Verstehens ist der Anfang der Heilung.

Muß es wiederholt werden, daß der außerordentliche Vorteil eines Wissens um die Reinkarnation darin besteht, daß ohne es die menschliche Existenz unbegreiflich ist und auch für alle Zeit bleiben wird? Ohne dieses Wissen können weder Moral noch Philosophie oder Religion die Probleme des Lebens erklären oder in Angriff nehmen; jedenfalls ist ihnen das bis heute nicht gelungen. Denn wenn die Menschenseele den Tod nicht überlebt, kann man das Leben des Sterblichen nur als eine nutzlose, unbegreifliche und gelegentlich auch tragische Episode bezeichnen. Das Weiterleben allein wird das Leben auch nicht erklären können. Wer wissen will, welches das Ziel des Lebens ist, erkennt, daß ein einziges Erdenleben viel zu kurz, zu wenig ist. Das Wissen von der Reinkarnation ist deshalb eine wesentliche Ergänzung des Wissens vom Weiterleben. Der Mensch hat einen angeborenen Gerechtigkeitssinn − und er kann viel scheinbares Unrecht verkraften, wenn er weiß, daß letztlich eine göttliche Gerechtigkeit alles Falsche richtigstellen wird. Er kann selbst Armut, Schmach, Krankheit und Elend ertragen, wenn er sicher ist, daß irgendwie, irgendwo, irgendwann all diese Dinge richtiggestellt werden. Was das Leben wirklich zur Qual macht, ist das deutliche Gefühl, daß es unfair sei. Und die Vorstellung von der Reinkarnation kann, recht verstanden, diese Qual ersparen.

Schließlich ist es nötig hinzuzufügen, daß die höhere Welt, in die die Seele des Menschen weiterzieht, wenn sein Körper stirbt, eine freundlichere, liebevollere Welt ist, von der das Erdenleben nur ein schattenhaftes Zerrbild ist; alles Schöne hier ist nur ein Vorgeschmack auf die Schönheit, die die nächste Welt erfüllt.

Jemand sagte einmal, was der Mensch von der jenseitigen Welt erwarte, sei nicht Bestrafung, sondern Wiedergutmachung. Das ist, allgemein gesprochen, auch, was geschehen wird; dort erwartet uns ein Dasein, das eine Entschädigung für das hiesige bietet. Das Leben drüben ist gütig, freundlich, lieblich und heiter; unsere Lieben, die uns schon vorausgegangen sind, erwarten uns dort. Es lohnt sich, eine solche Wiedervereinigung anzustreben und zu gewinnen. Aber könnte man ewig und drei Tage dort drüben verweilen, wenn die Welt hier unten soviel von unserem Mitgefühl und so dringend Hilfe braucht?

ALTWERDEN – ABER WIE?

Wie kann der Mensch so leben, wie zu leben Gott ihn geschaffen hat, ohne bewußten Kontakt mit dem Teil in ihm, der Geist ist, mit seinem himmlischen Selbst? Der Verlust dieser Verbindung ist es, liebe Geschwister, warum ihr altert. Der Grund, aus dem der Leib altert, verfällt und schließlich stirbt, ist, daß die Menschen versäumen, ihre Verbindung mit dem geistigen Leben, mit ihrem geistigen Selbst, aufrechtzuerhalten.

W.E.

Inzwischen sollte klar sein, daß der Selbstheilungsprozeß, der hier vorgestellt wird, nichts Geheimnisvolles an sich hat, aber ein großes Maß harter Arbeit an sich selbst mit sich bringt. Der Schüler braucht jedoch nicht zuviel von sich sofort zu erwarten und muß sich auch nicht ganz ohne Hilfe bemühen. Der nächste Teil beschreibt einige Heilmethoden, die darauf ausgerichtet sind, unsere Anstrengungen in Richtung Selbstheilung zu verstärken.
Solche Selbstheilung ist lebensnotwendig. Man braucht nur an die große Zahl der hoffnungslos Kranken und Bettlägerigen zu denken und an das Geld, das die staatliche Krankenkassen und private Aktionen rückhaltlos aufgebracht haben, um die Kranken wiederherzustellen (und das häu-

fig nur zu einer Art halbem Leben), um zu erkennen, wie
dringend die Selbstheilung gebraucht wird.
Im Altertum gab es eine andere Antwort auf die Frage der
Krankheit. Damals nahmen die Menschen ihre Zuflucht
zum Tempel, wenn sie geheilt werden wollten. Sie erstreb-
ten die Hilfe ihres Hohepriesters, der ihnen zeigte, daß
ihre Krankheit geistigen Ursprungs war. Die Priester waren
die Spezialisten auf den verschiedenen Gebieten der Heilung, aber sie fingen an der richtigen Seite der Krankheit
ihrer Patienten an — am Anfang der Beschwerden, an ihrem Ursprung in der Seele. Sie leiteten die Behandlung damit ein, daß sie dem Patienten zu verstehen halfen, wie
seine Krankheit zustande gekommen war. Die Patienten
lauschten aufmerksam auf das, was die Heiler-Priester ihnen sagten, und vergaßen nichts davon. Die Religion, die
Gesundheit und Leben brachte, war eine starke, belast-
bare Religion, die der damaligen Zeit, Lebensweise und
Bevölkerung gut entsprach. Die Resultate waren oft bemerkenswert, und selbst Erkrankungen, die monatelanges
Siechtum oder einen frühen Tod verhießen, wurden manches Mal in wenigen Stunden geheilt.

Es gibt eine Krankheit, die mehr Menschen und mit größerer Sicherheit tötet als alle anderen. Wie sollen wir diese
schreckliche Krankheit bezeichnen? Sollen wir sie das Sieb-
ziger-Schreckgespenst nennen, oder vielleicht das Vorzei-
tige-Alters-Syndrom? Keines von beiden scheint der genau
passende Ausdruck zu sein. Versuchen wir stattdessen, die
Symptome dieses Leidens aufzuzählen, die ungefähr im Alter von dreisig Jahren in Gestalt der ersten grauen Haare
auftreten, der ersten Falte im Gesicht, dem ersten Anzeichen dafür, daß der Körper nicht mehr so kann, wie man

will, und möglicherweise eines Tages alt wird. Die Symptome nehmen im Laufe der Zeit an Zahl und Umfang zu. Bald kommt der 'Mit-Vierzig-zu-alt-Komplex', und danach unaufhaltsam der 'Mit-Fünfzig-zu-alt-Komplex', und schließlich der 'Viel-zu-alt-und-reif-zum-Tode-mit-Siebzig-Komplex'.

Natürlich ist all das Gerede über das Altern und dieses krampfhafte vorzeitige Altern geradezu ein gefundenes Fressen für das Körperbewußtsein, da es ihm die nicht mehr zu übertreffende Gelegenheit gibt, sich als das personifizierte Alter aufzuspielen, das sich durch das Medium des Körpers Ausdruck verschafft. Die sogenannte zweite Kindheit ist natürlich ein Zeichen dafür, daß das Körperbewußtsein — wie schon in der ersten Kindheit — die Herrschaft an sich gerissen hat. Dann strömen die Erinnerungen aus der Kindheit wieder aus dem Keller des Unterbewußtseins hervor. Dieser Prozeß tritt ein, wenn das Kopfdenken allmählich vertrieben wird. Damit gelangt das Körperbewußtsein an den Gipfel seiner Laufbahn und trifft Vorbereitungen für sein dramatisches Ende, während das Kopfdenken die ganze Zeit bescheidenes Stillschweigen übt. Aber das sollte niemals geschehen!

Aber das sollte niemals soweit kommen! Der Mensch sollte auf diese Weise weder altern, noch krank werden oder sterben. Das alles geschieht nur, weil der Mensch nur zu zwei Dritteln lebt, und zwar in den Aspekten des Körperbewußtseins und des Kopfdenkens. Er soll ein ganzes Wesen werden, ausgestattet mit Körperbewußtsein und Kopfdenken, die vervollständigt und ausgeglichen werden durch das Herzdenken. Dann kann er lange und gesund leben, und zwar einfach, weil dann sein Körper und Wesen aus einer feineren Substanz bestehen werden und somit nicht mehr den Krankheiten der Grobstofflichkeit zum Opfer fallen. Das ist überhaupt kein Geheimnis – denn dieser feinerstoffliche Körper besitzt eine größere Widerstandskraft und Spannkraft, eine größere Möglichkeit zur Neuschaffung, weil er göttliche Kraft bezieht. Er ist haltbarer als der materielle Leib, uns so kann ihn ein hohes Alter kaum schrecken. Wenn einmal die Zeit kommt, den Körper abzulegen, wird die Seele sich friedlich von ihm lösen und sich in lichtere Gefilde begeben, so sanft und natürlich, wie man abends in Schlaf sinkt.

Es ist wahr: Niemand sollte unter schmerzhafter Krankheit oder einem schmerzhaften Sterben leiden. Die zunehmende Zahl von Lebensjahren sollte die Fähigkeiten und Kräfte des Menschen segnen und steigern, sein Herz und Wesen bereichern. Wohl wird es zu einer natürlichen und unumgänglichen Verlagerung von Energien und Vitalität vom körperlichen ins höhere Selbst kommen, und diese Verschiebung sollte den feineren, erhabeneren Teil des Lebenswerks ankündigen: Die reichsten und schöpferischsten Jahre im Menschenleben sollten die Sechziger, Siebziger und sogar auch die Achtziger sein. Warum nicht auch die Neunziger erreichen, die Hundert vollenden – und noch länger leben? Ein nützliches, mit Dienen erfülltes Jahrhundert ist ein wertvolles Ideal, das jedermann erreichen kann, der den Willen und die Zielstrebigkeit dazu besitzt.

Aber hundert Jahre sollen für den Anfang genügen. Was uns Grenzen setzt, und was uns am Ende dem Tod in die Arme treibt, ist die uralte Vorstellung des Körperbewußtseins, daß wir zu irgendeinem bestimmten Zeitpunkt sterben sollten. Die richtige und einzige Zeit zum Sterben ist dann gekommen, wenn der Lebensabschnitt vorübergegangen ist, in dem wir unseren Nächsten nützlich waren. White Eagle spricht in diesem Zusammenhang über die Grundsätze des wahren Lebens.

ENTWICKLUNG INS WAHRE LEBEN

„Das Geschehen um euch herum wird letzten Endes die Richtung eures Lebens bestimmen, was auch immer ihr versucht, um diesen Faktor selbst zu beeinflussen. Der Mensch muß sich unter dem Zwang, sich größeren Kräften zu beugen, fragen, wie weit denn die Macht des freien Willens reicht. Unsere Antwort lautet: Nur in einer Hinsicht ist der Mensch absolut Herr seines Schicksals: Er kann seine *Zukunft bestimmen durch seine Reaktionen auf Geschehnisse in der Gegenwart.* Wenn er nur widerwillig annimmt, was sein Karma ihm bringt, wenn er ihm mit Zorn, Auflehnung, Bitterkeit begegnet oder sich mit einem Fehlschlag zufrieden gibt, sendet er gleichsam eine Einladung aus, daß diese bestimmte Kette von Geschehnissen sich wiederholen möge. Früher oder später muß er seine Lektionen lernen, und manchmal wehrt er sich sehr gegen diese Erkenntnis.

Andererseits kann der Mensch auch den Rebellen in sich beiseite stellen und sich nach innen wenden, selbst wenn er leidet, und demütig fragen, welche Lektion sein Kummer ihm nahebringen soll, was er ihm zu bieten hat, welchen Schatz er freilegen möchte. Das Maß des menschlichen freien Willens ist seine Macht, selbst zu entscheiden, ob das Leben ihn verbittern oder sanfter werden lassen soll.

Durch seine Aktionen und Reaktionen im Jetzt schafft er sich seine Zukunft – im Guten oder Bösen. Immer jedoch kann er Hilfe empfangen. Er befindet sich nicht alleine in seinem Kampf; immer ist sein Schutzengel bei ihm, der ihm helfen kann, wenn er diese Hilfe nur annehmen würde. Wir können auch helfen, aber wir sind dazu auf eure Gebete und Mitarbeit angewiesen.

Wenn der Mensch das große kosmische Gesetz von Ursache und Wirkung erst versteht, dann weiß er, daß alles von dem, was er tut oder sagt, das seinem Mitmenschen Schaden zufügt, wie ein Bumerang auf ihn zurückkehren wird. Diesem Gesetz kann er sich nicht entziehen. Die Auswirkung dieser Gesetzmäßigkeit werdet ihr gewöhnlich im derzeitigen Leben zu sehen bekommen, aber das trifft nicht in allen Fällen zu. Ihr werdet nicht immer verstehen können, was abläuft. Das Wichtigste aber ist, daß ihr euch so einstellt, daß ihr in jedem Augenblick eures Lebens eine Ursache setzt oder schafft, die eines Tages eine Wirkung auf euren Körper, eure Seele und euer Leben allgemein haben muß. Denkt daran, daß das sogenannte Karma euch nicht nur eine Rechnung vorlegt, auf der alle Schulden verzeichnet sind, die fällig werden, sondern euch zugleich auch eine Chance anbietet. Denn durch Abzahlen eurer Schuld – sei es in Gestalt von Krankheit, Reue oder Kummer –, solltet ihr, der geistige Aspekt in euch, die jeweilige Lektion gelernt haben. Wenn ihr euch weigert zu lernen, sammeln sich die notwenigen Lektionen an und werden euch wieder und wieder vorgelegt. Wir können euch also wirklich nur auffordern: Nehmt all diese Gelegenheiten wahr, die euch, als Karma verkleidet, begegnen. Versucht die Lektion, die euch vorgelegt wird, zu erkennen, und zu lernen, und seid dankbar.

Denkt nun aber nicht, daß eure Beschwerden und Leiden euch von Gott geschickt wurden. Gott würde nie jemandem Schmerzen oder Leid auferlegen; es ist das göttliche Gesetz, das verfügt, daß jede Disharmonie in der Seele sich schließlich und automatisch über und durch den Körper auswirken wird. Alle Erfahrungen im Leben haben nur einen Zweck: das ganze Menschenwesen aus der Sterblichkeit in die Unsterblichkeit zu erheben; es herauszuheben aus den Fesseln der Materie in die Höhen des geistigen Lichtes.

Euer Beitrag zum Heil- und Gesundwerden besteht darin, daß ihr eure Symptome vergeßt und euch stattdessen auf die Quelle allen Lebens und Lichtes konzentriert, aus der allein Frieden und Ruhe des Geistes kommen können. Richtet euer Herz entschlossen auf die Dinge Gottes, auf das Himmlische aus, und alles, was ihr braucht, wird euch dazu gegeben werden..."

WARUM VON GOTT GETRENNT?

„Vielleicht hilft es euch, die Kontrolle über euer Denken zu gewinnen, wenn ihr euch vor Augen haltet, daß der Schöpfer das, was er geschaffen hat, immer in seinem Denken behält; der Gott, der euch geschaffen hat, hält euch ständig in seinem Geiste. Vielleicht stellt ihr euch Gott als unendlich fern und unpersönlich vor, der sich um etwas so unendlich Unbedeutendes wie euch nicht kümmert. Vielleicht habt ihr Gott ganz vergessen − aber wenn Gott euch auch nur einen Augenblick vergäße, gäbe es euch nicht

133

mehr. Jede Sekunde eures Lebens seid ihr also in Herz und Denken des Vater-Mutter-Gottes gehalten – was habt ihr dann noch zu fürchten?

Jeder menschliche Geist ist wie ein Embryo des Göttlichen, eine Einheit oder Ansammlung winziger Gotteszellen, die alle im Innersten mit Gott verbunden sind in ständigem Einssein; und doch ist jede Zelle mit der Macht begabt, sich von Ihresgleichen zu trennen – aber nie von Gott.

Wenn der Mensch einmal ganz erkennt, daß er Teil Gottes ist, nach Gottes Bild geschaffen, ihm ähnlich, dann wird er sich nicht mehr getrennt denken, denn er weiß, daß alle aus dem einen Geist sind. Er wird nicht mehr in Begriffen von Hier und Dort denken, sondern von einem Überall, in dem nichts isoliert, abgesondert sein kann, in dem kein Geschöpf nur aus und für sich allein lebt. In diesem Gottesbewußtsein der Ewigkeit werden Schmerz und Tod keine Macht mehr haben, den Menschen zu versklaven…"

EINIGE WORTE ÜBER
DIE MACHT DES GEDANKENS

„Wenn der Meister euch leitet, wird er immer in Liebe zu euch sprechen und eure Gedanken auf guten Willen und Frieden richten; niemals auf Gegensätzlichkeit, Selbsterhöhung lenken, sondern immer auf Demut, liebevolle Freundlichkeit und Hilfsbereitschaft gegenüber euren Mitgeschöpfen.

Das Denken des Menschen besitzt Schöpferkraft; sein heutiges Denken wird sich morgen auswirken. Der Mensch denkt an Krieg und Verheerung, und wenn dieser Gedanke stark genug wird, äußert er sich auf der materiellen Ebene. Das gleiche gilt auch für den Tod. Denkt daran, daß das Leben Denken ist. Gott erhält das Universum in seinem Denken. Was ihr denkt, das werdet ihr. Was die Welt heute denkt, das wird sie morgen werden. Was ihr in eurem materiellen Leben habt, gab es zuerst in der Welt der Gedanken. Wenn ihr euren Körper verlaßt, werdet ihr feststellen, daß ihr euch in einer Welt starker Wünsche und Leidenschaften befindet, wenn ihr so gelebt und gedacht habt. Wessen Gedanken aber freundlich und liebevoll und einfach gut waren, wer Tag für Tag dafür lebt, den Geist Christi zu manifestieren, wie es seiner Stufe der Entwicklung und des geistigen Erwachens entspricht, wird sich in einer Welt wiederfinden, die seinen Gedanken und Bestrebungen verwandt ist. Der Unterschied ist nur, daß ihr jetzt eure Gedanken durch den Körper verbergen könnt, so daß nur sehr wenige Menschen wissen, was ihr denkt. Wenn ihr aber in die geistige Welt weiterzieht, könnt ihr eure Gedanken nicht mehr länger verstecken, und das, was ihr gedacht habt, werdet ihr in eurem neuen Leben ausgedrückt und manifestiert finden. Verlaßt ihr euren materiellen Körper, werdet ihr in eine Welt großer Schönheit weitergehen; es kann auch eine Welt höchsten Glückes sein – aber ihr selbst seid die einzigen, die euch davon abhalten können, in eine solche Welt einzugehen.

Wir möchten, daß ihr versteht, daß euer hiesiges Leben immer mit eurem Leben in der geistigen Welt verflochten ist. Wie ihr auf der Erde seid, so seid ihr auch hier, in der Welt des Geistes, der Welt, in der eure Geistführer und eure vorausgegangenen Lieben sich aufhalten; sie kommen zurück, um euch zu lieben, zu helfen und wieder aufzuhelfen, wenn ihr verzweifelt seid. Und, wenn ihr euch diesem inneren Licht zuwendet und öffnet, kann es anfangen, "die Falten wegzubügeln". Die Menschen altern wegen ihrer Emotionen, der Ängste und Sorgen, von denen sie sich beherrschen ließen. Warum werden die Menschen krank? Wegen der emotionalen Spannung und der übermäßigen Belastung des Körpers. Wärt ihr immer auf das große weiße Licht eingestimmt, dann gäbe es so etwas wie Kranksein nicht.

Die geistige Heilung wird durch die Kraft des geistigen Strebens bewirkt; wenn die Gedanken ehrlich nach Geistigem trachten, dann fällt das Christuslicht, die Christusstrahlung, ins Herz. Sobald die Christusstrahlen im stofflichen Körper spürbar werden, können sie, die sehr große Macht besitzen, die Gegebenheiten umkehren. Wo Schatten sich im physischen Leib befinden, wird das Licht die Herrschaft antreten, über den Körper dominieren und die materiellen Atome kontrollieren. Auf diese Weise werden Wunder vollbracht. Wenn wir sagen, daß der Gedanke die Macht hat, dies zu tun, dann meinen wir natürlich den göttlichen Gedanken: den Gedanken, der aus einem reinen, nach Höchstem strebenden Herzen entspringt. Die Kraft, die daraus erwächst, daß das Herz auf Gott ausgerichtet ist, kann Negatives in Positives umkehren, Dunkel in Licht verwandeln. Das einfließende Licht wird vollkommene Gesundheit schaffen, weil es Harmonie hervorruft.

Fürchtet euch nicht vor der Zukunft. Fürchtet euch nicht vor dem Unbekannten, nicht einmal vor dem Tode. Denn mit jedem Schritt nach vorn tretet ihr weiter in ein vollkommeneres Leben ein. Selbst wenn ihr euren derzeitigen Körper verliert, gibt euch dies nur die Möglichkeit, weiter hineinzugehen in eine Welt des Lichtes. Hier auf Erden bereitet ihr euch durch euer Denken, euer Streben und euer

Tun darauf vor, in eine neue Welt zu erwachen. Ohne rechtes Denken, ohne Liebe könnt ihr nicht ganz in die Welt des Lichts erwachsen, weil ihr sie nicht zu schauen vermögt. Deshalb fordert euch die geistige Welt immer wieder auf, göttliche Eigenschaften zu entfalten, Christus-Eigenschaften hier und jetzt zu entwickeln, so daß ihr, wenn ihr fortschreitet, das Licht tragen werdet, das euch die Wunder, die auf euch warten, offenbaren wird. Und alles Schöne im geistigen Leben, das euch enthüllt werden soll, kommt aus eurer eigenen Seele.

Im Innern, liebe Geschwister, im Innern ist das Licht; gebt es hinaus..."

TRACHTET IMMER NACH HARMONIE

„Die Harmonie sollte das beherrschende Prinzip eures Lebens sein; deshalb erzwingt niemals etwas, was euer Körper ablehnen oder euer Denken verweigern würde. Ich erinnere mich an einen Mann, der sich sehr für den Vegetarismus zu begeistern anfing und eilends beschloß, nie wieder Fleisch zu essen. Er kam so weit, daß er kein Verlangen mehr hatte, Fleisch zu essen; aber er tat seinem Körper Gewalt und Schaden an durch diesen rigorosen und plötzlichen Wechsel.

Trachtet immer nach Harmonie und gleichmäßigem, stetigem Wachstum der Seele − es ist der bessere Weg. In dem Maße, wie das Gottesbewußtsein im Menschen wächst, wird sein Körper von sich aus das Töten von Tieren zu seiner Ernährung ablehnen, weil der aurische Aspekt des Blutes nicht wünschenswerte Elementale anzieht, und auch, weil Grausamkeit in jeder Form das Gegenteil von Liebe ist. Solange euer Körper aber noch nach solcher Nahrung verlangt, eßt sie und preist Gott. Und weiter: Verletzt nie die Gefühle eines anderen, indem ihr ihm eure eigenen Ansichten in bezug auf die Ernährung aufdrängt. Selbst wenn ihr nur das Richtige eßt, aber weiterhin falsche Gedanken hegt, was nützt euch dann das rechte Essen? Im Laufe der Zeit werdet ihr bestimmt krank, trotz all eurer Vorsicht. Es ist nicht so sehr die Nahrung, die ihr aufnehmt, als was ihr denkt, worauf es ankommt.

Keiner kann vollkommene Gesundheit erlangen ohne ein inneres Gewahrsein des Geistes seines Schöpfers. Ihr könnt jeder nur denkbaren natürlichen und gesunden Lebensweise oder Diät frönen, ihr könnt frische Luft atmen, ihr könnt ausschließlich Quellwasser trinken, Leibesübungen und Atemübungen machen — all diese Dinge werden euch helfen, gesünder zu werden. Aber denkt daran: Wahre Gesundheit bedeutet Heiligkeit, und so lange ein Mensch sich nicht auf die Quelle seines Lebens, auf seinen Schöpfer einstimmen kann, vermag er nicht vollkommen heil und ausgeglichen zu werden. Ein Mensch muß vollkommen ausgeglichen sein zwischen Himmel und Erde, wenn er heil und gesund werden soll..."

'ICH KOMME IN DEN KLEINEN DINGEN'

„Der Mensch — er lebt in einem komplexen und vielleicht auch zivilisierten Zeitalter — wächst auf und lernt, von zu vielen Dingen zuviel Genuß zu erwarten. Dabei übersieht er, wo wahres Glück zu finden ist: Ein liebliches, wunderbares Glücksgefühl, spontane Freude zu empfinden, zu lieben und über die einfachen Dinge staunen zu lernen; die

sternklaren Nächte zu lieben, das Murmeln eines Gebirgs-
baches, die Stimme des Windes zwischen den Blättern, den
Duft der Blumen und Wälder, und die Freundschaft mit
kleinen Tieren. Lernt, den Gesang der Vögel zu lieben und
die herrlichen Farben in der Natur in euch aufzunehmen.
All diese Dinge sind Geschenke, die eine weise Mutter
euch anbietet, die Geberin und Quelle allen Lebens, aller
Schönheit und alles Glücks in der Natur.
Ruhet in der Stille und dem Wissen, daß die weise Mutter
und der unendlich liebende Vater die Kinder dieser Zeit
durch selbstverursachtes Leid hindurch in das Tageslicht
des guten Willens und der Brüderlichkeit bringen, wo sie
jenes vollendete Leben erlangen werden, das für alle Angehörigen der riesigen Familie Gottes vorbereitet ist.
Klingt das alles zu einfältig, zu weltfremd, als daß ihr es
akzeptieren könntet? Mag sein. Trotzdem sind es die kind-
lichen Dinge, die wir pflegen sollten, und die uns alle ins
Herz, in den Quell des Glücks zurückbringen..."

EINE FREUNDLICHE WELT

„Wenn ihr zu einem Spaziergang aus dem Hause geht,
dann wickelt euch nicht ganz in euch selbst ein, sondern
seht euch um; und dann erblickt ihr eine sehr freundliche
Welt, seht sie ungeheuer aktiv und voll von hochinteressan-
ten Dingen. Beobachtet und bemerkt alles, was ihr seht,
und merkt es euch, fügt es dem Schatz voll Schönheit in
eurer Erinnerung hinzu. Übt euch in diesem ununterbro-
chenen Beobachten der Natur und eurer Umgbung. Nehmt
eine Rose in die Hand, segnet und liebt sie als Gottes Geschenk für euch, das Sein Sonnenschein und Sein Regen

euch ermöglicht haben. Betrachtet still Gestalt und Duft der Blüte, und nehmt das Wesen und die Seele dieser Blume in euch auf. Denkt an die Liebe und Pflege von Menschenhand, die diese Rose in ihrem Wachstum begleitet haben, und segnet jene, die ihr diesen Dienst erwiesen – denn alle Arbeit ist Dienst. Fühlt eure geschwisterliche Verbundenheit mit der Blume; fühlt, wie in euch und in der Rose dieselbe Lebensessenz pulsiert... Geht ein in das Herz der Rose und erfahrt dabei, welch ein Frieden, wieviel Reinheit und Duft aus dem Irdischen emporwachsen können – ein Frieden und ein Zauber, die aus dem Licht geboren sind; denkt daran. Laßt die Schönheit und den Duft der Rose eine Heimstatt in eurem Inneren finden...".

UNFÄLLE

Gewiß stellt jemand einmal die Frage, wie es zu Verletzungen und Tod durch Unfälle kommen kann. Der Fragende wird wissen wollen, wie Unfälle passieren können, wenn dieses Universum grundsätzlich von göttlichem Gesetz und göttlicher Ordnung regiert wird. Nun, es gibt darauf eine eindeutige Antwort. Aber ob sie euch klar und verständlich gemacht werden kann, ist eine weitere Frage, denn manche Dinge befinden sich einfach jenseits der Reichweite menschlichen Begreifens. Man muß nämlich zuerst diese Welt der grobstofflichen Materialität vergessen und sie sich als eine umherwirbelnde Gedankenwelt vorstellen, in der Gedankenströmungen hin und her jagen und wirbeln, schneller als das Licht, und in der nichts außer Gedanken Realität ist. In einer solchen Welt, die – wie Seher behaupten (und die Wissenschaft allmählich zu glauben beginnt) –

der Wirklichkeit näher ist als unsere Welt des bloßen physisch Erfahrbaren, hat der Mensch sein wirkliches Sein. Wenn er die Straßen entlang geht, umwirbeln ihn ununterbrochen Gedankenströmungen, unter anderem auch jene, die er selbst erzeugt und dazu beiträgt. Manche sind schädlich, andere wohltuend; manche können ihn verletzen, andere vermögen ihm zu helfen. Tag und Nacht, jahrein, jahraus, lebt er vor allem in einer solchen Welt der Gedanken, die er selbst zum Teil geschaffen hat.

Laßt uns nun überlewgen, was mit den heftigen, zornigen Gedanken geschieht, die der Mensch gelegentlich aussendet, zum Beispiel, wenn er an einen möglichen Feind denkt. In der jüngeren Vergangenheit, als die Nationen solche Art zu denken zur Gewohnheit werden ließen, als die Presse und Propaganda die Menschen aufhetzten, die Bewaffnung immer umfangreicher und schlimmer wurde (Rüstung sind Kriegsgedanken, die greifbar Form annehmen), war Weltkrieg die natürliche Folge. Mit anderen Worten: Gedanken der Gewalt prallten auf ihre Aussender zurück; wie ein Bumerang kehrten sie wieder, und die ursprüngliche Heftigkeit war dabei womöglich noch verstärkt.

Wie für Nationen, so gilt es auch für den einzelnen, Wenn ein Mensch heftigen oder gewaltsamen Gedanken in bezug auf, sagen wir: seinen Nachbarn, lange genug nachgibt und sie nährt, dann werden diese selben Gedanken auf ihn zurückkommen. In verschiedener Weise aber können sie zurückfallen: So werden einige gewiß die Form eines Unfalles annehmen − und Unfälle kann es nicht nur im körperlichen Bereich geben, sondern auch im emotionalen, sozialen oder finanziellen, indem man ein plötzliches Unglück oder einen Verlust zu verkraften hat.

Ein weiterer Faktor, der das wohlgeordnete Universum vorübergehend aus dem Lot zu bringen scheint, ist der menschliche Wagemut – *„Du sollst Gott, deinen Herrn, nicht versuchen!"* –, denn solche Eigenschaften fordern Schwierigkeiten geradezu heraus, und weder Unwissenheit noch Naivität sind hier als Ausreden oder Entschuldigung brauchbar. Nichts ist sicherer, als daß einem Menschen, der Gott, den Herrn, gewohnheitsmäßig auf die Probe stellt (und sei es dadurch, daß er ohne achtzugeben die Straße überquert oder seinen Körper überarbeitet oder sonstwie mißbraucht), früher oder später ein Unfall oder Unglück widerfahren wird.

Zum Thema des Unfalles oder plötzlichen Todes hat White Eagle folgendes zu sagen:

„Mit aller Wahrhaftigkeit und Aufrichtigkeit sagen wir, daß es Unglücksfälle oder einen scheinbar zufälligen Tod nicht gibt. Der Unfall ist eine Möglichkeit des Hinübergehens. *Es gibt ein Schicksal, das unser Lebensende bestimmt* – ein Schicksal hinter allem, was im Leben geschieht. Wenn der Mensch das erkennt, wenn er die Gesetze erkennt, die sein körperliches und geistiges Leben regeln, wird er den wahren Seelenfrieden finden. Nichts kann passieren, was nicht Teil des Planes wäre.

Der große Architekt des Universums hat den Plan. Der Plan für euer derzeitiges Leben wurde aus eurem früheren Leben geschaffen, und der Plan eures zukünftigen Lebens wird jetzt, nach eurem gegenwärtigen Leben gezeichnet. Wenn jemand durch einen Unfall oder auf andere Weise plötzlich stirbt, dann gibt es dafür einen Grund.

Ein solcher Grund mag euch vielleicht interessieren. In der Vergangenheit könnte jemand sein Leben auf eine Weise beendet haben, die nicht gut war. Im darauf folgenden Leben könnte es sein Schicksal sein, seinen Körper plötzlich, wie z.B. bei einem tödlichen Unfall, verlassen zu müssen, weil er in der Vergangenheit die Saat dazu gelegt hat. Nun werdet ihr sagen: Wenn das alles im Plan enthalten ist, dann hat der Mensch ja keine Wahl. Doch, er hat die Wahl. Es steht ihm frei, dem Geleit und dem Licht seines höchsten Selbst zu folgen und dadurch Schönheit und Gutes für den Plan seines nächsten Lebens zu schaffen. Oder aber er kann aus dem niedersten Aspekt seines Selbst reagieren und wird dann auch entsprechend dieser Saat ernten."

Ein weiser Mann sagte einmal, er bräuchte nur vor jemandes Kamin zu stehen und die Schwingungen darum zu spüren, um die Familie genau zu kennen, die in dieser Wohnung lebte. Das sei möglich, weil die Bewohner eines Hauses die ätherische Substanz um den Kamit mit ihrem feineren, höheren Selbst so geprägt haben, daß jeder Sensitive dies spüren und ablesen könnte. So prägen wir alle die ätherische Umgebung in unserem Zuhause, im Garten, an unserem Arbeitsplatz, in unserer Nachbarschaft, unserer Kleidung, unserer Freunde und aller, denen wir begegnen. Wir geben unserem Inneren Ausdruck, in der Art und Weise, wie wir sprechen und durch das, was wir sprechen, durch unsere äußere Erscheinung und unseren Gesundheitszustand. Unser Gang, unsere Gestik, unser Verhalten und Gesichtsausdruck, all diese Dinge sind Ausdruck des inneren Menschen. Ein aufrechter Geist schafft einen aufrechten Menschen, eine gerade Wirbelsäule und einen Solarplexus, der unter Kontrolle ist. Entsprechend zeigt sich ein matter, kraftloser Geist hauptsächlich daran, wie sein Besitzer steht, sitzt, geht, spricht und denkt. So macht sich unsere innere Wesensart sichtbar und hörbar auf eine Weise, die nicht nur durch die fünf Sinne des Betrachters, sondern auch durch seine feineren Sinne wahrgenommen wird. Wir werden schon im ersten Augenblick der Begegnung von unserem Gegenüber angezogen oder abgestoßen aufgrund der Eindrücke, die unsere feineren Sinne uns vermitteln. So leben wir also gleichzeitig in einer inneren und äußeren Welt, wobei die letztere mit ihren Eindrücken scheinbar alleinbeherrschend ist, während erstere dazu vergleichsweise unbedeutend scheint. Doch wir sind ununterbrochen eifrig dabei, uns in beiden Welten Ausdruck zu verschaffen, und es ist die innere Welt, in die wir nach unserem Tode weiterziehen werden.

Denn diese innere Welt der feineren Sinne umgibt uns ständig, sie durchdringt diese materielle Welt wie Wasser einen Schwamm. Wir beeinflussen sie, und sie beeinflußt uns jeden Augenblick unseres Lebens, während wir aktiv die Vorbereitungen für die Bedingungen treffen, in die wir nach dem Tode weiterziehen werden; wir richten sozusagen unsere Wohnung in der geistigen Welt ein. Wir möblieren sie, säen Blumensamen (oder Unkrautsamen) in die Erde — mit anderen Worten, wir prägen Eindrücke von uns selbst in jene Welt. Haben wir uns jemals nach einem wunderschönen, gemütlichen Zuhause gesehnt, das wir nie bekommen haben? Eines Tages können und werden wir das wahre Zuhause erkennen. Betrauern wir den Verlust eines geliebten Menschen, der uns vorausgegangen ist, ins scheinbare Nichts? Dieser liebe Mensch ist nie weit von uns entfernt gewesen und kann unserem inneren Herzen immer noch sehr nahekommen. Nur Verbitterung, Groll oder einfach Unwissenheit und Mangel an Glauben können unsere Verbundenheit mit ihm einschränken; Liebe vermag immer noch die Kluft zu überbrücken, selbst über den Tod hinaus. Diese Punkte zeigen, wie eng das jenseitige Leben mit dem Leben des Menschen hier und jetzt verwoben ist, und wie wenig sinnvoll es doch ist, die beiden voneinander getrennt zu sehen. Wir müssen uns unseren Planten Erde als einen in einer ganzen Reihe ähnlicher Planeten vorstellen – unsere Erde ist dabei vermutlich der dunkelste und grobstofflichste von allen; ihre Substanz bedarf harter Arbeit, um verwandelt, verfeinert, vergeistigt zu werden, während die feineren Planeten auf die Kräfte des menschlichen Denkens und Willens ansprechen und von diesen geformt werden können. Der Mensch ist ununterbrochen, wenn auch meistens unbewußt, dabei, sein neues Zuhause in der jenseitigen Welt vorzubereiten, wo er, so Gott will, Schätze sammeln kann, die weder Diebe stehlen, noch Motten oder Rost fressen können.

Der Mensch, so behauptet der äußere Mensch, ist in erster Linie ein Körper; und somit ist für den äußeren Menschen sein körperliches Leben natürlich das Hauptinteresse und das Notwendigste im Leben. Der Mensch, so sagt dagegen der innere Mensch, ist in erster Linie Geist, und sein Leib ist nur ein Kleid, das jener Geist angefertigt hat. Damit sind alle anderen körperlichen, stofflichen Dinge ebenso unwirklich wie der Leib selbst.

Näher am Geist und damit an der Wirklichkeit sind die feinstofflicheren, weniger freifbaren »Körperlichkeiten«, wie der Ätherleib und der Astralleib, die Körper von Wahrnehmung und Empfindung sowie der Emotionen. Sie zeichnen alle Empfindungen und Gefühle auf, auf die sie im Laufe des Lebens angesprochen haben – und diese Aufzeichnung ist in ihrer Substanz sichtbar, in einer Substanz, die weniger vergänglich ist als die grobe, physische

145

Materie, weil die höheren Aspekte des Äther- und Astralleibes den physischen Tod überleben und eine vollständige Aufzeichnung der gerade beendeten Inkarnation enthalten und mit sich nehmen.

Wenn die Seele also wieder zur Inkarnation gelangt, bringt sie das Erbe ihres vorangegangen Lebens mit sich – ja, *"die Sünden der Väter werden heimgesucht an den Kindern bis in das dritte und vierte Glied"*, wie es in der Bibel geschrieben steht; die Generationen einer Seele sind ihre Inkarnationen. Aber dies gilt übrigens nicht nur für die Sünden und Missetaten; gute Taten sind sogar noch wichtiger für das Wohl der Seele, weil sie länger anhalten. Selbst wenn die zur Verkörperung absteigende Seele ein weiterer Aspekt, eine andere Projektkion aus ihrem größeren Selbst ist, muß sie dennoch ihr Erbe aus der Vergangenheit auf sich nehmen.

Doch wohin führt uns dies alles? Geradenwegs fort von der Idee, daß unsere Welt von irgendeiner Art von Zufall regiert sei, das steht fest, und hin zu dem Bild einer Welt von unfehlbarem Gesetz und Ordnung – einem Gesetz, das hinter scheinbarem äußeren Chaos verborgen ist und dieses immer wieder von neuem ordnet. Ein anderer Name für dieses sehr genau arbeitende Gesetz ist das Gesetz von Ursache und Wirkung, das Karma-Gesetz, das zu allen Zeiten der Menschheitsgeschichte und in allen Welten am Wirken ist, die der Mensch bewohnen und erben wird im Laufe seiner weiteren Entwicklung.

Der Gedanke, daß die Schöpfung vom Gesetz geregelt ist, hat etwas Tröstliches. Unser jeweiliges Karma braucht uns nicht zu erschrecken – solange es nicht durch und durch schlecht ist. Und selbst dann, sagt White Eagle, kann es durch die Macht der Liebe verwandelt werden, und wir können gutes Karma säen, um das schlechte auszulöschen. Wie soll der Mensch sich aufmachen, gutes Karma zu schaffen? Dazu gibt es nur einen einzigen Weg: durch die Liebe in seinem Herzen, denn sie ist sein Erlöser.

DER NEUE MENSCH

Ihr seid hier auf Erden, um die grobe Materie zu nutzen, nicht um euch von ihr beherrschen zu lassen. Ihr seid dem Wesen nach Licht, und ihr müßt hinausscheinen durch die Finsternis. Ihr sollt so leben, daß das Licht die schweren Atome des materiellen Körpers verwandelt. Wunder geschehen, wenn der Geist solche Kontrolle erlangt hat.

W.E.

Kehren wir wieder zurück zu White Eagle:
„Der Mensch gelangt zum geistigen Bewußtsein, dem Christus-Bewußtsein, durch die Lektionen, die ihm während seiner Erdenleben zu lernen aufgegeben sind, vor allem aber durch die Übung in der Meditation Gottes. Im Streben nach Gott trachtet die Seele auf ihrem Entwicklungsweg immer danach, mehr von der Liebe Gottes und seiner Weisheit zu erfahren; sie lernt, die Gotteskraft zu erkennen und sich auf sie zu verlassen. Gott ist nicht nur »oben im Himmel«, er ist auch »unten«: in unserer Erde, die das materielle Leben trägt. Er ist überall um euch, euch äußerlich sehr nahe; und er wohnt auch in der Tiefe eures Herzens. Dieser Gott in eurem Innern regt euer geistiges Stre-

ben an, die Suche nach dem Licht, und wenn ihr es einmal gefunden habt, sorgt es dafür, daß ihr ihm folgt, ohne zu zaudern oder zu straucheln. Behaltet klare Sicht. Laßt euch nicht von dem Getöse und Gewirr der Erde ablenken, noch von den Meinungsverschiedenheiten unter den Menschen. Bleibt stark im Glauben, und euer gläubiges Vertrauen wird euch Kenntnis von aller Wahrheit bringen.

Abermals sagen wir, daß der Weg zu Gott der Weg zum Glück ist. Gott allein kann euch starkes und dauerhaftes Glück schenken. Wohl werdet ihr mit vielen Schwierigkeiten und Prüfungen im Laufe eurer Erdenleben konfrontiert, denkt aber daran, daß alles, dem ihr begegnet, etwas sein wird, das ihr selbst angezogen habt, denn es gibt etwas in der Seele, das wie ein Magnet Umstände anzieht, die manchmal Schmerz und Leid für euch bedeuten, manchmal auch Freude und Frieden. Jeder eurer Gedanken hinterläßt seinen Eindruck im Äther − nicht nur eure Worte und Taten! −, und führt dazu, daß ihr euch genau jene Umstände anzieht, die ihr selbst in die Welt gebracht habt.

Aber geht nicht durch die Welt und rechnet dauernd mit dem Schlimmsten! Gott beschwört auf keines seiner Kinder Schmerzen und Leid herab. Er will, daß ihr glücklich seid und einen Einblick in die Herrlichkeit des Geistes erleben könnt. Und so bitten wir euch, immer das Beste zu erwarten, nach dem Besten Ausschau zu halten, und, falls euch irgendetwas begegnet, das euch beschwert, trotzdem dankbar zu sein in dem Wissen, daß ihr diese Dinge mit sehr weiser Absicht selbst angezogen habt. Euer Geist ist klüger als euer Denken oder gar eure Seele. Er besitzt tiefere, klarere Einsicht als euer irdisches Bewußtsein. Aus innerem Wissen schreit eure Seele nach Licht. Die einzige Möglichkeit für sie, dieses Licht zu erlangen, besteht darin, daß sie die Erfahrungen durchlebt, die sie zu sich zieht.

Ihr alle habt Prüfungen und Drangsale kennengelernt; zuweilen seid ihr bis an eure Grenzen geführt und geprüft worden. Vielleicht habt ihr zugesehen, wie eure Lieben ähnlichen Prüfungen unterzogen wurden, und konntet ihnen nicht helfen. Manchmal habt ihr fast euren Glauben an Gott verloren. Aber nach einer Weile, wenn ihr zurückblicken und sehen könnt, wie vollkommen Gottes Plan für euch war, vermögt ihr zu sagen: „Gott sei Dank, daß es nicht so gekommen ist, wie ich es gerne gewollt hätte! Sein Plan war besser als meiner. Wie gut ist Gott!"

Die Schwierigkeiten und Unannehmlichkeiten des Erdenlebens sind nicht gewichtig, sie sind vorübergehend, sie sind vergänglich. Die Zeit heilt alle Wunden. Keine Schwierigkeit besteht für alle Zeit, aber unser geistiger Fortschritt geht weiter, und wird immer mit uns sein...".

ÜBER DAS GESCHEHEN IN DER WELT

„Fallt nicht der Gewohnheit anheim zu denken, daß alles schlechter und schlimmer wird, daß alles verloren sei; denn einen größeren Fehler könnt ihr nicht machen! Wir können euch versichern, daß die Welt sichtbare Fortschritte macht; das göttliche Licht beginnt schon, die Schleier der Verwirrung im Denken des sterblichen Menschen zu durchdringen und erreicht die Herzen von Männern und Frauen überall. In den nächsten Jahren werdet ihr beobachten können, wie des Menschen Geist erwacht; ihr werdet ein größeres Interesse am psychischen und geistigen Leben bemerken. Vielleicht kommt nicht alles so, wie euer Erdendenken es sich erhofft, aber laßt uns auf die Gesamtentwicklung sehen. Hinter aller sichtbaren Zwietracht, Habgier und Selbstsucht ist der Gottesgeist am Wirken; er schafft Ordnung aus dem Chaos, Gutes aus dem Bösen und bringt dem Menschen Erleuchtung. Blickt nicht wehmütig in die Vergangenheit zurück; sondern schaut aus in die Zukunft, voll freudiger Erwartung."

DIE NEUE WELT

„Wir kommen zurück zur Erde mit einer Botschaft der Hoffnung, der Freude und der erneuten Versicherung, daß im Geist Christi, des Gottessohnes, ewiges Leben ist. Das ist ewiges Leben, meine Geschwister: das Erwachen der Seele für die Liebe und Schönheit und Weisheit des Großen Weißen Geistes.
Die Religionen aller Zeiten haben diese gleiche Botschaft überbracht: die Kunde vom ewigen Leben des Geistes, und der Geist ist der Sohn Gottes. Jesus, der ein sehr großes Instrument für jenes Licht gewesen ist, sagte: *„Ich bin der Weg, die Wahrheit und das Leben"*. Der ICH BIN ist das Christuslicht im Menschen. Das ist die Botschaft, die die geistige Welt euch überbringt. Das Licht der Welt, das Licht der Menschheit, ist der Christusgeist, der im Herzen eines jeden Menschen wohnt. Jene große Seele, die ihr Jesus nennt, war durch viele Inkarnationen darauf vorbereitet worden, ein reines Werkzeug für das göttliche Licht, das Christuslicht, zu werden. Der Christusgeist ist ein universaler Geist der Liebe. Christus ist Liebe. Und das Leben des Jesus von Nazareth verkörpert diese Liebe, zeigte die Freundlichkeit und Stärke des vollkommenen Gottessohnes.

Gott ist unendlich und unbegrenzbar, Gott ist allumfassend, Gott ist in euch und um euch und über euch und unter euch; ihr lebt und bewegt euch und habt euer Sein in Gott. Das Ziel des menschlichen Lebens, der Zweck all eurer Erfahrungen, eures Strebens, eures Kummers, eurer Freuden, besteht darin, euren Geist und eure Seele zu einem vollkommenen Sohn Gottes zu formen – zum vollendeten Menschen. Das liegt vor jedem von euch, wenn ihr dem göttlichen Licht in eurem Herzen treu und ergeben bleibt.

Der Mensch wird durch sein eigenes Streben und die Entwicklung der Macht des Sohnes in seinem Herzen die physische Materie verwandeln. Ein Beispiel dafür habt ihr in der Auferstehung von Jesus, dem Christus, der wiederum sagte: *„Wer an mich glaubt, der wird die Werke auch tun, die ich tue."* Mit diesem Wachsen und Entfalten des Christuslichtes in der physischen Materie wird eine Reinigung und Durchlichtung, eine Verschönerung allen Lebens eintreten, bis dieser Planet, dieser dunkle Himmelskörper, zur strahlenden Sonne wird – nicht morgen schon, aber im Laufe des ewigen Lebens."

Mit diesen Worten endet unsere Suche nach der Ursache der Krankheit. Doch daraus folgt nicht zwangsläufig, daß wir, nachdem wir auf die Ursache gestoßen sind, nun zugleich über das universale Heilmittel verfügen. *„Suchet, so werdet ihr finden"*, wird uns gesagt. Es gibt einige, die geheilt werden können, gleichsam auf der Stelle und anscheinend auf wunderbare Weise. Die Zeiten der Wunder sind nicht vorüber. Das soll nicht heißen, daß irgendetwas Wunderbares an solchen Heilungen wäre – auch sie folgen einem Naturgesetz, und alles ist überdies abhängig vom

Grade des geistiges Gewahrseins der Seele, von der Stufe ihrer geistigen Entwicklung. In einem bestimmten Stadium geschieht eine solche Heilung, wie man an eine schon lange vorbereitete Fackel ein Streichholz hält. Alles wird dann hell, erleuchtet, und die Seele wird voller Verzückung Gott von Angesicht zu Angesicht schauen, und durch diese Vision kommt die plötzliche und wundersame Heilung.

Das kann naturgemäß nur selten geschehen. Es ist wahrscheinlich, daß viele wohl geheilt werden wollen, aber zurückgehalten werden von tiefen Zweifeln an ihrer Fähigkeit, das Körperbewußtsein und das Kopfdenken zu überwinden. Solche Zweifel – das werden sie feststellen –, entbehren nicht ganz ihrer Grundlage, denn das Körperbewußtsein bietet hartnäckigen Widerstand, und das Kopfdenken kommt immer wieder in die Quere mit seinen zusammenhanglosen und nutzlosen Gedanken, um das arme Herzdenken zu überrumpeln und zu überwältigen, wann immer dieses einen Versuch unternimmt, zu beten oder zu meditieren. Der durchschnittliche Mensch hat also wahrlich einen langen und harten Kampf vor sich, bis er die Herrschaft über das Körperbewußtsein und das Kopfdenken gewinnen kann.

Wir kommen nun zu einer Heilmethode, die so einfach, so natürlich, und für die meisten so leicht durchzuführen und dabei so erfolgversprechend ist, daß die Leute sich ihr eines Tages fast instinktiv zuwenden werden, um zu heilen.

Sie erwächst aus einer neuen Einstellung zum Leben, einer neuen Lebensweise und der Annahme des Lebens als etwas, das wertzuschätzen und dem aus bereitwilligem Herzen zu dienen ist. White Eagles Lebensphilosophie als eine Religion zu bezeichnen, könnte manche Menschen abschrecken, die nicht erkennen, daß alles darin auch in der christlichen Lehre zu finden ist, so wie Jesus sie vermittelte, auch wenn er manches mehr andeutete als ausdrücklich sagte.

Funktioniert diese Lebensphilosophie, wie White Eagle sie dargelegt hat? Hat sie sich auch bei Menschen bewährt, die einen Trauerfall erlitten oder sich in tiefster Not, in Schwierigkeiten oder Angst befinden? Bietet sie dem suchenden Herzen eine Antwort auf sein Sehnen? Vermag sie, mehr als nur den Leib des Menschen zu heilen?
Ja, tatsächlich. Im Laufe der Jahre wurde sie erprobt, und es stellte sich heraus, daß sie nichts zu wünschen übrig ließ. Sie hat sich als echte und sehr strapazierfähige Lebensphilosophie erwiesen. Das sollten sich alle Leser vor Augen halten; denn während es zweifellos gut ist, den Körper zu heilen, ist es doch eine weitaus größere Leistung, in ein schweres Leben Frieden einkehren zu lassen. Wahre Heilung wird erreicht durch die Heilung der Seele. Ein geistiger Heiler ist auch ein geistiger Lehrer, und das geistige Licht, das von ihm ausstrahlt, ist heilendes Licht.

TEIL II

Eine neue Heilweise
Ausbildung des Heilers
Behandlung von Patienten

SINNVOLLES LEBEN –
100 JAHRE LANG

Blickt hinter die äußere Maske eures Alltagslebens. Lauscht hinter den äußeren Klang von Wörtern. Sucht den wahren Geist.

W.E.

Einige unserer Leser haben – so hoffen wir – inzwischen begriffen, daß unser bescheidenes Ziel von nun an ein ganzes Jahrhundert nutzvollen Lebens sein soll. Die Fachleute sind sich einig, daß der durchschnittliche Mensch mindestens so alt werden sollte. Grundlage dieser Behauptung ist die außerordentlich lange Zeit, die es braucht, bis aus dem Säugling ein Erwachsener geworden ist, im Vergleich mit anderen Arten langlebiger Tiere. Vorausgesetzt der Wille dazu ist vorhanden, scheint ein Jahrhundert Lebenszeit erreichbar zu sein, immer unter der Bedingung, daß der Homo sapiens sich nicht absichtlich von seiner Kraftquelle trennt, von seinem Schöpfer, und daß er das selbstzerstörerische Element in sich meistert, das ihn ansonsten vorzeitig altern und sterben ließe.

Keiner soll jedoch denken, daß soviel Meisterung leicht zu erlangen sei. Ein so kostbarer Schatz aber ist es wert, daß man sich lange um ihn bemüht, ist es auch wert, daß man das harte, äußere Selbst zu seinen Gunsten schließlich aufgibt. Wer wird getreu sein bis ans Ende? Nicht jeder; denn beim besten Willen vermag doch nicht jeder standhaft auf dem Wege zu bleiben. Der Zweck des zweiten Teiles dieses Buches ist es deshalb, dem Reisenden auf seinem Wege Hilfestellung zu leisten. Da die Ursache von Erkrankung in erster Linie geistig ist, muß auch die Heilung geistig sein; weil aber die meisten von uns in einer recht materiellen und gefühllosen Welt leben, werden ebendiese meisten von uns zusätzliche Hilfestellung benötigen.

Die nun zu beschreibende Heilmethode sollte nicht als eine einfache Kur für alles betrachtet werden; und eine jede Behandlungsmethode muß immer als ergänzende oder zusätzliche Hilfe zu der Heilung durch das tiefinnere Selbst gelten. Keine echte Heilung von Seele oder Leib kann geschehen, ohne daß entsprechende geistige Anstrengungen vom Patienten geleistet werden. Dem Patienten kann aber geholfen werden, indem seine eigenen Bemühungen ergänzt werden: sein Geist kann genährt und gestärkt werden.

Laßt uns einen Augenblick zurücksehen. Was haben wir bis zu dieser Stelle gelernt? Die eigentliche Ursache der Krankheit wurde gesucht und eine Heilmethode angegeben. So weit, so gut; aber es wurde auch darauf hingewiesen, daß es vielleicht nicht immer richtig oder gut ist für den Leidenden, sofort geheilt zu werden. Vielleicht hat seine Krankheit ihn viel zu lehren in bezug auf Demut, Geduld und Selbstdisziplin. Man kann dem Kranken aber sehr viel helfen, wenn er eine gewisse Ahnung davon hat, was ihn sein Leiden lehren könnte. Er braucht eine Denkweise, die sein Kranksein erträglich werden läßt. Nichts wird denen je vernünftig erscheinen, die nicht wissen, wohin sie gehen, oder, ob sie überhaupt irgendwohin auf dem Wege sind.

Geistige Heilung, die Heilweise White Eagles, ist durch und durch natürlich und nicht auf Medikamente oder irgendeine andere anerkannte Therapieform angewiesen. Sie ist so natürlich, daß man sie fast als spontan bezeichnen könnte, wie wenn eine Mutter eilt und ihr schreiendes Baby in den Arm nimmt, nachdem es gefallen ist; sie streichelt und küßt ihr Kleines, damit es sich wieder wohlfühlt. Auf diese Weise setzt sie unsere Methode in die Praxis um. Auf ähnliche Art versuchen wir, wenn wir mit dem Kopf oder Schienbein irgendwo angestoßen sind, instinktiv, den Schmerz mit der Hand wegzureiben. Wir machen uns gar nicht die Mühe, darüber nachzudenken – wir wissen nur, daß die Schmerzen durch das Reiben nachlassen oder verschwinden. Wenn wir behutsam irgendeine Salbe oder ein anderes Einreibemittel um den Ort einer Verzerrung oder Verstauchung einmassieren, führen wir die Wirkung eher auf den Balsam als auf das Reiben zurück. Aber tagtäglich läßt sich beweisen, daß die bloße Hand des Menschen Schmerzen wegreiben oder fortstreichen kann. Mit anderen Worten, jeder einigermaßen Gesunde kann einen Teil seiner überschüssigen Gesundheit auf einen Kranken, Leidenden übertragen und dadurch Schmerzen oder Unannehmlichkeiten erleichtern.

Ein Beispiel für diese Fähigkeit ist das sogenannte "Palming", eine Reihe von Übungen, die die Augen bei nachlassendem Sehvermögen stärken und der Notwendigkeit von Brillen zuvorkommen sollen. Nach diesen Augenübungen legt man die Handflächen auf die Augen und verweilt so einige Minuten. Wäre es möglich, daß diese Methode des »Palming« deshalb so wirkungsvoll ist, weil die Heilkraft der Hände dabei auf die geschwächten Augen übertragen wird?

Ein weiteres Beispiel stammt aus einem Ausschnitt einer Sonntagszeitung. Da wird von einer Frau berichtet, die in dem Altersheim, wo sie lebte, zusammenbrach und nach einem Herzanfall starb. Ihr Herz kam zum Stillstand. Als die Oberin den Leichnam herrichtete, hatte sie, als sie die Hände der Toten bewegte, den Eindruck eines kaum spürbaren Lebenszeichens, das von ihnen ausging. Dann war es vorbei. Sie begann, das Herz der Toten zu massieren, obwohl sie sicher war, daß die Frau tot war und nicht mehr wiederzubeleben sei. Aber dennoch setzte sie die Massage fort und bewegte ihre Hände kreisförmig vor und hinter dem Herzen. Sie kam ins Schwitzen. Sechzehn Minuten lang schlug das tote Herz kein einziges Mal. Die Frau war wirklich in jeder Hinsicht tot. Aber als die geübten Hände der Oberin weiterhin die kreisförmigen Streichungen fortsetzten, begann allmählich das Leben in die Patientin zurückzukehren. Das Herz fing wieder an zu pulsieren. Die Frau hatte dem Tod ein Schnippchen geschlagen. Ihre ersten, geflüsterten Worte waren: „Wo bin ich gewesen? Ich war fort von hier."

Die Oberin wurde gefragt, was für ein Gefühl sie selbst nach einem solchen Erlebnis hatte. Sie antwortete, sie hätte gezittert. Hinterher sei sie fast zusammengebrochen. Die Patientin jedoch, die älteste Frau im ganzen Heim, sprühte vor Lebenskraft.

Diese dramatische kleine Geschichte sollte für Geistheiler von Interesse sein; sie kennen den ganzen Vorgang, einschließlich der Erschöpfung nach einer so gewaltigen Anstrengung.

So eine Kraftübertragung von einem zum anderen ist eine

elementare Form der Heilung, die seit Urzeiten bekannt ist. Man spricht hierbei auch von magnetischer oder magnetopathischer Heilung, bei der Magnetismus vom Heiler auf den Patienten überfließt.

Jeder kann das einmal ausprobieren, indem er versucht, jemandem die Kopfschmerzen, Ohrenschmerzen, Rückenbeschwerden oder andere Schmerzen durch eine sanfte Berührung mit der Hand, durch Streichen oder Reiben zu lindern. Diese Form der magnetischen Behandlung bewirkt nicht unbedingt eine anhaltende Heilung; sie ist ein Mittel zur Linderung, zur Erleichterung von körperlichen Beschwerden. Sie ist eine natürliche Heilmethode, eine sehr einfache Methode – und nicht mehr.

Echte Geistheilung, recht verstanden und ausgeübt, ist eine völlig andere Angelegenheit, und ihre Wirkung ist von Dauer. Sie ist nicht übermäßig abhängig von dem, was gemeinhin Glauben genannt wird – Glauben in diesem Sinne ist doch die Willensanstrengung von jemandem, an etwas zu glauben, was er sonst einfach *nicht* glauben könnte. Echter Glaube – der für echte Geistheilung tatsächlich notwendig ist –, ist in die Praxis umgesetztes Wissen; das heißt Wissen von Gott, dem im Leben Ausdruck gegeben wird. So wird der Glaube zum äußeren Ausdruck inneren Wissens.

So weit, so gut; wir beginnen also mit der gebräuchlichsten Form der Heilung, der magnetischen Behandlung: der Übertragung überschüssiger Kraft oder Gesundheit von einem Menschen auf den anderen (Wie oft könnten Mütter ihren kranken Kindern auf diese Weise helfen, und wie natürlich und richtig wäre solche Hilfe!).

Nun gilt es, den Behandler auf seinen Heilungsdienst vorzubereiten, und es wird sich gleich zeigen, wie einfach (und schwierig zugleich) so eine Vorbereitung wohl sein wird.

Wir Menschenwesen sind in der Tat bewundernswert und wunderbar geschaffen. Niemand könnte leugnen, daß der materielle Körper des Menschen eine wunderbar ausgearbeitete, wunderbar erdachte Idee ist. Wäre er nun so vollkommen, wie Gott ihn sich vorgestellt hat und wie er tatsächlich werden kann, wäre der vollendete Mensch ein Triumph Gottes und das Wunder des Universums.

Aber um zu verstehen, wie magnetische Heilung, ja, wie geistige Heilung überhaupt wirkt, muß man erkennen, wie schon gesagt, daß der Mensch andere und feinere Körper über seinen grobstofflichen, materiellen Leib hinaus besitzt. Mehrere solcher feinstofflichen Körper durchdringen und durchweben den physischen Leib, und sind, von diesem aus gesehen, immer lichter und schöner. Jeder von ihnen wiederum wird des Menschen 'Hauptwohnsitz' werden, wenn er selbst lichter und schöner im Geiste wird.

Jeder Körper belebt nach seiner Art den physischen Leib. Werden die feinstofflichen Körper beispielsweise durch einen Schlag auf den Kopf oder eine Narkose für einige Zeit vertrieben, wird der Mensch bewußtlos. Es heißt, daß er über insgesamt sieben Körper verfügt, die den sieben Daseinsebenen entsprechen, die ihn nach dem irdischen Tode erwarten; und jede Körperlichkeit besitzt ihre eigene Aura.*)

Der Ätherleib ist ein unerkannter Körper, der dem materiellen so nahe ist, daß er nicht gänzlich unsichtbar oder unberührbar bleibt. Ohne ihn könnte der Mensch weder Sinneseindrücke des Tastsinns noch des Gehörs, weder des

---

*)Vgl. dazu: Weigl/Wenzel − *Die entschleierte Aura*, Grafing 1985[2]

Geschmacks, noch des Geruchs oder Gesichts wahrnehmen können. Der materielle Körper ist erfüllt und durchdrungen von dem Ätherleib wie ein Schwamm vom Wasser oder ein Federbett von der Luft, und die Aura oder Ausstrahlung des Ätherleibes ragt ungefähr fünf bis zu zehn Zentimeter über die Oberfläche des materiellen Körpers hinaus. Dieser Ätherleib dient während des sterblichen irdischen Lebens als Brücke, über die die Lebenskraft den stofflichen Körper erreicht; nur deren gröberen Teil löst sich nach dem Tod des materiellen Körpers auf, während der feinere Anteil weiterlebt und einen Teil der Gegebenheiten der erneut inkarnierenden Seele bilden wird.

Wir sind umgeben von unserer ätherischen Aura, ganz so wie die Haut des physischen Körpers das empfindliche Gewebe unter ihr schützt und umgibt. Die Aura erfüllt weitgehend ähnliche Schutzfunktionen, da sie selbst eine Art von Haut darstellt, die jedoch weniger Schläge abfängt, die für den materiellen Körper riskant wären, als vielmehr Attacken aus der Gedankenwelt, denn in dieser Welt der Gedanken kann es manch unangenehme Wesenheiten geben – und diese Wesen können durch eine verletzte, nicht funktionierende Aura Einlaß finden, was in manchen Fällen zu Geisteskrankheit und Besessenheit führt.

Diese Zusammenhänge seien hier nur im Vorübergehen erwähnt, mögen aber helfen, eine der Funktionen der Aura als eines unverzichtbaren Teils des menschlichen Wesens zu erklären. Darüber hinaus bietet sich die Aura als ein Mittel zur Diagnose von Krankheitsbeschwerden an, da der körperliche und der mentale Zustand ihre Färbung bestimmen. Ein Mensch voll Gesundheit und Wohlbefinden besitzt eine Aura klarer, heller Farbtönungen, die buchstäblich rosa sein kann – wie er die Welt vielleicht gerade sieht. Wird er aber niedergeschlagen und krank, gelangen grau-blaue, dunklere, 'schmutzigere' Farbtöne in seine Aura. Plötzlicher Ärger und Wut überfluten die Aura mit grellen, roten Flammenfarben; der Mensch sieht rot. Eifersucht, eine häßliche Sache, zeigt sich in der Aura als schmutziges Grün; der Mensch ist dann grün vor Neid. Solche Zusammenhänge aus der Umgangssprache zeigen, daß unbewußt doch einige Kenntnisse über die menschliche Aura verbreitet sind.

White Eagle sagt: „Der Mensch besitzt drei niedere Körper, den materiell-physischen, den ätherischen und den astralen; jede dieser Körperlichkeiten hat ihre eigene Aura. Je nach dem Grad seiner Entwicklung kann ein Hellsichtiger die eine oder andere dieser Auren wahrnehmen. Über die Körperaura hinaus ragen die Auren des Emotional-, des Intellektual- und des Intuitional-Körpers. Über diese hinaus — und damit in einen Bereich, der für die allermeisten Hellsichtigen unsichtbar bleibt — strahlen schließlich die herrlichen Auren des himmlischen Körpers, des menschlichen Geistes oder der Individualität; des Lichtes, Lebens oder Christus-Bewußtseins; und des Gottes-Bewußtseins oder Einsseins mit Gott.

Wenn ihr müde werdet, dann geschieht dies, weil ihr versäumt habt, euch an eure Kraftquelle anzuschließen. Vielleicht seid ihr skeptisch bei dieser Behauptung, aber sie ist trotzdem wahr. Wenn ihr euch durch geistiges Streben, durch Liebe und Harmonie mit der Kraftquelle, dem Kraftwerk des Christuslichtes, verbindet, empfangt ihr einen nichtendenden Strom vitaler Lebenskraft, der in euch einfließt, und ihr werdet Ermattung oder Enttäuschung nicht mehr erleben.

Beginnt ihr nun zu ahnen, wie die reine Heilung aus dem

Christusbereich, das Licht, das durch die verschiedenen Körper des Menschen scheint, sein ganzes Wesen zu vollkommener Gesundheit zurückführen kann?"

Diese Informationen über die Aura sind keineswegs ohne Bezug zum täglichen Leben, weil die meisten von uns durch die Auren anderer beeinflußt werden, die bei Gelegenheit in der Lage sind, sich auszudehnen und unsere eigene zu umfassen, zu überschatten oder zu überstrahlen. Auf diese Weise kann ein guter Redner seine Zuhörer fesseln, ein Schauspieler sein Publikum faszinieren. Auf der anderen Seite kann die Aura eines Trunkenbolds uns mit Alkoholwirkungen beeinträchtigen. Man sagt, daß gewisse Krankheiten über die Körper-Aura auf andere übertragen werden können. Dagegen besitzt die Aura eines Menschen, der gut und kräftig ist, die Macht, uns mit gutem Mut zu beeinflussen, der nicht immer nur auf die gesprochenen Worte zurückzuführen ist, sondern auf das vermittelte Gefühl, wenn eine Aura sich der anderen mitteilt. Wenn ihr zum Beispiel die Aura eines spirituellen Meisters berührt, die sich über eine große Entfernung ausdehen kann, empfangt ihr eine wunderbare Durchlichtung und Läuterung. Solches weist uns deutlich auf unsere eigene Verantwortung hin, Sorge zu tragen, daß die Durchlichtung unserer Aura anderen zu helfen und sie zu inspirieren vermag, statt sie zu bedrücken.

Nehmen wir einmal an, daß wir (die wir nicht mehr Wissen besitzen als im Augenblick) unvermittelt gebeten werden, eine Heilbehandlung durchzuführen. Wie sollten wir diese Aufgabe bewältigen?

Die Aura unseres Patienten ist ermattet und düster verschleiert. Unsere eigene ist – so wollen wir hoffen – klar und strahlend. Wir werden uns bei unserer Arbeit mit dem

Ätherleib des Patienten befassen, hauptsächlich durch unseren eigenen. Wir gehen daran, die Aura des Patienten von allen Grautönen und Verschattungen zu reinigen und zu befreien. Das werden wir tun, indem wir mit unseren Händen wieder und wieder über seine Aura streichen; dadurch kämmen wir das Graue effektiv aus. Wir machen Striche vom Kopf des Patienten zu seinen Füßen hinunter. Die Aura seines ganzen Körpers werden wir kämmen. Wieder und wieder kämmen wir durch die Aura und legen unsere ganze geistige Willenskraft in unsere Bemühungen. Nach Abschluß der Behandlung werden wir feststellen können, daß der Patient bereits besser aussieht. Er scheint fast eingeschlafen zu sein. Wir stehlen uns davon. Nach einer Weile kommt er aus dem Zimmer und sieht erheblich heller, munterer, heiterer aus und sagt, daß die meisten Schmerzen verschwunden seien, und geht voller Freude seines Weges.

Was ist geschehen? Nichts weiter, als daß seine Aura durch die Striche, die wir durchgeführt haben, gereinigt wurde; daß alles Graue und Trübe (halbmaterielle Verschattungen) ausgekämmt und kleine Schmerzpartikel dabei mit entfernt wurden.

Das ist einfach und verständlich genug, nicht wahr? Und, wie der Patient selbst sagte, eine bewährte Maßnahme. Da die ausgekämmten grauen Schatten halbmaterielle Substanzen waren, wird der Behandler feststellen, daß seine Hände sich nun klebrig und schmutzig anfühlen; wenn er sie dann wäscht, wird sich das Wasser leicht schmutzig färben.

Aber keiner soll jetzt denken, daß die ganze Heilung mit dieser einen imaginären Behandlung erledigt sei. Alles, was stattgefunden hat, war eine Reinigung der Aura von grauen Schatten und Krankheitspartikeln, die sich angesammelt haben. Schmerzen wurden beseitigt, aber Schatten und Schmerz werden ohne Zweifel wiederkehren — bis die *Ursache* dieser Ansammlung geheilt ist. Das Allerwichtigste müssen wir noch lernen. Dies ist nicht in der Aura und dem Sauberkämmen zu finden, noch in irgendwelchen materiellen oder halbmateriellen Substanzen, sondern tief in der spirituellen Qualität des Heilers. Hier liegt der Schlüssel.

II

GEISTIGES HEILEN

Während alle Seelen in Übereinstimmung mit dem Gesetz wirken müssen, ist doch jede Seele ganz individuell. Das wird euch besser verstehen lassen, was der Meister meinte, als er sagte, daß selbst die Haare auf eurem Kopf gezählt sind. Vom Taugenichts in der Gosse bis hin zum Weisesten im Lande bleibt jede Seele nach ihrem eigenen Maße eingestimmt auf die Göttliche Intelligenz und muß schließlich den einen Weg beschreiten, der sie zurück zu Gott führen wird.
  Ivan Cooke, "The Return of Arthur Conan Doyle"

White Eagle fährt fort: "Noch einige Worte über die Macht der Gedanken: Gedanken können Gesundheit bewirken, Gedanken können heilen. Gedanken können aber auch Leid und Krankheit hervorrufen, können körperliches, mentales und seelisches Leben des Menschen stören und zerstören. Gedanken des Ärgers, der Angst und des Hasses sind die Wurzeln aller Leiden und aller Kriege. Gedanken können aber auch Schönheit, Harmonie, Brüderlichkeit und alle anderen Dinge bewirken, nach denen der Mensch sich sehnt.

Wir selbst arbeiten immer nach dem Prinzip der schöpferischen Macht der Gedanken und versuchen, alle zerstörenden Gedanken zu vermeiden. Wir haben uns zum Grundsatz gemacht, wenn wir Rat und Hilfe geben, immer konstruktiv, bejahend und aufbauend zu sein, nicht anderes zu sehen als das Gute. Wir wissen, daß man uns aus diesem Grunde als einfältige Optimisten bezeichnen könnte, aber wir wissen auch, daß wir, indem wir nur das Gute sehen, indem wir das Gute durch positive Gedanken schaffen, dazu beitragen können, das zu bewirken, was wünschenswert und gut ist. Seht oder denkt nichts in Begriffen von Pessimismus, Traurigkeit oder Tod. Alles ist Leben, alles Entfaltung, alles ist ständiger Fortschritt – alles ist gut, alles ist Gott.

Künftige Heiler sollten sich bemühen, immer konstruktiv zu wirken. Gebt dem Tod keinen Raum. Seht nur Schöpfung – beständig sich wandelndes, beständig sich entfaltendes Leben. Erwartet nie etwas anderes als das Gute. Glaubt, daß es Hoffnung gibt, solange es Leben gibt. Es ist die Aufgabe aller wahren Heiler, Vertrauen zu wecken; helft dem Patienten immer, sich harmonisch auf die vollkommenen Gesetze Gottes einzustellen."

Es hat den Anschein, daß Gedanken uns aufbauen und heilen oder zerstören und krank machen können. Wir vermögen selbstheilend, selbsterlösend zu sein – oder in unserem Denken so selbstzerstörerisch zu werden, daß wir, selbst wenn wir weiterhin am Leben bleiben, nur noch halb leben. Aber der Begriff Gedanke vermittelt kaum alles, was gemeint ist, denn er beschränkt unsere Vorstellung auf die Aktivität des Kopfdenkens, während das Körperbewußtsein auch einiges an Gedanken leistet, auf mehr automatische oder autonome Weise. Das Herzdenken dagegen ist stille, wachsam, zurückhaltend und bescheiden im Hintergrund; es ist immer das wahre, eigentliche *Empfindungs*-Selbst in unserem Innern. Das Empfinden steht dem Denken sehr nahe – ja, man könnte sagen, was das Kopfdenken tun will, beeilt sich das Herzdenken, in die Tat umzusetzen. Während das Kopfdenken fleißig denkt, *ist* das Herzdenken.

Deshalb ist die wirkungsvollste Heilmethode für alle Beschwerden der aus dem Herzen kommende Wille, gesund zu werden, ein Wille, der durch die Kraft des Körpers, des Denkens und des Geistes verstärkt und zur Auswirkung gebracht wird.

Alles, was hier gesagt wurde über die Macht der Gedanken, über den Willen zum Gesundwerden, über die weitgehend brachliegende Fähigkeit des Menschen, sich selbst wiederherzustellen und dadurch ein gesundes, glückliches, aktives und nützliches Alter zu (er)leben, an dessen Ende er den Tod als freundlich und gnädig empfindet, gilt nicht nur für den Patienten (dem geholfen werden muß, durch Unterstützung seines Willens zum Gesundwerden selbst zum Heilungsprozeß beizutragen), sondern noch viel nachdrücklicher auch für den Heiler, denn keiner wird zum Heiler, der nicht zuerst ein gewisses Maß an Selbst-Meisterung erlangt hat. Damit kommen wir zurück zu White Eagle, der recht deutlich zeigt, daß der Heiler einfach und demütig im Geiste sein muß, hart arbeitend und sehr geduldig. White Eagle spricht:

SELBST-LÄUTERUNG

„Der erste Schritt eines werdenden Heilers besteht also darin, sich selbst zu reinigen. Ihr habt vielleicht den Wunsch, andere zu heilen, aber wenn das reine, klare Gebirgswasser (der göttliche, heilende Geist) durch einen verschlammten Kanal fließen muß, verliert es zwangsläufig seine heilenden Eigenschaften. Die Reinigung des Heilers mag für eure Begriffe sehr langsam vor sich gehen, aber man kann sie auch beschleunigen.

Bitte, verzagt nicht wegen dieses ersten Schrittes, denn ihr könnt entsprechend eurer Voraussetzungen trotzdem als Heilungswerkzeuge von Nutzen sein, zuerst in geringem Maße, dann in wachsendem Umfang.

Wenn ihr euer Herz auf den Altar des Dienens gelegt habt, werdet ihr bedacht sein und willens, alles in eurer Macht Stehende zu tun, um euch zum Heilen zu bereiten. Liebe und Bereitschaft sind wertvolle Voraussetzungen für jeden Heiler, aber wir brauchen mehr – wir brauchen die Entwicklung des Willens, und zwar des nicht wankenden Willens zu dienen, und der starken und ausgeprägten Willenskraft, die Heilungsstrahlen zu konzentrieren. Wie ihr mit diesen Kontakt aufnehmt und sie anwendet, werdet ihr noch erfahren.

Eine der am weitesten verbreiteten Ursachen für Disharmonie ist Überlastung. So viele Menschen machen den Fehler, sich zu übernehmen, sich zu überlasten und zu versuchen, zu viel an einem einzigen Tag zu unternehmen, und in der Folge zu spät zu Bett zu gehen. Ihr werdet solche Vorwürfe zurückweisen und schulterzuckend fragen, was ihr daran ändern könntet, da es doch soviel zu tun gibt.

Unsere Antwort darauf lautet: Ihr arbeitet alle viel zu verbissen *in eurem Kopf*; das heißt, daß ihr dazu neigt, was zu erledigen ist, zuerst hundertmal im Denken zu tun, bevor ihr euch wirklich an die Arbeit macht. Es ist ratsam, daß Heiler versuchen, ihr allzu emsiges und eigensinniges Kopfdenken unter Kontrolle zu bringen. Pflegt die Ruhe, gewöhnt sie euch an, denkt und seid friedlich auch im Alltäglichen, denn genau diese Eigenschaften wollt ihr auch euren Patienten vermitteln, die oft von ihren Emotionen gebeutelt sind, wenn sie euch aufsuchen, wie ein kleines Boot auf rauher See. Ihr müßt dann zuerst helfen, sie zum inneren Frieden und einem gewissen Maß an Selbstkontrolle finden zu lassen.

Jede Heilung besteht aus der Wiederherstellung des Seelenfriedens im Patienten. Vergeßt auch nicht, daß jede geheilte Seele durch sich einen Beitrag zur Heilung der ganzen Welt leistet. Und die ganze Welt braucht Heilung, braucht Frieden. Wir empfehlen euch, für und zu euch selbst im Laufe des Tages immer wieder zu sagen: *Frieden; sei stille.* Laßt den Christus in euch darauf antworten: *Ich bin in dir. Ich bin göttlicher Frieden ... göttlicher Frieden ...* Das wird euch helfen, selbst friedvoller zu werden, und zur inneren Stille zu finden.

Der größte Heiler aller Zeiten ist Jesus, der Christus, und alle Heiler müssen seine Schüler sein, denn aus dem Christus-Zentrum, dem Gottessohn im Menschen, fließt alle Heilkraft. Jesus, der große Heiler, ist das Oberhaupt des sechsten Strahles, des Strahles der geistigen Wissenschaft, und das Heilen ist seinem Wesen nach eine geistige Wissenschaft. Selbst Jesus bedurfte von Zeit zu Zeit gewisser Umstände, um erfüllt zu werden und seine Heilungswunder zu vollbringen. Ihr erinnert euch, daß Jesus, als er sich der

Tochter des Jairus näherte, die man für tot hielt, zuerst darum bat, daß man – mit Ausnahme weniger Auserwählter – das Zimmer räumte, in dem ein großes Weinen und Klagen war. Dann, als alles still wurde, erweckte Jesus das Mädchen zum Leben. Das zeigt euch, daß die Ergebnisse eurer Heilbehandlungen umso besser sein werden, je günstigere Umstände ihr dafür einrichten könnt. Aus diesem Grunde erklären wir unseren Heilern immer wieder, wie wichtig es ist, während der Behandlung Stille zu bewahren, weil die Stille die Heilungskraft sowohl bewirkt als auch erhält ..."

TIEFERES VERSTEHEN

„Wenn ihr behandelt, werdet ihr bald merken, daß die Krankheit eures Patienten einen Mangel an Harmonie, an Ausgeglichenheit darstellt, der nicht im Körper, sondern in der Seele seinen Ausgangspunkt hatte. Die jeweilige Krankheit, die behandelt werden soll, ist in manchen Fällen die Auswirkung recht kurz zurückliegenden Karmas. In gewissem Sinne ist natürlich jede Krankheit karmisch, weil alles die Wirkung einer Ursache sein muß; aber wenn die Ursache in einer früheren Inkarnation liegt, ist die Krankheit tiefer verwurzelt und nun das äußere Zeichen einer für den Patienten notwendigen Lektion. Häufiger sind jedoch Fälle, in denen das Karma während der derzeitigen Inkarnation geschaffen wurde, und sich nach Stunden, Tagen, Wochen oder Monaten auswirkt.
Es gibt immer eine Ursache, hinter jeder Krankheit. Manchmal besteht die Ursache in Unwissenheit, manchmal in Widerspenstigkeit – wie, wenn ein Patient bockig

darauf besteht, etwas zu tun, von dem er ganz genau weiß, daß es nicht klug ist, zum Beispiel, Dinge zu essen, die er nicht verträgt. Er ißt sie trotzdem und leidet in der Folge unter Verdauungsstörungen. Er weiß vielleicht, daß auch noch gewisse andere seiner Gewohnheiten sich nicht mit dem Gesetz Gottes und der Natur vertragen, und doch beharrt er darauf, bis am Ende sein Körper rebelliert. Ihr werdet selbst Erfahrungen gemacht haben, die euch lehrten, wie bald der Sünder zuweilen vom Karma eingeholt werden kann.

Konzentriert euch bei der Geistheilung nicht zu sehr auf die körperlichen Symptome. Bekümmert euch nicht zu sehr um den körperlichen Aspekt des Falles überhaupt, denn ihr habt es in erster Linie mit der Seele und Aura des Patienten zu tun.

Wir haben auch bemerkt, daß viele Heiler ihrer Behandlung zuviel Bedeutung beimessen. Macht nicht zuviel *aus euch selbst heraus*! Eure wirkliche Aufgabe ist es, den Kontakt mit der höheren Daseinsebene herzustellen, und euch selbst als Bindeglied, als Vermittler zur Verfügung zu stellen, über den geistige Kräfte fließen können.

In vielen Fällen braucht ihr den materiellen Leib des Patienten kaum zu berühren. Wenn ihr es tut, dann berührt ihn leicht und ganz sanft. Was ihr am meisten benötigt, ist die ständige Verbindung mit, sagen wir, eurem Meister, oder der heilenden Bruderschaft. Richtet euer Herzdenken auf die unsichtbare Gemeinschaft der Helfer und auf das Licht aus, das von ihnen kommt. Erhaltet die Verbindung mit dem Zentrum der Heilung aufrecht, und dann stellt euch das Heilsein, die Vollkommenheit im Patienten vor. Ihr müßt nun diese Gedanken der Vollkommenheit eurem Patienten vermitteln, nicht so sehr durch Worte, als durch die Kraft eures Geistes; und auf diese Weise gebt ihr ihm Vertrauen und Zuversicht. Diesen echten geistigen Kontakt könnt ihr nur in der Stille erreichen.

... Natürlich manifestiert sich Karma nicht immer in Form körperlicher Krankheit, sondern kann sich auch in lästigen Lebensbedingungen und materiellen Schwierigkeiten äußern, mit denen man zu leben hat. Ein kluger Heiler wird wissen, daß er hier nicht eingreifen kann; obgleich wir dies dahingehend modifizieren wollen, daß der Heiler im Laufe der Zeit eine gewisse Sensitivität, ein Gespür entwickeln sollte, das es ihm erlaubt, die seelische oder psychologische Not oder Schwierigkeit seines Patienten wahrzunehmen, und ihm zu helfen, wieder richtig sehen zu lernen. Denn Gutes kann das Böse überwinden, Liebe den Haß besiegen und Licht das Dunkel zerstreuen.

Durch die Macht der Christusliebe im eigenen Herzen kann die Seele zur Erlösung gelangen und sich von den Fesseln ihres Karmas befreien. Wenn es euch einmal gelungen ist, den wirklichen geistigen Kontakt herzustellen und dem Patienten zu helfen, sich selbst von den seelischen Problemen zu befreien, dann seid ihr auf dem richtigen Wege, gute Heiler zu werden."

„In antiken Zeiten wàr die Ausübung der Heilung immer an Tempel und Kultstätten gebunden; man hielt sie für einen rein geistigen Dienst, auch wenn Kräuter benutzt und bestimmte Pflanzensäfte gebraucht wuden, um Wässer und Salben daraus zu bereiten. Auch Musik und Farben bildeten einen Teil der Behandlung – aber trotzdem fand die Heilung ausschließlich im Tempelbereich statt.

Die medizinische Wissenschaft unserer Zeit hat sich vom religiösen Glauben getrennt und wurde weitgehend zu einer Lehre vom materiellen Körper und seinen Beschwerden. Doch allmählich beginnt man zu erkennen, daß es geistige oder seelische Krankheitsursachen gibt, und eines Tages wird der Medizinstudent sich auch mit den geistigen Gesetzen beschäftigen, um ein klares Bild über die Vorgänge in der Seele des Patienten zu erhalten. Während die Chirurgie und die nichtoperative Medizin manche wunderbaren Dinge erreichen können, vermögen sie doch in anderer Hinsicht mit den wirklichen Krankheiten der Menschen nichts anzufangen.

Denkt bei der Behandlung immer daran, daß ihr euch auf den geistigen Aspekt konzentrieren müßt; laßt euch nicht vom Körperlichen ablenken und dann dazu hinreißen, zwischen den beiden hin und her zu schwanken. In Beständigkeit und Vertrauen soll eure Stärke liegen.

Jeder Heiler muß lernen, sich seinen eigenen Problemen zu stellen und aus den eigenen Fehlern zu lernen. Trotzdem wird euer Hilferuf von den unsichtbaren Helfern immer erhört werden, auch wenn die Antwort vielleicht nicht in der Weise oder aus der Richtung kommt, die ihr erwartet oder erhofft. Versucht aber als Heiler, euch von scheinbaren Fehlschlägen nicht beirren zu lassen, und bleibt in der Gewißheit, daß die geistige Kraft letztlich immer wirken wird. In der Regel aber muß sie zuerst durch die Seele wirken, bevor eine anhaltende Besserung im Körperlichen eintreten kann. Eine Seele, die durch karmische Schulden aus der Vergangenheit gefesselt ist, spricht vielleicht nur sehr langsam auf eure Bemühungen an. Der Heiler muß demütig genug sein, scheinbare Mißerfolge zu akzeptieren und sich trotzdem weiter anzustrengen, unberührt von Erfolg oder Scheitern. Nehmt scheinbare Mißerfolge mit Gelassenheit an – und die Erfolge in Demut. Möglicherweise hat

selbst Jesus nicht alle geheilt, die zu ihm kamen ..."
Das Thema Selbstkontrolle und -reinigung wirkt auf manche, die gerne Heiler sein wollen, recht abschreckend. Wir denken dabei gerade an einen bestimmten Mitarbeiter, der sich seiner Kraft und Eignung rühmte, die – davon war er überzeugt – auf seinen herzhaften Appetit auf alle Genüsse des Lebens zurückzuführen war. Dieser Mann hatte seine Lust daran, Kranke zu heilen, indem er einen Teil seines Vitalitätsüberschusses auf sie übertrug. Er war ein liebens- und bewundernswerter Mitarbeiter, und ihm und seinem Dienst an seinen Mitmenschen gebührt alle Hochachtung. Aber am Ende mußte er die Behandlungen aufgeben, weil ihm die besondere Zähigkeit und Unnachgiebigkeit fehlte, die den Geistheiler bei seiner Arbeit stützt und hält. Vielleicht hilft uns der Bericht eines anderen Heilers, zu verstehen, was hiermit gemeint ist. Er lautet folgendermaßen: „Auf Ihre Bitte hin schreibe ich diesen Bericht über eine bestimmte Erfahrung bei der Geistheilung, die ich in jüngerer Zeit gemacht habe. Mein Patient war Australier, ein mächtiger Bursche von bestimmt zweieinhalb Zentnern, der aussah, wie der typische harte Kerl in einem Film, außer, daß er sich sehr elend fühlte und sich selbst leid tat. Keiner, sagte er, könnte ihm irgendwie helfen. Sein Denken, so war mein Eindruck, konnte sich nur mit den vordergründigen Dingen des Lebens beschäftigen, und wenn ihm irgend etwas anderes begegnete, verlor er den Boden unter den Füßen. Man mußte sich im Gespräch darauf einstellen, damit er einem folgen konnte. Eine weitere Schwierigkeit bestand darin, daß seine und meine Redeweise sich so voneinander unterschieden, daß sie dem anderen zum Teil unverständlich blieb.
Ich nahm ihn mit in mein kleines Heiligtum, den Behand-

lungsraum. Der Patient schien recht argwöhnisch und unsicher. Er hätte noch angefangen zu rauchen, wenn ich ihn nicht daran gehindert hätte. Später erfuhr ich von ihm, daß er noch nie zuvor in einer Kirche gewesen war. Offensichtlich wußte er überhaupt nichts über geistige Heilung. Seine riesige Gestalt ließ die kleine Kapelle wie eine Puppenstube erscheinen, und ich kam mir vor wie eine Maus, die einen Berg behandeln sollte. Ich bat ihn, auf einem Stuhl Platz zu nehmen, und dann brachten wir Stückchen für Stückchen seine traurige und recht schlimme Vergangenheit zum Vorschein.

Er hatte erst kürzlich seine Frau verloren, die an Krebs gestorben war. Einige Wochen vor ihrem Tode war sie in ein riesiges Krankenhaus eingeliefert worden, in dem sie auch starb. In der Zeit zwischen ihrer Aufnahme in die Klinik und ihrem Tode hatte er Dinge gesehen, gehört und miterlebt, die er nicht mehr vergessen konnte, Bilder und Töne, die ihn nun verfolgten. Er hatte versucht, sie abzuschütteln, aber es gelang ihm nicht. Er litt unter chronischen Rückenschmerzen, die, wie man ihm mitteilte, von einer Störung der Nieren herrührten. Um sie zu bekämpfen, hatte der Arzt ihm Medikamente verschrieben, die ihm nicht halfen. Er litt auch unter schwerer Verstopfung, wogegen er ebenfalls Medikamente einnahm, aber auch hier ohne Erfolg. Jetzt hatte er dauernd Schmerzen und meinte, er müßte verrückt werden. Er wußte nicht, was das um ihn herum alles sollte (er meinte den Heilungsraum und meine weißbekittelte Anwesenheit), aber er war so verzweifelt, daß er alles versuchen wollte.

Ich begann, seinen Fall ein wenig zu verstehen. Wenn man seit Jahren behandelt hat, ermöglicht einem der sensibilisierte Tastsinn, bald festzustellen, wo die Schwierigkeiten gelegen sind. Sein Rücken schien es nicht zu sein. Ich wandte mich seinem geplagten Kopf zu, der, wie der Patient sagte, immer wehtat. Der Kopf hatte auch allen Grund dazu. Ich hielt das vorliegende Problem für die Nachwirkungen eines Schocks oder für einen drohenden Nervenzusammenbruch, ausgelöst durch die Vorgänge im Krankenhaus und seine echte und tiefe Trauer wegen des Todes seiner Frau. Ich behandelte ihn auf Schock und nervöse Erschöpfung hin. Als die Behandlung vorüber war, und er entspannt auf dem Tisch lag, fragte er mich (er war dem Einschlafen nahe), wann ich anfinge, etwas für ihn zu tun. Ich sagte, ich hätte bereits unternommen, was ich tun wollte – und er hätte seine Heilbehandlung hinter sich.

Eine halbe Stunde später »sammelte ich ihn ein«; er war noch immer sehr schläfrig. Er versprach mir, eine Dose schwarze Melasse zu kaufen und täglich eine große Portion davon gegen seine Verstopfung einzunehmen, dazu Hefetabletten, um seiner nervösen Erschöpfung abzuhelfen.

Ich fragte mich noch, ob er wohl zu dem für die kommende Woche vereinbarten Termin bei mir wieder erscheinen würde. Doch ich hielt es für wahrscheinlich, weil ich das Gefühl hatte, daß ich seine Beschwerden in den Griff bekam und sie meistern könnte, wenn wir uns Zeit ließen. Um kein Mißverständnis aufkommen zu lassen: Im Griff hatte ich nur seine Beschwerden; über den Patienten selbst hatte ich keine Gewalt hypnotischer oder anderer Art. So übt man keine Geistheilung aus. Aber man muß das Gefühl haben, in der Lage zu sein, eine Krankheit zu heilen, bevor sie tatsächlich geheilt werden kann.

Und tatsächlich: er kam wieder. Welche Veränderung war geschehen! Er erinnerte mich spontan an einen verlegenen, aber wohlgemuten Schuljungen. Er war jetzt aufmerksam und zugänglich, wo er zuvor unzugänglich war, und zeigte sich sehr bereit, mir zuzuhören. Diese Veränderung war die Folge davon, daß er sich jetzt viel besser fühlte. Er wußte nicht, was geschehen war, er fühlte sich einfach in jeder Hinsicht besser und konnte sein Erstaunen kaum verbergen.

Das nutzte ich als willkommene Gelegenheit, Klartext mit ihm zu sprechen. Ich überreichte ihm auch einige Blätter mit Ratschlägen in bezug auf gesunde Lebensweise und körperliches Wohlbefinden. Mit einem Buch von White Eagle unter dem Arm zog er von dannen. Ob er es verstehen konnte oder nicht, sei dahingestellt. Zwei Tage später reiste er ab."

Dieser Bericht stammt von einem erfahrenen Geistheiler, der sein Leben für den Heilungsdienst diszipliniert und geweiht hat. Der Leser mag entscheiden, ob der vorher erwähnte Heiler (der selbst nie einen Tag krank gewesen war) der richtige Behandler gewesen wäre, dem man jenen Patienten hätte schicken können, oder ob nicht dieser, der ihn tatsächlich behandelte, der geeignete war. Man könnte natürlich einwenden, daß der erste Behandler aus geistiger Sicht gar kein Heiler war, sondern einer, der nur körperliche Symptome zum Verschwinden bringt. Solche Fähigkeiten sind gelegentlich sehr viel wert. Aber sie sind nicht das A und O einer geistigen Heilung, die sowohl eine seelische als auch eine körperliche Heilung des Patienten umfaßt, wobei die seelische Gesundung im allgemeinen der körperlichen vorausgeht. Deshalb legt White Eagle soviel Wert auf die Reinheit des Heilers.

SPRECHT VIELMEHR:
„HIER BIN ICH, HERR, SENDE MICH!"

Wenn man auf sein Leben zurückblickt und die Fülle seiner Erfahrungen genauer betrachtet, die auf dem Weg zur geistigen Vollendung unverzichtbar sind, erkennt man nicht nur die Notwendigkeit der Reinkarnation, sondern auch die ungeheure Bedeutung jeder Einzelheit im Leben.
Ivan Cooke, "The Return of Arthur Conan Doyle"

Wenn jemand die Geistheilung an sich selbst beweisen will, dann fordert ihn auf, auf die passende Gelegenheit zu warten. Damit meine ich zum Beispiel eine Beule am Kopf, ein angeschlagenes Schienbein, einen verzerrten Knöchel, einen üblen Sturz oder irgendein anderes schmerzhaftes Ereignis ähnlicher Art, dem wir alle von Zeit zu Zeit zum Opfer fallen. Dann ist die rechte Zeit gekommen, die Geistheilung unter Beweis zu stellen.
Laßt das 'Opfer' mit aller Macht und Überzeugung erklären, es sei ein geistiges Wesen, und deshalb könne kein Schmerz und keine Verletzung es berühren, die man nicht sofort durch die Kraft der göttlichen Liebe aufzulösen vermöchte. Laßt ihn das Licht anrufen, das Licht in sein Wesen herunterziehen, und seid gewiß, daß der Schmerz

nachlassen oder verschwinden wird. Diese Methode auszuprobieren, heißt, sie zu beweisen. Selbst wenn es sich um
eine ernstere Verletzung handelt, werden die Beschwerden
bei fortgesetzter Bemühung rascher vergehen, als wenn
man sich kampflos dem Leiden ergibt. Es gibt kein Leid,
was nicht auf die Macht des Geistes im Menschen ansprä-
che, wenn dieser nur weiß, wie er sie einzusetzen hat. Es
gibt sehr viel, was der Mensch über sich selbst und seine
Möglichkeiten der Selbstbehandlung und -heilung noch lernen kann.

Die ätherischen Hände des Heilers spielen bei jeder Behandlung eine wichtige Rolle, denn der materielle Körper
des Patienten bildet für sie kein Hindernis. Sie können deshalb in ihn eindringen und die Wurzel der Beschwerden erreichen, ganz gleich, wie tief diese sitzen. Der Ausgangspunkt der Beschwerden nimmt im Ätherleib des Patienten
die Gestalt eines dunklen Flecks an. Die ätherischen
Hände des Heilers können diesen Fleck allmählich lockern
und durch Striche über die Aura auflösen. Wie schon gesagt, sieht ein Hellsehender die Aura eines gesunden Menschen hell und vital, und alle Farben sind klar und leuch-
tend; die Aura eines Kranken erscheint matt, trübe und
durchsetzt von grauen Flecken, besonders im Bereich der
Beschwerden. Durch Ausstreichen, 'Auskämmen' der
Aura, kann dieses Grau, das viele Schmerzen verursacht,
aufgehellt und entfernt werden. Ein Hellsehender kann bei
der Beobachtung einer Behandlung wahrnehmen, wie die
Hände des Heilers die grauen Verschattungen und Substanzen aus der Aura des Patienten herausziehen.

Es sollte klargestellt werden, daß wir bei der magnetischen
Behandlung ebenfalls Materie manipulieren, ebenfalls in
weniger greifbarer Form. Auch hier haben wir es mit kör-

perlichen Gegebenheiten zu tun, auch wenn es die in einem feinerstofflichen Körper sind als im grobmateriellen, physischen.

Der Behandler sollte immer unterscheiden zwischen der Linderung von Symptomen und dem Bewirken einer tatsächlichen Heilung. Zu heilen bedeutet, sich an die Wurzel des Übels zu begeben. Schmerzen zum Verschwinden zu bringen, ist nicht genug. Schmerzen sind Warnsignale des Körpers, die eine tiefersitzende, innere Disharmonie anzeigen, die vermutlich verschlimmert wird durch falsche Ernährung, falsche Lebensgewohnheiten und Denkweisen. Das Wesentliche bei der Heilung ist die Verbindung mit dem Geistigen. Alles andere ist nur Nebensache. Die echte Geistheilung findet statt, wo der Geist dergestalt durch den Heiler fließen kann, daß er die Seele des Patienten anrührt.

Der Heilerpriester des alten Ägyptens heilte durch Berührung mit seinen barmherzigen Händen Krankheiten, Wunden und Verletzungen, die heutzutage wochen-, ja monatelange Behandlung erfordern. Zugleich heilte er aber auch die Seele des Leidenden, denn jene Priester waren sehr erfahren in der uralten Weisheit.

White Eagle sagt: „Wenn wir weit, weit zurückblicken in die Geschichte der Menschheit, sehen wir, daß die gleiche Christusheilung zu allen Zeiten praktiziert wurde, in Zivilisationen, die längst untergegangen sind. Das Heilungslicht hat es immer gegeben, und immer waren es auserwählte Priester und Priesterinnen, die zu dieser besonderen Mission aufgerufen wurden, um Werkzeuge, um Gefäße zu werden, durch die dieselbe Heilungskraft auf die Kranken übertragen wurde. Wir sprechen der medizinischen Wissenschaft ihre Fortschritte nicht ab. Der Chirurg

kann überwältigende Operationen am materiellen Körper
des Menschen durchführen, wenn sie – vermutlich durch
Ignoranz oder Nachlässigkeit des Patienten – notwendig
geworden sind, oder nach einem Unfall, wenn die Chirurgie oft die einzige verfügbare Methode ist, um den entstan-
denen Schaden zu reparieren.
Aber im kommenden Zeitalter werden sowohl Weisheit als
auch Wissen dem Menschen wiedererstehen; sie werden
dazu beitragen, daß man der Vorbeugung von Beschwerden, die gar nicht erst aufkommen sollten, größere Aufmerksamkeit widmet, anstatt ihrer Heilung.
Die Menschen werden lernen, ihre Körper mit Aufmerksamkeit und Bedacht zu behandeln. Es ist nicht egoistisch,
sich gut um seinen Körper zu kümmern. Das ist die Pflicht
eines jeden Gotteskindes. Es macht uns immer sehr traurig, wenn wir sehen, daß dieses wunderschöne Menschen-
Instrument falsch behandelt wird, das Gott mit soviel
Liebe geschaffen hat. Der Mißbrauch und der falsche Gebrauch des menschlichen Körpers ist hauptsächlich auf Unwissenheit und Nachlässigkeit zurückzuführen. Wenn der
Mensch klüger wird und ins geistige Leben hineinwächst,
wird er allmählich darauf verzichten, sich selbst auf solche
Weise zu bestrafen. Aus diesem Grunde ist die geistige
Aufklärung so lebenswichtig, denn in dem Maße, in dem
der Mensch sich geistig entwickelt, in dem Umfang, in dem
er Erleuchtung von innen und von außen empfängt, wird
er die Bedeutung der Gesetze erkennen, die alles Leben
regieren. Er wird merken, daß es falsch ist, den Körper
durch Überbelastung zu mißbrauchen, ebenso durch über-
mäßiges Essen und unreine Nahrung, durch zuviele
schlechte Lebensgewohnheiten und falsches Denken.
Häufig inkarniert die Seele in einen Körper, der zu Er-

krankungen neigt, weil sie aus karmischen Gründen beschlossen hat, diesem bestimmten Wege zu folgen. Sie erkennt, daß sie, was notwendig ist, nur durch Leiden lernen wird; sie erntet, was sie bereits früher gesät hat. Aber durch eure Heilungskraft könnt ihr eurem Patienten helfen, seine Augen für die Wahrheit zu öffnen und damit sein Karma umzuwandeln. Das Karma-Gesetz ist ein kosmisches Gesetz, was aber nicht unbedingt bedeutet, daß eine Heilung nicht stattfinden kann wegen des Karmas eines Menschen, denn der Heiler kann dem Patienten helfen, dessen Karma aufzulösen. Es mag sein, daß das Karma tief verwurzelt ist und viel Zeit notwendig ist, um es zu löschen oder die fälligen Schulden abzuzahlen. Aber wir können euch versichern, daß der eigentliche Dienst der Heilbehandlung nie vergeblich sein wird.

Alles Karma wird am Ende ausgeglichen werden, und dann besteht keine Notwendigkeit mehr für die Seele, sich in einen schwachen Körper zu inkarnieren, der anfällig ist für Schmerzen. Somit ist es sehr wichtig für die Heiler, daß sie diese Gesetzmäßigkeiten nicht nur in ihrem eigenen Leben beachten, sondern auch versuchen, das Wissen um den richtigen Umgang mit dem materiellen Körper behutsam zu verbreiten ..."

EINEN HEILIGEN ERKENNEN

„Eine Eigenschaft, an der ihr einen echten Heiler erkennen könnt, ist Bescheidenheit. Wir denken dabei an die Heiligen, und besonders an Franz von Assisi, der so im Christusgeist und -licht aufging, daß er Heilung ausstrahlte, wie dereinst Jesus. Jesus brauchte einen Menschen nicht einmal zu berühren; er konnte auf Entfernung heilen, und selbst den Saum seines Gewandes zu berühren, bedeutete, geheilt zu werden. Heilende Hände auf eine fiebrige Stirn zu legen, Schmerzen wegzunehmen, Niedergeschlagene zu trösten und Verwirrten zum Frieden zu verhelfen, ist eine sehr schöne und wunderbare Gabe. Diese Gabe erwächst jenen, die etwas von der Bewußtseinsqualität eines Heiligen besitzen.

Sagt jetzt aber nicht, auch nicht zu euch selbst: „Dann werde ich nie ein Heiler sein." Legt das in Gottes Hand. Sagt vielmehr: „Hier bin ich, Gott; gebrauche mich, wenn du willst. Du allein weißt, was du mir mitgegeben hast. Wenn es dein Wille ist, dann gebrauche diese Kraft zu deiner Ehre und Herrlichkeit und zur Heilung der Seelen." Das ist die richtige Einstellung zu eurem Dienst als Heiler. Wir sind aus uns selbst nichts, Gott ist alles. Gleichwohl könnt ihr euch um gewisse Eigenschaften bemühen, die dazu beitragen, daß ihr zu echten Heilern werdet. An erster Stelle stehen hierbei Einfachheit, wahre Demut und Reinheit.

Jesus sagte ... *"Viele sind berufen, aber wenige sind auserwählt"*. Das ist wahr. Es gibt viele, die Heiler zu werden wünschen, die glauben, daß sie zum Heilungsdienst berufen sind; aber nur vergleichsweise wenige sind die geborenen Heilungswerkzeuge, die die Geistheilung ausüben sollen. Wir wünschen, daß es alle von euch könnten.

Zuerst war die Liebe zu Gott. Jesus sprach ununterbrochen über seinen Vater. Das gilt auch für euch, heute. In eurem Herzen muß an erster Stelle Gott stehen, eure Verbindung mit Gott. In erster Linie lebt der Mensch, um allem Leben zu dienen. Am besten dient er, indem er sein Leben eine einzige Anbetung Gottes werden läßt. Und weiterhin heißt es: ... *"Du sollst lieben Gott deinen Herrn von ganzem Herzen, von ganzer Seele und von ganzem Gemüte, und mit all deiner Kraft ... Du sollst deinen Nächsten lieben als dich selbst."* Jesus sagte nicht, daß wir unseren Nächsten *mehr* lieben sollten als uns selbst, sondern daß wir die Nächsten lieben sollen *wie* uns selbst. Das bedeutet gewiß, daß man sich selbst lieben sollte; seinen Körper lieben, auf ihn aufpassen, ihn gut behandeln, wohlbedacht und voller Achtung. In dem Maße, in dem ihr euren Nächsten liebt und ihm dient, so liebt euch auch selbst. Das ist nicht eigensüchtig, denn dadurch rüstet ihr euch für den Dienst für Gott; ihr macht euch zu einem besseren Werkzeug für ihn. Aber das Allererste muß die Liebe zu Gott sein.

Ihr müßt daran danken, daß alle Heilungskraft von Gott kommt: Je näher ihr Gott seid (und die Heiligen sind Gott immer nahe gewesen), desto besser empfangt ihr seine milde Heilungskraft, die selbst an den innersten Kern des Leides rührt.

Ihr lernt, eine Brücke zwischen dieser Welt der Dunkelheit und der Welt des Lichtes zu werden. Ganz gleich, wohin ihr geht, und mit wem ihr zusammenkommt, vergeßt nie, daß ihr eine Brücke seid, über die die Engel gehen können, die Licht und Heilung ins Erdenleben bringen. Ist das nicht ein tröstlicher Gedanke? Ist euer Leben unter diesem Gesichtspunkt nicht der Mühe wert, an welcher Stelle auch immer ihr steht, und sei sie auch noch so bescheiden? Ja, wir wollen so weit gehen zu sagen, daß die Brücke umso besser, das Werkzeug, der Kanal umso reiner ist, je bescheidener, sanftmütiger und liebevoller ein Mensch ist.

Christus, der große Heiler, der Meister aller Heilung auf

dieser Erde, ist älter als der Erdenplanet, und er war immer ein Heiler gewesen. Es hat viele geistige Lehrer gegeben, die in verschiedenen Körpern, in unterschiedlichen Nationalitäten in die verschiedensten Zivilstationen gekommen sind, aber hinter all diesen Manifestationen – unabhängig von Nationalität oder Kultur –, stand immer der Lehrer-Heiler. Diese beiden Begriffe gehören zusammen, weil der Lehrer einfache Weisheit bringt. Jeder Patient braucht den Lehrer, sonst bräuchte er nicht den Heiler. Wenn der Mensch die Wahrheit versteht, hat er Frieden gefunden, und dann kennt er keine Disharmonie oder Krankheit mehr. Er ist heil, ganz und vollkommen heil.

Jeder Heiler, jedes Werkzeug des Großen Heilers, muß lernen, weise zu sein, äußerst bescheiden, freundlich und liebevoll zu sein. Harte Worte, grobe Worte, Verdammen, Verurteilen? Nie! Der Lehrer-Heiler verurteilt, beurteilt, verdammt niemals; er hilft nur seinem Patienten auf die Beine, ist freundlich und liebevoll. Aber hinter dieser Sanftheit – man könnte sie mit den Samthandschuhen vergleichen –, ist ein fester Griff, ein entschlossener Geist. Der Heiler muß den Samthandschuh über einer kräftigen Hand tragen, und die Berührung des Patienten, das Wort zum Patienten muß immer in Sanftheit und liebevolle Freude gekleidet sein. So hielt es euer Meister, der Große Heiler, immer, und durch euch kann er weiterhin auf diese, auf seine Weise, helfen."

REINES LEBEN

In künftigen Tagen wird eine neue Menschheit erstehen. Die Menschen werden beginnen, ihre Herzen zu suchen und sie werden auf die Stimme des Gewissens lauschen, die ihnen sagen wird, daß es eine große Sünde ist, grausam in Gedanken oder Taten zu sein, besonders gegenüber Hilflosen... In fünfzig Jahren werden die Menschen nicht mehr vom Fleische ihrer Geschwister, der Tiere, essen. Sie werden solches mit Abscheu betrachten... Schon jetzt könnt ihr Anzeichen dafür erkennen, daß diese Wandlung im Herzen der Menschen beginnt.
W.E.

Es sei gleich zu Anfang klargestellt, daß dieses Kapitel an jene gerichtet ist, deren Interesse am Heilen sehr stark und aufrichtig ist: an jene, denen kein Opfer zu groß wäre; die willens wären, jede liebgewonnene Gewohnheit aufzugeben, wenn ihnen das helfen würde, ein besserer Heiler zu sein; an jene, die schon jetzt erkennen, daß der allerwichtigste Faktor bei der Geistheilung die spirituelle Qualität des Behandlers ist, daß eher das, was ein Mensch *ist*, als jenes, was er für einen Patienten *tut*, über dessen Heilungsprozeß entscheidet.

Wir alle besitzen Gewohnheiten, die schon so tief in uns

Wurzel gefaßt haben, daß wir sie als nichts anderes denn als normal und natürlich betrachten. Weil wir dies oder jenes schon immer so getan oder gemacht haben, oder auf eine bestimmte Weise über gewisse Dinge gedacht haben, oder bestimmte Speisen nur auf bestimmte Art kochen oder zubereiten, erwarten wir, auch weiterhin entsprechend zu verfahren – wie es schon unsere Eltern gehalten haben, so fahren wir fort. Tiefverwurzelte Gewohnheiten sind Teil von uns geworden, und jeder Andeutung einer Veränderung begegnen wir ungehalten und ungläubig.

Doch White Eagle sagt, daß noch vor Ende dieses Jahrhunderts eine Revolution im Denken des Menschen stattgefunden haben wird – daß der Mensch schon dem Gedanken, das Fleisch seines tierischen Bruders zu essen, mit ebensoviel Abscheu begegnet, wie er ihn heute der Vorstellung des Kannibalismus entgegenbringt. Ganz abgesehen von wirtschaftlichen und gesundheitlichen Gründen, wird er vor der mit dem Fleischverzehr verbundenen Grausamkeit und Gewaltanwendung zurückschrecken .
Tiere, die zum Schlachten bestimmt sind, werden in Verschläge und Räume gezwängt, die nach Blut und Tod stinken. Häufig befinden sie sich eine ganze Zeitlang in einer solchen Umgebung, bevor sie getötet werden, und wenn ihr Leben dann schließlich beendet wird, sind ihr materieller und ätherischer Körper geradezu gesättigt von der Angst. Später, wenn die Leichen dann von Schlachtern zerteilt und die einzelnen Stücke verzehrt werden, nehmen die Essenden wiederum genau diese Angst in sich auf, und das geschieht täglich – häufig sogar mehrmals täglich. Es ist wahr, daß Rinder, Schafe und Schweine äußerlich nicht so verängstigt scheinen und eher phlegmatisch wirken.

Dessen ungeachtet stellt sich die Frage, ob man wirklich behaupten könne, daß lebende, empfindsame Geschöpfe wie diese wirklich nicht wüßten, daß sie dem Tode entgegengehen, und dies ohne angstvolle Vorahnungen gleichmütig akzeptieren.

Betrachten wir auch einmal die erschreckenden feinstofflichen Zustände, die mit Örtlichkeiten verbunden sind, die für die Schlachtung von Tieren bestimmt wurden. Ein Schlachthof verbreitet eine Art psychischer Infektion oder Kontamination, Verseuchung, die ein weites Gebiet in seiner Umgebung beeinträchtigt. Menschen beispielsweise, die in Buenos Aires gelebt hatten, sprechen von den schrecklichen psychischen und moralischen Ausstrahlungen von den großen Schlachtereifabriken, die diese Stadt beherrschen. Schon mit den körperlichen Sinnen seien die Zustände kaum zu ertragen, wenn der Wind von den Schlachthäusern zur Stadt hin weht, berichten sie. Aber in jedem Falle ist eine Art moralischer Vergiftung vorhanden, die von Stätten ausströmt, wo Tiere in großer Zahl getötet werden.

Auge um Auge, Zahn um Zahn, bestimmte das mosaische Gesetz. Jesus Christus kam, um dieses Gesetz außer Kraft zu setzen, aber nur für jene, die Menschen Christi wurden. Für die anderen hat das alte Gesetz unvermindert Gültigkeit, und der weltliche Mensch muß ein Auge für ein Auge, einen Zahn für einen Zahn lassen. *„Irret euch nicht",* schrieb Paulus: *„Gott läßt sich nicht spotten. Denn was der Mensch sät, das wird er ernten."* Das Blut des Unschuldigen, so heißt es an mehreren Stellen in der Bibel, schreit gen Himmel. Solche Äußerungen deuten an, wie das Karma-Gesetz sich auswirken wird.

Im Zusammenhang mit diesen Worten müssen wir ein anderes Zitat betrachten, das jedoch von White Eagle stammt, der eine Wahrheit ausdrückte, die auf einen anderen Weisen zurückgeführt wird. Dort heißt es sinngemäß: So gewiß, wie der Mensch das Blut der Tiere vergießt, wird auch er bereit sein müssen, sein eigenes Blut zu vergießen; denn auch so wirkt das Gesetz, das ist Karma. Keiner kann dies Gesetz anfechten oder sich ihm entziehen, denn es ist Gerechtigkeit in der Tat, und es gilt nicht nur für jene, die tatsächlich das Blut der Tiere vergießen, sondern auch für die, die Schlachttiere züchten, und für alle, die vom Fleisch der Tiere essen (und wie wenig Gedanken machen sie sich dabei!)

Manche Wahrheiten sind notwendigerweise nicht sehr schmackhaft. Traurig ist nur, daß sie nach zweitausend Jahren Christentum noch immer der Wiederholung bedürfen. Man kann sie natürlich leugnen oder ignorieren. Man wird sie leugnen. Aber solange der Mensch diese Wahrheit verneint, vergießt er unaufhörlich sein eigenes Blut. Menschen werden verletzt oder sterben gewaltsam zu Tausenden auf den Straßen oder bei anderen Unfällen. Gewalt erzeugt Gewalt, und alles Töten ist Gewalt, und ihr Gipfel ist Krieg, wie diese Generation nur zu gut weiß.

Vor ein- bis zweihundert Jahren lebte dieses Land hauptsächlich von Rindfleisch und Bier. In der Zwischenzeit haben sich die Eßgewohnheiten geändert, und Salate, frisches Obst und Vollwertkost wurde immer populärer. Möglicherweise entsteht deswegen der neue Mensch. Die Lebenszeit wird länger – zum Teil, weil man den Menschen im Säuglings- und Kleinkindesalter besser umsorgt, und teilweise, weil sich das Mentale und Geistige allmählich zu entwickeln beginnt, und der Mensch nicht mehr weitestgehend nur im Körperlichen lebt. Daher baut er sich einen feinerstofflichen Körper, der dem Leben mehr verbunden ist. Die Ernährung, wie sie vor hundert Jahren üblich war, neigte eher dazu, die Lebenszeit zu verkürzen.

Behauptung und Gegenbehauptung, Argument und Gegenargument können sich endlos um dieses Thema drehen. Die einen werden den Fall eines Menschen vorbringen, der über hundert Jahre alt geworden ist und in allem schwelgte, was schädlich für den Körper ist – er aß gewaltige Mengen unverträglicher Speisen, trank reichlich und rauchte viel und so weiter –, und führen das hohe Alter darauf zurück. Sie beachten dabei nicht, daß die Ausnahmen einer Regel überhaupt nichts beweisen – außer vielleicht, daß wir es hier eben mit einem Menschen zu tun hatten, dessen Natur es entsprach, viel zu essen, und dem es also gut bekam. Streitereien jedenfalls beweisen und erklären nichts und gehen überdies leicht am eigentlichen Thema vorbei. Dann gibt es solche, denen allein die Vorstellung, Fleisch zu essen, Übelkeit bereitet, wogegen es andere für natürlich und richtig halten, daß der Mensch sich vom Fleisch der Tiere ernährt. Die letzteren machen sich keine Gedanken über die Gefühle der betroffenen Tiere in dieser Angelegenheit, denn das Tierfleisch ist für sie eine Ware, die sie wie jede andere im Laden kaufen. Menschen mit dieser Einstellung bilden zur Zeit die Mehrheit – aber eine rasch schrumpfende Mehrheit, die von Jahr zu Jahr geringer wird, da sich die Zustände in der Welt verändern und die Bevölkerung insgesamt allmählich empfindlicher auf Gewaltanwendung und Leiden reagiert – eine Veränderung, die White Eagle vorhersah. *)

Der Mensch ist zum Zerreißen und Verschlingen von

Fleisch nicht ausgerüstet. Er hat auch nicht das geeignete Verdauungssystem, um es abzubauen; das Fleisch verwest in den Gedärmen, wohingegen eine naturgemäße Nahrung nicht fault, sondern gärt. Sich aber lediglich vom Fleischessen fernzuhalten, ist nicht genug, wenn man nicht begreift, was Vegetarismus überhaupt bedeutet. Hier ist nicht der Ort, eine umfassende Besprechung des Vegetarismus abzugeben, aber es sei gesagt, daß eine vegetarische Ernährung viel nahrhafter, energiereicher und schmackhafter sein kann als Fleischgerichte.

Der Begriff Vegetarismus ist im Grunde eine falsche Bezeichnung, die leicht zu eng gefaßt wird. Die vegetarische Ernährung umfaßt alle pflanzlichen Lebensmittel – also Gemüse, Obst, Nüsse, Vollkornbrot und andere Vollwertkost. »Humanitär« ist vielleicht ein besserer Ausdruck für die Einstellung und Prinzipien des Vegetarismus. Doch die »humanitäre« Lebensweise fällt einem heutzutage nicht so leicht, da nur wenige Lebensmittel nicht durch die eine oder andere Methode denaturiert werden, die die Hersteller und Chemiker so lieben, die auf hunderterlei Weise das Aussehen und die Verarbeitungsmöglichkeiten der Grundnahrungsmittel verändern und verschönern, sie dabei aber ihrer vitalen, lebensnotwendigen Qualitäten berauben. Ratten, die ausschließlich mit Weißbrot ernährt werden, sterben bald. Ein Hund, der überwiegend Weißbrot oder aus Weißmehl hergestellte Kekse erhält, wird nach kurzer

---

*) Ein sehr starkes Argument gegen den Fleischverzehr liefern uns die wirtschaftlichen Gegebenheiten unserer Zeit vor dem Hintergrund einer wachsenden Verknappung von Lebensmitteln auf der Erde. Man schätzt, daß der Eiweißertrag von einem Hektar landwirtschaftlicher Nutzfläche elfmal höher sein wird, wenn man pflanzliche Eiweißlieferanten anbaut, anstatt die gleiche Fläche als Weideland für Schlachtvieh zu verschwenden.

Zeit hysterisch; gibt man ihm gebackenes Vollkornbrot, bleibt er gesund und kräftig. Auch der allgemein übliche Gebrauch von Kunstdünger anstelle von natürlichem Kompost oder Mist ist der Gesundheit abträglich.

Was die Gesundheit fördert, sind *voll*wertige Lebensmittel wie Brot aus dem vollständigen Getreidekorn, Hülsenfrüchte, Gemüse, Molkereiprodukte, alle Arten von Salaten, Honig, dunkler brauner Zucker, Nüsse jeder Art und Gewürze — Kombinationen all dieser Elemente sind gut für die Gesundheit.

Was ist schließlich die Wurzel so vieler Krankheiten unserer Zeit? Die weitgehend unbewußte Gewaltanwendung des Menschen — da haben wir sie. Denn in dieser Zeit ist organisierte Grausamkeit in großem Stile zum festen Bestandteil der Existenz geworden, ein allgemein akzeptierter Aspekt des täglichen Lebens, so daß keiner sie als Grausamkeit, als Gewalt erkennt, nicht einmal mehr jene, die darunter zu leiden haben.

Abgesehen von der nur zu offensichtlichen Grausamkeit und Gewalt des Menschen gegen seinen Nächsten, wie sie die Medien tagtäglich verbreiten, ist der Umfang der Gewalt und Ausbeutung gegen das Tierreich (die letzten Endes auf den Menschen zurückfällt) furchterregend. Wer könnte leugnen, daß die Verwaltigung der Mutter Erde immer schlimmere Ausmaße annimmt, wenn der Mensch ihre Fruchtbarkeit zerstört durch seine »Schnellster-Weg-zum-Reichtum«-Methoden in der Landwirtschaft, durch die Vergiftung der Flüsse durch Fabrikabfälle und Raubbau am Boden durch Monokulturen und Überdüngung, die einen in fataler Weise an die globale Ausweitung der Parole »verbrannte Erde« erinnern?

Aber wir müssen noch eingestehen und verstehen, wie unbewußt grausam und gewaltsam unsere eigenen Gedanken sein können, wie rasch wir destruktiv über unsere Mitmenschen denken oder sprechen, ohne auch nur im geringsten zu erkennen, was wir damit anrichten. Jedermann macht sich schuldig, und jeder ist weitgehend unwissend in bezug auf die tatsächliche Grausamkeit dieses Tuns und wähnt sich daher unschuldig. Seine Schuld erkennt er erst, wenn er gewahr wird dessen, was da vor sich geht.

Dieses Kapitel ist zwangsläufig etwas traurig. Aber es gibt auch Anlaß zu großer Hoffnung. Seite an Seite und Schritt haltend mit den mannigfaltigen und zunehmenden Grausamkeiten des Menschen (so unlogisch ist er tatsächlich!) wachsen aber auch neue, strahlende Menschen heran, die seit den beiden Weltkriegen geboren werden. So bringt Gott immer das Gute aus dem Bösen hervor.

Der Mensch verherrlicht den Krieg nicht mehr, sondern verachtet und fürchtet ihn. Und wie nie zuvor erkennt er sein eigenes und seines Nächsten Recht auf Freiheit von Not, Kummer, Schmach und Unwissenheit. Männer und Frauen beginnen ihre Verantwortung gegenüber ihren Mitgeschöpfen zu erkennen. Ideale, die im menschlichen Herzen erwachen, werden allmählich in die Tat umgesetzt. Jedes neue Jahr dämmert mit einer neuen Verheißung heran, deren Verwirklichung manchmal auch dem gesetzten Ideal entspricht. Der Mensch findet Berechtigung für seine Hoffnungen und stellt fest, daß viele seiner Ängste ihrer Grundlage entbehren.

Doch immer noch hat es den Anschein, daß der Satan der menschlichen Achtlosigkeit und Grausamkeit und der Gott seiner tiefinneren Träume einander die Stirn bieten. Aber aus Gottes Sicht stehen Gut und Böse gewiß nicht einander gegenüber, da das Böse und alles Leid, das es verursacht, Gutes hervorbringen muß, und das Gute selbst besser wird und stärker, da es das Böse überwunden hat. Die Welt so zu betrachten, das Böse in ihr zu erkennen, aber gebührend dankbar zu sein für das Gute, ist ein Schritt hin zur Verwirklichung der Gesundheit, denn es ist eine gesunde Einstellung, und bringt jene heitere Gelassenheit im Geiste mit sich, die Gesundheit schafft. Der Heiler wird Patienten kennenlernen, deren körperlicher Zustand die unmittelbare Folge ihrer Lebensweise ist. Er wird aufgefordert werden, Menschen zu helfen, die so manchesmal sich gegen eine natürliche Lebens- und Ernährungsweise versündigt haben (möglicherweise aus Unwissenheit), und nun der Bequemlichkeit halber glauben, daß ihre Krankheit ihnen von Gott auferlegt sei — obwohl der Zustand und die Beschwerden ihres Leibes geradezu symptomatisch dafür sind, daß sie an Gott gar nicht glauben.

Was verstehen wir unter Sünde wider die naturgemäße Lebensweise? Nun, vor nicht allzu langer Zeit kam eine Patientin, die sich hauptsächlich von Fleisch ernährte, das mit schwarzem Tee (ohne Milch) hinuntergespült und danach in diesem gepökelt wurde; der Tee war mit Hilfe von Bergen weißen Zuckers eingedickt und wurde siedend heiß getrunken. Das ist eine Ernährungs-Sünde. Die Beschwerden waren mannigfaltig.

Die angehenden Heiler unter unseren Lesern werden wohl ähnliche Patienten in die Praxis bekommen. Was tut man mit ihnen, was fängt man an mit einem Patienten, der sich falsch ernährt hat, der die falschen (oder, viel wahrscheinlicher: überhaupt keine) Übungen gemacht hat, der immer falsch gedacht und sich den falschen Gefühlen hingegeben hat, und dessen Körper jetzt in einem Zustand chronischer Vergiftung und Verschlackung angelangt ist? Genau so werden manche Patienten sein – nicht alle, aber doch einige; andere wiederum sind normale, glückliche Leute, die sich leicht heilen lassen.

Was aber unternehmen wir bei Problempatienten? Diesbezügliche Ratschläge finden sich in diesem Buch weiter hinten. Man kann seinen Patienten nicht zwingen oder überreden, dem Rat zu glauben oder zu folgen, den man ihm gibt. Die Aufgabe des Behandlers ist es, zu warten und mit ihm zu arbeiten. Im Laufe der Zeit wird er, in dem Maße, in dem man ihm hilft, und in dem er einen durch die Behandlungen wirklich kennenlernt, allmählich einmal einem kleinen Hinweis hier, einer Andeutung da zuhören – die nur mit Zurückhaltung geäußert werden, so daß der Patient meint, das Richtige selbst herauszufinden. Dies ist der Weg der Wahl – aber alles hängt freilich davon ab, was der Heiler selbst in sich hat.

… was er in sich hat? – Das sollte eine reine Lebensweise sein. Wir kommen wieder zurück zu den Worten White Eagles. Wie wahr ist es doch, daß Reinheit das Wichtigste beim Heilen ist. Wie steht es dann mit Gewohnheiten wie Rauchen und Trinken?

Wir erinnern uns, daß ein Nichtraucher oder jemand, der nie Alkohol trinkt, sehr empfindlich auf Atem oder Kleidung eines anderen Menschen reagiert, die nach dem einen oder anderen riechen. Für manche ist es eine Qual, sagen wir, im Speisewagen der Eisenbahn zu sitzen, wo andere Leute Alkohol trinken, Fleisch essen oder Tabak rauchen. Es wäre also unangenehm für einen empfindlichen Patienten, von einem Heiler behandelt zu werden, der selbst nach Rauch oder Alkohol riecht. In dessen eigenem Interesse und in dem seines Patienten könnte er von beidem Abstand nehmen.

Aber White Eagle rät zu gemäßigten Verhaltensweisen, in jedem Falle. Man sollte nicht starr, zu puritanisch oder fanatisch sein.

DIE WAHRHEIT LANGSAM VERARBEITEN

„Die Menschen wenden sich an uns und trachten nach Aufklärung über geistige Entfaltung, und wir können nicht immer das Prinzip erklären, das diese Dinge regelt. Nicht immer wäre es auch klug, seinem Bruder die Wahrheit ins Gesicht zu schleudern. Also versuchen wir, unserem Bruder oder unserer Schwester die Menge an Information zu geben, die er oder sie im jeweiligen Augenblick verarbeiten kann; dann warten wir ab und beobachten. Wenn der Schüler sich als gewissenhaft erweist und versucht, unseren einfachen Regeln zu folgen, wird Schritt für Schritt mehr und mehr freigegeben. Es gibt verschiedene Arten, Menschen zu helfen, und was für den einen gut ist, hat für den anderen vielleicht keine Gültigkeit. Doch es gibt gewisse Grundregeln, die das körperliche Wohlbefinden und das geistige Lernen des Menschen betreffen.

Der erste Punkt sei die Ernährung, auf die manche Leute viel zu viel Aufmerksamkeit konzentrieren. Euer Essen liefert nicht nur dem materiellen, sondern auch dem Ätherleib seine Nahrung. Wenn ihr eßt, und dabei die von der Sonne verwöhnten Speisen genießt (z.B. das sonnengereifte Obst, Vollkorn, die Beeren und Nüsse), dann nährt ihr die höheren, die feineren, geistigeren Atome eures Wesens und tragt damit zu eurer spirituellen Entwicklung bei – wohingegen die gröberen Speisen die geistige Entwicklung erschweren. Trotzdem ist es nicht so sehr, was ihr eßt, als die Art eurer Gedanken und eurer allgemeinen Einstellung zum Leben, worauf es ankommt. Denkt daran, daß euer Körper der Tempel des Geistes, des innewohnenden Gottes ist, und ihr sollt so leben, daß ihr alle Zeit auf Gott, auf das Gute, eingestimmt seid. Trachtet in der geistigen Entwicklung immer nach Harmonie und achtet darauf, nie von euren Ellbogen Gebrauch zu machen, weder körperlich, noch gedanklich-mental, noch geistig-spirituell. „Aber das ist ja der bequemere, leichte Weg", werdet ihr jetzt einwenden. O nein, probiert es aus, und ihr werdet sehen! Es bedarf langer Übung und Disziplinierung der Gedanken, um sich harmonisch auf das Leben einzustimmen...".

Wenn ein Mensch all seine Habe hergibt, um die Armen zu speisen, und besitzt keine Liebe – so wird uns gesagt –, dann ist er nichts. Er mag auch alles Wissen über Herkunft von Krankheiten besitzen, seien sie geistige oder körperliche, und sich von all seinen schlechten Gewohnheiten getrennt haben – hat er keine Liebe, ist er als Heiler nichts wert. Das Maß der Liebe, die er seinem Patienten entgegenbringt, zählt allein.

Denn Liebe verträgt alles, sie glaubt alles, sie hofft alles, sie duldet alles; und damit steht oder fällt alles, alles zwischen Gott und dem Menschen.

Ohne den Schöpfer vermag das Geschöpf nichts zu tun. Fest an der Seite des Schöpfers stehend, nimmt der Mensch den Maßstab des Menschen auf sich, und dieser Mensch ist Christus; und es ist dieser Christus-Geist im Menschen, der heilt, der tröstet und der erlöst.

GEISTIGE AUSRÜSTUNG DES HEILERS

Denkt daran: Euer Leben sollte schwingen wie eine Stimmgabel. Es sei euer Bestreben, einen klaren, reinen Ton erklingen zu lassen. Bleibet im täglichen Leben still und ruhig in eurer Seele, so daß die Seele im Einklang mit der Musik der Sphären singen kann. Lebt so, und ihr werdet die feineren Äther erhalten und nicht zerstören, die euer wahres Zuhause sind; so werdet ihr auch leben zur Hilfe und zum Segen anderen Lebens.

W.E.

White Eagle fährt fort, das Thema der gesunden Lebensweise hervorzuheben und auszuführen:
„Würden wir euch heißen, nur natürliches Regen- oder Quellwasser zu trinken, würdet ihr erwidern, das sei unmöglich — was es natürlich auch ist. Das nächst beste ist also destilliertes Wasser, das frei ist von Ablagerungsresten und Erdensubstanz, die, wenn sie sich im Körper sammeln, im Laufe der Zeit Rheumatismus und ähnliche Leiden herbeiführen.
Für den Heiler ist es besser, wenn er sich des Rauchens enthält; und wenn ihr die Gewohnheit überwinden könnt, trägt die dazu aufgewendete Mühe zu eurer Selbst-Meiste-

rung bei; darüber hinaus werdet ihr ohne Tabak länger und gesünder leben. Das gilt auch, wenn auch in geringerem Maße, für Tee und Kaffee. Ich sage euch hiermit nur, was ihr selbst eines Tages feststellen werdet. Ich empfehle keinem von euch, wenn ihr nach Hause kommt, zu geloben, daß ihr nie wieder Tee oder Kaffee trinken werdet. Seid euch aber darüber im klaren, daß diese Dinge langfristig schädlich sind, auch wenn euer materieller Körper sich an sie gewöhnt hat und euer Gaumen danach verlangt. Ihr habt die Wahl zu treffen — aber denkt daran, daß ihr hofft, Werkzeuge, Gefäße für die Heilung zu werden. Ist euer Wille zu heilen stark genug, um euren Körper und seine körperlichen Gelüste zu disziplinieren, so daß ihr ein reines und vollkommenes Gefäß für die Heilungskraft werdet? Euer Lohn wird eure Freude sein, wenn ihr wahre Heiler werdet...".

DIÄT FÜR HEILER

„Wir wissen, daß viele von euch Heilern ihr tägliches Brot in einer Arbeitswelt besonderer Schwierigkeiten verdienen müssen. Wäret ihr abgeschieden in einem Kloster oder Tempel, wäre es einfacher für euch. Viele haben Probleme, anderes als Fleisch zum Essen kaufen zu können, während andere wiederum glauben, daß das Fleischessen eine wesentliche Voraussetzung zum Wohlbefinden sei.
Dem stimmen wir nicht zu. Wir meinen, daß das Fleischessen nicht mehr als eine schlechte Gewohnheit ist, und wenn der Körper sich daran gewöhnt, ohne Fleisch zu leben, dann wird dies ein Gewinn für seine Gesundheit sein. Wir wissen aber auch, daß trotz der vielerlei Ersatzspeisen

für das Fleisch so mancher Vegetarier sich unklug ernährt, und daß viele wertvolle Gemüsespeisen nie gegessen werden, oder die wichtigsten und gehaltvollsten Teile des Gemüses häufig fortgeworfen werden. In diesem Zusammenhang lohnt es auch zu bedenken, daß im allgemeinen die Pflanzen, die oberhalb der Erde wachsen, als Nahrung wertvoller sind als jene, die unter der Erde, ohne Einwirkung des Sonnenlichtes wachsen. Deshalb sind Blätter wertvoller als Wurzeln.

Nüsse, getrocknetes und frisches Obst, Honig (Könnt ihr euch eine herrlichere Speise als Honig vorstellen, die Speise der Götter?!), Gebäck und Brot aus Roggen und Vollweizen, mäßig Hülsenfrüchte − all das sind Lebensmittel, die Licht und Leben enthalten. Milch ist gut, aber eßt nicht zuviel Käse, wie es viele Menschen tun. Versucht es ein oder zwei Wochen lang mit reinem Traubensaft und achtet auf die Resultate.

Frische und getrocknete Früchte sind gut, wenn sie reif und süß gegessen werden. Entscheidet euch immer für Vollkornbrot, aber hütet euch vor zuviel Stärke, die den Organismus belasten und zum Passiven, aber gefährlichen Feind werden kann. Auch der raffinierte Zucker ist ein Todfeind. Ihr merkt auch nicht, daß ihr schon seit langem viel zuviel eßt; ihr glaubt gar nicht, wie wenig Nahrung genügt. Die Ernährungsgewohnheiten eures Volkes sind sehr eigenartig, um es milde auszudrücken! Versucht euch allmählich von der Vorstellung zu trennen, daß ein Gemisch von leidlich gekochtem und unappetitlichem Fleisch und Gemüse für die Gesundheit wesentlich sei, besonders, wenn ein großer Teil der wertvolleren Aspekte davon durch Wasser und Dampf verloren gehen.

Eßt nur Speisen mit dem besten Nährwert, und ihr werdet

euch besser und in jeder Hinsicht energiegeladener fühlen. Gemüse aller Art sind gut, auch Salate.

Wie es mit Fisch steht? Nun, jene, die einen langsamen Übergang zum Vegetarismus wünschen, werden im Fisch einen guten Fleischersatz finden, eine Übergangsmöglichkeit. Wenn ihr jedoch Fleisch völlig meiden könnt, werdet ihr ein viel größeres Standvermögen und auch eine stärkere Widerstandskraft gegen Krankheiten entwickeln..."

DER HEILIGE ATEM

„Alle Menschen sind, bewußt oder unbewußt, auf der Suche nach dem heiligen Atem. Wir fragen uns, wieviele von ihnen seine Macht erkennen, die die Kraft des Lebens, der Weisheit und der Liebe ist.

Es gibt so viel zu lernen über die Kunst des Atmens, die eure Entfaltung und Gesundheit auf der physischen, mentalen und spirituellen Ebene steuert. Viele Menschen altern und welken frühzeitig, weil ihr Organismus von Schlacken- und Giftstoffen erfüllt ist, die sich im Laufe des Lebens angesammelt haben — Gifte, die vom Essen falscher Nahrung herrühren, vom Einatmen unreiner Luft und davon, daß diese nicht in rechter Weise wieder ausgeatmet wurde. Beobachtet euch selbst. Atmet ihr nur flach, in die oberen Teile der Lungen, und laßt große Mengen abgestandener Luft in den unteren Teilen brachliegen? Eine solche Gewohnheit kann ein ganzes Leben lang anhalten, und deshalb ist es jetzt an der Zeit, mit ihr zu brechen. Wenn ihr die einfache Übung befolgt, die wir euch jetzt empfehlen, werdet ihr nur Gutes darauf erhalten, und euch nicht überanstrengen. Alle Atemübungen sollten harmonisch sein und ohne Anstrengung; sie sollten ein Gefühl des Wohlbefindens vermitteln.

Stellt euch jeden Morgen nach dem Aufstehen nach Möglichkeit vor ein geöffnetes Fenster. Entspannt euren Körper und atmet langsam, ruhig und harmonisch. Atmet zuerst aus, bis die Lungen ganz geleert sind, und zieht dann langsam den Atem immer tiefer ein, bis ihr merkt, wie die unteren Lungenabschnitte sich füllen und die Rippen sich ausdehnen. Dann atmet wieder aus, zieht den Bauch ein, bis die Lungen wieder ganz geleert sind. Sehnt euch bei jedem Einatmen Gott näher; spürt, wie Gott mit dem Atem in euch eindringt. Wenn ihr ausatmet, segnet alles Leben. Durch dieses Einatmen zieht ihr geistiges Licht in euer Herz-Zentrum hinein. Das ist, als wenn ihr geistiges Sonnenlicht und Erquickung in das Samenatom bringt, das in eurem Herzen ruht. Ihr erfüllt jedes Teilchen eures Wesens mit Gottes Atem. Wenn ihr das tut, werdet ihr auf natürliche Weise von irdischen Problemen frei, weil ihr euren Körper vergeßt und für einen kurzen Augenblick von ihm frei werdet. Immer, wenn ihr so atmet, werdet ihr euch frei fühlen von den Fesseln von Sorgen und Begrenzungen.

Wiederholt diese einfache Übung mehrere Male, solange ihr wollt, und so oft ihr wollt, aber immer ohne Anstrengung.

Jetzt werdet ihr euch vermutlich fragen: „Aber was ist mit all den Verunreinigungen in der Atmosphäre, all den Giften in der Atemluft?" Nun, ihr werdet nichts Schädliches einatmen, wenn ihr euch auf den Atem Gottes, das Gute konzentriert..."

DIE GOTTESGABEN

„Wir wollen abermals die Wichtigkeit reiner Gedanken, reiner Nahrung, reinen Wassers, frischer Luft, des Sonnenlichtes, der Wärme und aller Elemente, die Wachstumskraft mit sich bringen, und die schöpferische Kraft in der Natur hervorheben. Blumen, Kräuter, Früchte und Gemüse – all diese sind Erzeugnisse der göttlichen Intelligenz und Macht, die in Mutter Erde wirken, um die optimale Nahrung für den Menschen wachsen zu lassen. Je einfacher euer Leben wird, desto besser werdet ihr selbst als Heiler. Damit meinen wir nicht Einfachheit und Reinheit der Nahrung, die ihr zu euch nehmt, sondern auch die Luft, die ihr atmet, das Wasser, das ihr trinkt und mit dem ihr euren Körper reinigt, und den Sonnenschein, der euch wärmt und die Lebenskräfte in euch anregt. All diese Geschenke für euch sind wie eure Geschwister, Teil von euch, Teil von Gott.

Mögest du, unser geliebter Heiler, an jedem Tage deines Lebens des Morgens beim Aufstehen die Fenster deiner Seele dem Sonnenlicht öffnen. Selbst im Winter ist die ganze Atmosphäre von winzigen Atomen unsichtbaren Sonnenlichtes getränkt, und wenn ihr tief atmet, bewußt das Sonnenlicht Gottes einatmet, wächst euer Wohlbefinden, wächst eure liebevolle Freundlichkeit zu allem Leben, und auch ihr werdet allmählich der Macht der unsichtbaren Kräfte gewahr, mit denen ihr euch verbindet. Der Heiler muß lernen, sich dem Sonnenlicht zu öffnen und seinen Körper zu reinigen und zu verfeinern, auf daß er den Kontakt für die Einflüsse aus der Engelwelt herstellen kann. Wenn die Seele im Bewußtsein des »Unendlichen Geistes« lebt, muß sie zwangsläufig in jeder Hinsicht harmonisch werden. Dann wird kein Teil des materiellen Körpers mehr überlastet, denn die Harmonie betrifft auch den Rhythmus und das Maß des Lebens. Dann wird kein Gesetz der Natur mehr verletzt, denn das Leben befindet sich im Einklang mit dem Naturgesetz. Dann atmet der Mensch die frische Luft tief ein und übt dieses häufig. Er gebraucht reichlich Wasser, denn Wasser säubert nicht nur seinen materiellen Körper, sondern es reinigt auch seinen Ätherleib. Es ist gut, Wasser im Behandlungsraum zu haben; der Heiler kann davon ab und zu einen Schluck nehmen.

Richtiges und tiefes Atmen ist auch für den Heiler sehr wesentlich; er muß sich immer wieder daran erinnern und davon überzeugt sein, daß er die schöpferische Kraft, das reinigende Element in seinen materiellen Körper einatmet. Alle Gesetze der Natur beachtet jener Heiler, der auf seine Quelle eingestimmt ist. Er sollte nicht zuviel essen, aber gewiß doch genügend, um sich zu erhalten und die Energie zu beziehen, die notwendig ist. Sein Denken sollte in Harmonie mit dem Göttlichen Geiste sein, nicht erregt, nicht überladen oder unentschlossen, sondern still und ruhig, so daß es zu einem vollkommenen Werkzeug für die schöpferische und all-heilende Macht werden kann.

Wir wissen, liebe Geschwister, daß dies eine Lehre, ein Evangelium der Vollkommenheit ist, aber es ist gut, sich der Anweisungen darin zu erinnern und zu versuchen, sie in die Tat umzusetzen. Wenn dem Menschen das gelingt, kann er die Lektionen, die er im materiellen Körper zu lernen hat, ohne die Notwendigkeit von Krankheiten oder Disharmonie aufnehmen.

Wir kennen genau all die Ausreden und Ausflüchte des Denkens und der Erde: „Wie kann ich das tun, wie kann ich jenes tun, wenn ich so überarbeitet bin, ständig irgendwo anders sein muß und keine Zeit dazu habe?" Mag sein, aber tief, ganz tief in euch ist das Zentrum der Stille und der Ruhe, und wenn ihr daran denkt, euch dahin zurückzuziehen, kann euer Körper nicht überarbeitet, überlastet oder übermüdet werden − ganz gleich, wie groß eure Aufgaben und Pflichten auch sind, wird es keine krankhaften Folgen in eurem materiellen Körper geben.

Wenn ihr eine Heilbehandlung gebt, dann denkt nicht daran, eure eigene persönliche Heilkraft auszuströmen, sondern denkt vielmehr daran, die kosmischen Strahlen aufzunehmen, die − des seid gewiß − durch eure Hände fließen werden. Die Hände des Heilers sind die Durchgangsstellen solcher Heilungsstrahlen."

DER ÄTHERLEIB

Wir kommen jetzt zurück zum Thema des Ätherleibes, das in einem früheren Kapitel bereits kurz gestreift wurde.

White Eagle sagt: „Der Ätherleib ist die Entsprechung, das Pendant des materiellen Körpers, den es durchdringt. Der Ätherleib ist eng verbunden mit dem Nervensystem, und er besitzt sogar seine eigene Entsprechung des materiellen Nervensystems. Im Ätherleib befinden sich bestimmte Kraftzentren. Diese sind in erster Linie Kraftzentren für den Ätherleib, aber sie haben wiederum ihre Entsprechung im materiellen Körper, und sie sind Durchgangsstellen für die göttliche Lebenskraft, die in den materiellen Körper einfließt.

Die Hauptzentren liegen, erstens, auf der Stirn, in der Mitte zwischen den Augenbrauen, also etwas oberhalb der Augen. Dann am Scheitel, und am oberen Ende der Wirbelsäule. Das Kehl-Zentrum kann entweder von hinten, vom Nacken also, oder von vorne angegangen werden; von vorne kann man es sich etwa da vorstellen, wo unterhalb des Kehlkopfes das kleine Grübchen liegt. Das Herz-Zentrum befindet sich in der Mitte der Brust, und nicht etwas nach links verschoben wie das Körperorgan, das Herz. Dann gibt es noch das Solarplexus-Zentrum (Sonnengeflechts-Zentrum) − das so häufig mit Verdauungsschwierigkeiten verbunden ist und Gedanken gegenüber noch empfindlicher reagiert als jedes andere Zentrum; und schließlich das Milz-Zentrum, auf der linken Körperseite, gleich unterhalb der Rippen. Schließlich gibt es noch ein Zentrum am unteren Ende der Wirbelsäule.

Es gibt noch andere, sogenannte Nebenzentren, durch die das Heilungslicht gelenkt werden kann, aber mit diesen beschäftigen wir uns im Augenblick nicht. All diese Zentren befinden sich im geistig noch nicht erweckten Menschen noch weitgehend im Schlafzustand, aber in dem Maße, in dem Mensch beginnt, sich geistig zu entwickeln und zu entfalten, werden auch diese Kraftzentren im Ätherleib lebendiger und schöner werden.

Wir haben gesagt, daß die Grundlage aller Krankheit im Ätherleib liegt, der die Brücke oder das Bindeglied zwischen dem Geistigen und dem Materiellen ist. Das bedeutet, daß die Lebenskraft den materiellen Körper durch die Kraftzentren des Ätherleibes betrifft. Wo eine Disharmonie oder Störung im Ätherleib ist, folgt eine Blockierung der Übertragung jener Lebenskraft. Das Resultat ist eine Schwächung des materiellen Körpers, der am Ende stirbt.

Die Aufgabe des Heilers besteht darin zu lernen, wie der Fluß der Lebenskraft wiederherzustellen ist. Da der Heiler sich als Vermittler anbietet, kann man davon ausgehen, daß er bestrebt ist, ein reines Gefäß, ein reiner Kanal zu werden. Sein Denken sollte ruhig sein und keine Kritik oder Verurteilung bergern. Er sollte sich täglich eine gewisse Zeit der Meditation vornehmen und lernen, Hetze, Angst und Zorn zu beherrschen.

Strebt nach jenem, das ihr mit eurem Patienten gemeinsam habt, das euch mit eurem Patienten verbindet; das ist der Göttliche Geist. Laßt also euren Geist sich mit diesem verbinden. Bemüht euch um diesen wesentlichen Kontakt, so gut ihr könnt. Stellt ihn her, gelangt hinter die äußere Hülle und strebt nach dem innersten Selbst des Patienten – dem inneren Leben. Im Laufe der Zeit werdet ihr lernen, das ganz natürlich, ganz mühelos zu erreichen. Dann kann die Lebenskraft, die lebenswichtige und lebenspendende Kraft durch euch auf ihn überfließen. Der Patient kann sich häufig nicht aus eigener Kraft dem Licht öffnen, aber wenn ihr erst einmal die Verbindung mit seinem Geist hergestellt habt, seid ihr als sein Heiler in der Lage, die Kraft ohne Hindernis auf ihn weiterfließen zu lassen.

Wir ziehen es vor, den Patienten so wenig wie möglich zu bewegen und nicht zu viele Striche über seine Aura durchzuführen. Alles ist freilich von den jeweiligen Gegebenheiten des Einzelfalles abhängig. Allgemein gesprochen, kann aber der geübte und erfahrene Heiler vom geistigen Strahl Gebrauch machen und ihn auf die wichtigsten Zentren des Patienten konzentrieren. Die Berührung soll sehr leicht sein. Denkt daran: Ihr arbeitet hauptsächlich im Ätherleib, dessen Aura die Oberfläche des materiellen Körpers überragt.

Das Ziel der ganzen Heilbehandlung ist die Widerherstellung von Frieden und Harmonie, und dann die Wiederaufladung des Patienten mit geistigem Licht und Kraft. Wenn ihr Striche durchführt, um die Aura zu reinigen, dann arbeitet immer von oben nach unten, in Richtung Füße. Ihr könnt die Lebenskraft über eure beiden Handflächen durch die Fußsohlen des Patienten einfließen lassen; man kann auf diese Weise sehr viel Hilfe bringen. Ihr könnt die Kraft aber auch durch die Hände des Patienten einströmen lassen.

Die wahre Heilung findet auf der geistigen Ebene statt, und sie stammt aus der Christussphäre. Je nach der Reinheit des Heilers fließt sie durch dessen feinstofflichen Körper und strömt von seinen Händen, ja, von seiner ganzen Aura aus.

Die Heilung hängt nicht so sehr vom Handauflegen ab, sondern von einer ungetrübten und vollkommenen Verbindung mit Christus. Dann kann die Essenz des Christuswesens von der ganzen Aura ausstrahlen und in ihrem Wirken durch die gedankliche Kontrolle und Lenkung von seiten des Heilers verstärkt werden. Das ist wahre Heilung."

„HIER BIN ICH, LEER, HERR, FÜLLE MICH!"

Wenn wir vom Licht sprechen, meinen wir Gott. Gott ist Liebe; Licht ist Liebe. Liebe ist Licht. Begreift, daß ihr durch tägliches Einstimmen eures Denkens und Fühlens die Substanz des Lichtes nutzbar machen könnt. Ja, ihr macht sie euch schon jetzt zunutze; ihr absorbiert sie in gewissem Maße und formt sie in eure Körper ein.
W. E.

An dieser Stelle dürfte nun klar sein, daß weder die magnetische Behandlung durch Striche oder das »Auskämmen« der Aura, noch die Behandlung des Ätherleibes des Patienten durch die ätherischen Hände des Heilers, die tiefsitzenden Beschwerden lösen, für sich eine vollständige Heilung bedeuten. Sie bereiten den Weg, sie können Schmerzen lindern oder verschwinden lassen, auch Entzündungen und allgemeine körperliche Veränderungen – die eigentliche, echte und anhaltende Heilung jedoch setzt zusätzlich etwas Wesentliches und Vitales voraus, mit dem der Erfolg einer Behandlung steht oder fällt. Was könnte das sein?
Auf fast jeder Seite der Texte von White Eagle ist die Antwort zu finden. Sie gilt für den Heiler ebenso wie für sei-

nen Patienten. Beide müssen sich darauf vorbereiten, es zu empfangen. Beide müssen gläubig darauf vertrauen, indem sie der Gegenwart Gottes durch ihr Tun Ausdruck geben, nicht durch gelegentliche Bemühungen, sondern ständig, dauernd, bewußt, bis die Aufnahme von geistigem Licht zur Gewohnheit wird und so natürlich und notwendig wie das Atmen oder der Blutkreislauf. Durch diesen Blutkreislauf, der sowohl ätherisch als auch materiell existiert, befindet sich das Leben, die Lebenskraft, buchstäblich in Zirkulation, bewirkt durch die Gegenwart des Geistes, die sie laufend erneuert und damit auch den Menschen. Bei der Geistheilung ist dies eine der Methoden, den Kranken mit neuem, in reichlichem Maße fließendem Leben aufzuladen.

Das fehlende Element, das zur Vollendung unserer Behandlung notwendig ist, können wir nicht deutlich genug definieren. Es ist das, wofür der Heiler aufgerufen ist, sich zu läutern, auf daß er empfangen kann. Es ist christusähnlich; ja, es ist das Licht und die Macht von Christus, von Gott, die die Seele des Heilers erfüllen kann und von ihm ausstrahlt, durch ihn einfließt in die Seele – das heißt in die unsichtbaren Körper des Patienten.

Der Heiler muß sich durch Gebet, Andacht und Hingabe öffnen, auf daß er das göttliche Licht empfange. Dieses Licht kann ihm als eine herrliche, strahlende Sonne vorkommen, die auf ihn herniederscheint, in ihn einströmt und ihn mit ihrem goldenen Strahlen erfüllt; oder es kann ihm als die Gestalt des Meisters erscheinen, der mit ausgebreiteten Armen und leuchtendem Antlitz entgegenkommt. Von seinen beiden Händen strömen Strahlen der Heilung zum Heiler hin.

Im Gefühl der Kraft und Gegenwart, die er empfindet, legt

legt er dann dem Patienten die Hände auf. Mit dem Gefühl des einströmenden Lichtes und der Kraft überträgt er diese Strahlung oder läßt sie in seinen Patienten einfließen, wo sie alles Dunkle zerstreut und durch Licht ersetzt. Aber das ist noch nicht alles.

Es mag noch andere Stellen geben, wo Dunkelheit herrscht, die der Durchlichtung bedarf: zum Beispiel im Körperbewußtsein des Patienten, oder in seinem Kopfdenken. Wer vermag denn zu sagen, was für eine Ansammlung von verschatteten Gedanken und trüber Empfindungen sich im Laufe der Zeit in diesen beiden Daseinsaspekten angehäuft hat? Beide können mit dem geistigen Licht und der Kraft behandelt werden, die, goldenem Sonnenlicht gleich, in das Solarplexus-Zentrum (das Hauptquartier des Emotionalen), ins Stirn-Zentrum oder einen anderen Punkt eingeflößt werden.

Es ist wahr: Wunder geschehen nicht in einem Augenblick. Krankheiten, die sich im Körper oder Kopf schon lange Zeit zusammenbrauten, bevor sie sich des materiellen Leibes bemächtigten, lassen sich durch eine einzige Behandlung nicht ein für allemal auflösen; gleiches gilt auch für gewohnheitsmäßig unterhaltene Ängste, die dem Körperbewußtsein oder dem Kopfdenken bereits zum Teil ihrer selbst geworden sind. Geduld, Hingabe, Opfer – das sind die Schlüssel, die das Tor zur Heilung öffnen.

Trotzdem kann man schon mit der ersten Behandlung einen Anfang machen. Der Patient kann im Bereich seiner Aura gereinigt werden, die Macht der Beschwerden über ihn geschwächt werden, und er kann vom Licht empfangen. Eines jedoch bleibt noch, und das ist möglicherweise das Wichtigste von allem.

Für die meisten von uns gilt: Wenn wir am Körper erkranken, fühlen wir uns auch am Herzen krank. Wir wissen nur zu gut, daß etwas schief gegangen ist, nicht nur im materiellen, sterblichen Leib, sondern auch in uns selbst. Wir wollen die heilende Berührung tief in unserem Innern – in jenem unendlich zarten und empfindlichen Selbst, das wir meinen, so erfolgreich vor allen verbergen zu können, selbst vor unserem eigenen Bewußtsein. Wonach wir uns sehnen, und sei es auch unbewußt, ist, der Liebe Gottes gewahr zu sein, Seine Liebe zu spüren.

Hier kann der Heiler wirklich helfen, denn er kann – ganz gleich, in wie geringem Maße auch – etwas von dieser Liebe übermitteln; er kann das Herz-Zentrum, wenn es notwendig ist, ohne seinen Patienten zu berühren, behandeln, das geistige Herz, das in der Mitte des Brustkorbes liegt. Statt Strahlen goldenen, geistigen Lichtes einfließen zu lassen, wie es zuvor erwähnt wurde, kann er sich nun öffnen, um ein rosafarbenes Licht zu empfangen, das er wiederum auf das Herz-Zentrum seines Patienten ausrichtet. Das geistige Licht besitzt ebenso wie das physische Licht alle Farben des Spektrums. Rosa ist die Farbe der göttlichen Liebe. Göttliche Liebe kann den am Herzen Kranken trösten und heilen.

Doch nun ein warnender Hinweis: Nehmen wir an, ein Heiler versucht, jemanden vom Alkohol oder einer anderen Droge abzubringen. Wäre es rechtmäßig, wenn er für das geknechtete Drogenopfer betete, wenn er, falls nötig, ihm Vorhaltungen macht und versucht, sein Denken zu beeinflussen – ja, im Grunde, alle normalen und vernünftigen Mittel einzusetzen, um seinen Patienten von der Sucht zu befreien? Ja – aber es wäre völlig falsch, wenn ein Heiler versuchte, das Drogenopfer zur Ernüchterung zu bringen, indem er es dominiert, indem er seine Willenskraft aufbringt, um die des Patienten zu unterdrücken, und diesen dabei seinem Heiler untertan macht. Das wäre das, was die »Christliche Wissenschaft« (Christian Science) 'mentale Kunstfehler' nennt. Alle solche Methoden könnten sowohl für den Heiler als auch den Patienten schädlich sein und würden dem ersteren eine schwere karmische Schuld aufbürden.

Alles soeben Gesagte gilt in gleicher Weise für jede andere Krankheit. Der Heiler darf sich nie von der Krankheit seines Patienten beherrschen lassen – vielmehr soll er spüren, daß er deren Meister ist. Aber er darf nie die Entscheidung des freien Willens seines Patienten stören oder beeinflussen. Sollte der Patient sein Heil in der Krankheit suchen und infolge dessen nicht wirklich wieder gesund werden wollen – und es gibt viele, auf die dies zutrifft –, dann darf man wohl mit ihm argumentieren, für ihn beten, ihn behandeln und ihm geistiges Licht und Liebe in das eine oder andere Zentrum des Ätherleibes einstrahlen, z.B. in das Solarplexus-, das Herz- oder Scheitel-Zentrum. Aber der Heiler darf ihn *nicht* mittels seiner eigenen Willenskraft zwingen, irgend etwas zu tun oder zu lassen. Er darf seinen Willen dem Patienten in keiner Weise aufzwingen, noch diesen in seiner Entscheidungsfreiheit behindern. Solche Fälle können vorkommen. Jede Form hypnotischer Beeinflussung sind der geistigen Heilung aber ebenso fremd wie die mentale Beeinflussung und Beherrschung des Patienten.

Das wirft eine weitere Frage auf, deren Beantwortung im ersten Teil des Buches aufgeschoben wurde. Ein Fragesteller wollte gerne wissen, ob es eine Erklärung für den frühen, schmerzhaften Tod eines sehr lieben Freundes gibt, dessen Leben ihm makellos erschien. Was für eine Art von Gerechtigkeit oder Vernunft kann einen solchen Tag begründen ? Kurzum: Was dächte sich Gott dabei, solche Dinge in seinem Universum geschehen zu lassen ?

Das ist natürlich wieder die uralte Frage nach der Problematik des sogenannten unverschuldeten Leidens; im Grunde genommen handelt es sich zugleich um eine Herausforderung des Glaubens an einen gütigen Gott. Es wirft Schatten des Zweifels auf die liebende Freundlichkeit Gottes gegenüber jedem seiner Kinder. Wäre es in Ordnung anzudeuten, daß ein Todesfall wie der fragliche auf andere Gründe zurückzuführen sei als auf die etwaige Unachtsamkeit Gottes ? Die Disharmonien und Spannungen, die zur Erkrankung und zur Verkürzung so vieler Menschenleben führen, sind Menschenwerk, nicht Gottes Schöpfung. Ist es also recht oder angebracht, die Schwierigkeiten, die wir uns selbst aufbürden oder erarbeiten, beiseite zu stellen, indem wir sie dem lieben Gott anlasten ? Sollten wir nicht, wenn wir von Gott Gerechtigkeit erwarten, zumindest vernünftig und fair sein in der Weise, wie wir über Gott denken und ihn behandeln ?

Doch dies sind nur nebensächliche Ursachen der Krankheit. Aber warum ist jene Person so schmerzvoll gestorben, wenn White Eagle doch sagte, daß im Rahmen des Karma-Gesetzes alle Krankheit heilbar sei ?

Wir wollen einräumen, daß die durch Krankheiten auferlegte Disziplin der Seele zum Segen werden kann, vielleicht, indem sie vorhandenen Stolz mindert oder die Eitelkeit reduziert. Eine lang anhaltende Krankheit kann einen störrischen Charakter erweichen, dem Herzen Milde schenken und Demut und Bescheidenheit lehren. Das ist der Fall, wenn man sich einer karmischen Schuld aufrichtig und in bester Absicht stellt; wenn ihre Abtragung begleitet wird von einer inneren Wandlung im Herzen. Dann hat die

Schuld der Seele eine Gelegenheit geschenkt, aus der sie viel profitieren konnte. Es gibt aber auch manche, die sich durch ihre Krankheit verbittern lassen. Sie verhärten sich und verschließen sich gegen Gott und ihre Mitgeschöpfe. Trotzdem kann kein Mensch dem Gesetz und seinem Wirken entfliehen. Die Verhärtung und Verbitterung des Herzens begegnet zusätzlichem Leiden, weil sie aufgrund ihrer Reaktion auf das Leben zusätzliches Leid anzieht. Ein gewisses Maß an Leid kann ein Herz ertragen, aber nicht mehr. Schließlich ist es gebrochen – um diesen altmodischen Ausdruck zu gebrauchen; und in das aufgebrochene Herz kann Gott einziehen, denn das Aufbrechen der Verhärtung war die Gelegenheit, auf die Gott schon lange gewartet hatte. Keine Seele kann sich Gott für immer entziehen.

All dies aber, wird der Fragesteller einwenden, trifft in unserem Falle nicht zu, obgleich – das sei eingeräumt – Krankheit in einigen Fällen einem guten Zweck dienen kann, so daß eine Heilung der Krankheit sogar gegen das Interesse der Seele des Patienten sein könnte. So käme das Leiden als ein Freund und nicht als Feind zum Kranken. Man sagt auch, wenn alle Mittel versagen, wird anhaltende Krankheit ein verhärtetes Herz erweichen können. Doch, wird unser Fragesteller einwenden, der geliebte Freund war immer freundlich und liebevoll. Auch darauf gibt es eine Antwort, und diese Antwort enthält eine Rechtfertigung Gottes.

Einige wenige Seelen gelangen auf bestimmten Stufen ihrer Lebensreise an einen wesentlichen Wendepunkt. Sie hatten bisher durchschnittliche Leben geführt und waren von einem durchschnittlichen Leben zum nächsten weitergegangen. Doch gelegentlich ist etwas mehr als nur ein guter Durchschnitt gefordert. Beim Heraufdämmern einer neuen Zeit bedarf es vielleicht eines Heiligen, eines Märtyrers, eines geistigen Führers oder Lehrers. Entsprechende Seelenqualitäten werden durch tiefe und manches Mal schmerzliche Erfahrungen entfaltet. Lange dauernde Krankheit und ein schmerzhafter Tod, die mit unbeugsamer Tapferkeit, unbewegter Gelassenheit und Geduld angenommen werden, sind, recht besehen, eine Art Einweihung, durch die die Seele Kräfte und Qualitäten erwirbt, die ihr bisher unbekannt gewesen waren, und die sie für ihre Zukunft großartig ausstatten und ihr die Macht geben, der Menschheit Hilfe und Segen zu bringen.

Inwiefern eine solche Antwort unseren Fragesteller zufriedenstellen wird, bleibt ihm allein zur Entscheidung überlassen. Aber die meisten von uns können sich rückblickend an eine sogenannte Tragödie erinnern, die das Leben oder sogar den Tod eines geliebten und verehrten Menschen betraf. Mit zeitlichem Abstand können wir nun sehen, wie das damalige Leid jenes Mittel war, daß entweder dem Leidenden selbst oder den Menschen in seiner Umgebung Gutes brachte. Vielleicht ist es nur unsere Kurzsichtigkeit, die uns daran hindert zu sehen, wie wunderbar die Weisheit und Liebe Gottes sich durch Schmerz und Drangsal auswirken.

VII

VERGIB, UND DIR WIRD VERGEBEN – FERNHEILUNG

Wenn ihr euch bemüht, in jedem Augenblick eures Lebens im Sinne von Liebe und Vergebung zu denken, werdet ihr eine wunderbare Heilung in euch erfahren.
W. E.

Der Teil II dieses Buches sollte in gewissem Umfang den Weg zeigen, dem der echte geistige Heiler folgen sollte; doch dies kann nur bedeuten, daß er Schritt für Schritt umdenken muß und nicht meinen sollte, daß er, ohne 'ausgelernt' zu haben, nicht behandeln könnte: Nein, er kann sich von Anfang an als Kanal, als Gefäß für die Heilungskraft zur Verfügung stellen. Aber in dem Maße, in dem seine Selbsterkenntnis wächst, wird er auch jene Faktoren in sich selbst kennenlernen, die seine Heilungsfähigkeit noch behindern.

Wir gelangen nun zu der Frage nach der Fernheilung. Der Umfang der Kontaktbehandlung ist naturgemäß durch Zeit und Raum begrenzt; aber diese Grenzen gelten nicht für die Fernbehandlung, und deshalb wird dieser Aspekt der geistigen Heilung vielleicht in der White Eagle-Loge im Laufe der Jahre immer mehr praktiziert *).

---
*) siehe Nachwort

Aus der kurzen Schilderung in Kapitel 2 geht klar hervor, daß unter der Fernbehandlung keine Glaubensheilung zu verstehen ist oder Gebetsheilung im herkömmlichen Sinne dieses Begriffes – das heißt durch »Einreichen von Bittgesuchen« an den Allmächtigen, kranke Menschen gesund zu machen.

Die Fernbehandlung wird in Gruppen von Menschen praktiziert, die im Einsatz der Gedankenkraft ausgebildet sind und gelernt haben, wie sie die Christuskraft von Licht und Heilung aus ihrer eigenen Seele hinausstrahlen. Sie wirken in bewußter Zusammenarbeit mit den unsichtbaren Helfern.

Wer sind diese Helfer? Die Menschen, die in den Heilergruppen arbeiten, haben sie als Engel kennengelernt – als Heilungsengel. Die Art der in den Heilungsgruppen gebräuchlichen Andacht (die verwendeten Worte stammen von White Eagle) ruft diese Engelkräfte an, und sie hilft zugleich den Teilnehmern in der Gruppe, sich auf die Heilungsengel einzustimmen und empfänglich zu werden für deren Kraft, die dann auf die Kranken und Notleidenden gerichtet wird. Durch die Schwingung des gesprochenen Wortes lenkt die Gruppe die Heilungskräfte zu dem Patienten – das heißt, der Gruppenleiter wiederholt langsam und bewußt mehrere Male den Namen des Kranken. Jeder Name ist ein Aufruf des Patienten; er stellt eine Verbindung in dessen Seele in den inneren, ätherischen Bereichen her. Es spielt keine Rolle, an welchem Ort der Betreffende wohnt oder sich gerade aufhält; eine Entfernung von einer Meile oder tausend Meilen bedeutet keinen Unterschied. Diese Heilergruppen arbeiten im Bereich der Seelen, einer Welt der Gedanken; und auf die gleiche Weise, wie das gesprochene Wort im Bruchteil einer Sekunde über die Radiowellen den Erdball umrundet, geht auch die Schwingung des in der Heilungsgruppe ausgesprochenen Namens in den Raum (den ätherischen Raum) hinaus, und die Seele des gerufenen Menschen vernimmt es, richtet ihre Aufmerksamkeit auf das, was da geschehen soll, und wird bereits und empfänglich für den Heilungsstrahl. (Dem Patienten wurde vorher mitgeteilt, wie er sich auf das Heilungsgeschehen einstimmen und sich öffnen kann.) Dieser Heilungsstrahl wirkt mehr auf die Seele als auf das Denken des Menschen und bringt ein inneres Gefühl des Wohlbefindens mit sich und steigert damit sofort die Gesundheit des Körpers.

Es ist besser und deshalb ratsam, daß der Patient bewußt mitwirkt; wenn aber der Leidende zu krank ist, um sich selbst einzustimmen, kann dies auch ein Angehöriger oder Nahestehender für ihn tun. Wenn die Seele erweckt und die Verbindung hergestellt ist, wird der Heilungsstrahl auf sensitive Punkte im Ätherleib des Patienten gerichtet – in die Kraftzentren oder Chakras des Ätherleibes, die in Kapitel 15 bereits genannt wurden.

Durch Wiederholung erhalten die Worte des Fernheilungsritus eine besondere Qualität. Sie wirken wie ein Mantram. Mit der Zeit werden auch die Teilnehmer dieser Fernheilungsgruppen immer tiefer eingestimmt, und ihre Energieausstrahlung wird sehr stark; häufig nehmen sie hellfühlend die Reaktion, das Ansprechen ihres Patienten wahr; denn wenn man mit dem Unsichtbaren arbeitet, steigert sich die eigene Sensitivität rasch. Weitgehend parallel zu dieser Entwicklung steigt auch die Empfänglichkeit des Patienten für den Heilungsstrahl, der von der Gruppe ausgesandt wird.

Die Frage nach dem blinden Glauben stellt sich hier überhaupt nicht, denn die langjährige Erfahrung mit dem Wirken solcher Gruppen hat gezeigt, wie real und wirkungsvoll diese Praxis ist. Es gibt buchstäblich kein Problem – sei es körperlich, mental oder spirituell –, das die Kraft der Fernheilung nicht erreichen könnte. Man kann Menschen durch schwere Situationen und Prüfungen hindurch helfen oder sie geistig stärken, damit sie die Probleme des täglichen Lebens bewältigen können. Kranke Tiere sprechen auf die Fernbehandlung an, häufig in geradezu wunderbarer Weise; selbst Spukhäuser können von den Wesenheiten befreit werden, die sie heimsuchen.

Die Heiler leisten ihre Dienste jede Woche, jahrein, jahraus, sie erfüllen ihre wöchentlichen Verpflichtungen mit großer Regelmäßigkeit und sind ohne zu zweifeln davon überzeugt, daß Segen auf ihrem Werk ruht. Ein spiritueller Eifer scheint die Gruppe zu erfüllen, und ihre Mitglieder fühlen sich nach den Fernheilungsdiensten geistig neu belebt und gestärkt, und so kommen sie sehr gerne und bereitwillig wieder und wieder zusammen. In der Folge entwickeln und entfalten auch sie selbst sich im Geistigen und leben deshalb gesünder und glücklicher; solches Entwickeln und Entfalten ist ein natürliches Resultat des geistigen Dienens.

Die Erfolge dieser Methode der Geistheilung sprechen für sich selbst und sind den Heilern eine dauernde und nie versiegende Quelle der Ermutigung. Folgende Fallbeispiele wurden von der Schriftführerin der Heilergruppe aus Tausenden von Zeugnissen ausgewählt, weil sie die Bandbreite der Fernheilung besonders eindrucksvoll zeigen:

Ein Kind (G. A.): Für dieses Kind wurde um Fernbehandlung gebeten. Das Kind litt an Leukämie (Blutkrebs), einer Krankheit, die als unheilbar gilt. Von Beginn der Fernbehandlungen an besserte sich der Gesundheitszustand des kleinen Jungen, und nach neun Monaten war – sehr zur Überraschung der Ärzte – sein Blutbild ohne Befund, und er konnte wieder normal die Schule besuchen. Weitere sechs Monate später stellte ein Spezialist fest, daß man das Kind nun als gesund betrachten könnte, und seine Genesung sei ein Wunder.

In diesem Fall wußten weder das Kind noch seine Eltern davon, daß eine Fernbehandlung durchgeführt wurde. Um Heilung gebeten hatte ein Bekannter von einem Freund der Familie, der sich zu Gunsten des Kindes auf die Behandlung einstimmte.

Eine Frau (E. H.): Hier bat die Schwester der Patientin um Fernbehandlung. Die Kranke litt an einer Erkrankung ihrer Leber und Nieren und an einer inneren Blutung, die sich später als eine Leberzirrhose entpuppte. Man rechnete jederzeit mit dem Tod der Patientin. Eine Zeitlang konnten die Ärzte sich nicht vorstellen, was die Frau trotzdem am Leben hielt, aber nach gut zwei Jahren war sie nicht nur immer noch lebendig, sondern die Krankheit war – laut Röntgenbefund – offenbar zum Stillstand gekommen. Später kam ein Arztbericht, in dem es hieß, daß die Ärzte diesen Fall für ein Wunder hielten. Die Patientin sagt ganz einfach, daß sie wisse, woher ihre Kraft käme.

Ein Mädchen (S. H.): Hier wurde die Diagnose Schizophrenie gestellt, und die Patientin wurde in die Psychiatrie eingewiesen. Von den ersten Fernbehandlungen an zeigte sich eine bemerkenswerte Veränderung. Bald konnte die Patientin wieder nach Hause entlassen werden. Inzwischen führt sie ein aktives und glückliches Leben, nimmt am Vereinsleben teil und verhält sich allgemein sehr normal und unauffällig. Ihre Familie war verblüfft, wie schnell die Patientin auf die geistige Heilung ansprach.

Der Pfarrer einer Londoner Kirchgemeinde wurde von einem *Poltergeist* regelrecht verfolgt, der im Gemeindesaal, der für die verschiedensten Zusammenkünfte benutzt wurde – insbesondere von einer Jugendgruppe – sein Unwesen trieb. Der Poltergeist war bösartig, warf Gegenstände umher, zerbrach sie und verursachte immer wieder die unheimlichsten Störungen. Hier haben wir es mit einer anderen Kategorie von Fällen zu tun, die jedoch ebenfalls sehr gut auf die Fernheilung anspricht. Die Heilergruppen haben etliche ähnliche Fälle behandelt und jedesmal mit vollem Erfolg. Sobald das fragliche Gebäude einer Fernheilergruppe anbefohlen wurde und diese eine spezielle Behandlung durchführte, ließen die Störungen nach, und im Laufe weniger Monate war alles bereinigt.

Ein Mann (P. R.) schrieb aus einem walisischen Krankenhaus und bat um Fernheilung, weil er so beeindruckt war von dem Erfolg, den sie bei einem Jugendlichen zeigte, der nach einem schlimmen Motorradunfall in eines der Nachbarbetten gelegt wurde. P. R. selbst war schon einige Zeit vorher in einen Verkehrsunfall verwickelt gewesen, und die dabei erlittenen zahlreichen Knochenbrüche schienen sich hartnäckig zu weigern, wieder zusammenzuheilen. Nach drei Monaten berichtete er, daß er, seit er von der Heilungsgruppe betreut wurde, gute Fortschritte gemacht hätte, und am Ende sei nun doch keine Knochentransplantation notwendig geworden. In der Folge genas er vollkommen, und eine geringfügige Steifheit im rechten Bein ist das einzige, was noch an seinen Unfall erinnert, bei dem er ein Bein, einen Arm, und den Kiefer zweimal gebrochen hatte.

Diese kleine Auswahl von Fällen zeigt die Bandbreite der

Wirkungen der Fernbehandlung, und sie läßt mit Recht darauf schließen, daß den Kräften des Geistes nichts unmöglich ist. Keiner weiß natürlich im voraus zu sagen, ob und wie ein bestimmter Fall auf die Fernbehandlung ansprechen wird. Aber die Wunder geschehen, und manchmal auch bei Menschen, die überhaupt nicht wissen, daß sie geistige Heilung erhalten. Ganz gleich, wie die Resultate sind, setzen die Heiler voll Vertrauen jahrein, jahraus ihre Arbeit fort, in der ruhigen Zuversicht und Gewißheit, daß sie mit dem Christusgeist zusammenwirken, um das Leid der Menschen zu lindern.

Ein wichtiger Faktor wurde bislang kaum erwähnt. Hierbei handelt es sich um die Fähigkeit des menschlichen Körpers, seinem Besitzer zu verzeihen, wenn dieser sich lange gegen ihn versündigt hat – denn viele von uns kümmern sich mehr um die Pflege ihrer Wohnung und ihres Gartens, ihres Geschäftes oder ihrer Karriere, ihres Hobbies oder Studiums, oder ihres Kraftfahrzeugs, als sie ihrem armen Körper an Aufmerksamkeit zukommen lassen.

Haben Sie jemals einen verwahrlosten Hund gesehen, der irgendwo vor einem einsam stehenden Haus oder Hof als Wachhund angekettet ist? Einmal am Tag, vielleicht, kommt jemand vorbei und füttert diesen armen Hund mit Küchenabfällen. Es spielt dabei keine große Rolle, ob das eine gesunde Nahrung ist. Der Hund schlingt sie hinunter, weil er nichts besseres zum Fressen bekommt. Vielleicht wird der Hund auch einmal am Tag losgekettet, um etwas Auslauf zu haben. Dann wird er übermütig – natürlich –, und wird beschimpft und angeschrien als ein Tunichtgut.

Aber haben Sie schon einmal ein alterndes, verwahrlostes Pferd gesehen, das auf einer mageren Weide grast, wo es kaum etwas Rechtes zu fressen hat? Das Pferd ist allem

Anschein nach überarbeitet. Sein Fell ist ungepflegt und starrt vor Flecken alten Drecks und Schweißes. Seine Knöchel sind wund von alten Verletzungen, die entstanden, wenn es überlastet zu Boden stürzte. Am Hals sind frischere Verletzungen, und überall sind kahle, wundgescheuerte Stellen. Das Pferd hat kaum etwas auf den Rippen, und der Kopf hängt müde herab. Aber wenn sein Besitzer hinter ihm her ist und es mit harten Worten und schmerzhaften Peitschenhieben antreibt, rafft es sich auf, bis es eines Tages für immer zusammenbricht, so zäh ist sein Geist nun einmal.

Wozu bringen wir solche Schilderungen hier? Zum Vergleich – denn haben wir noch keinen Menschen kennengelernt, der seinen Körper schlecht behandelt, vielleicht nicht in dem gleichen Maße; aber trotzdem ist er nachlässig, ablehnend, ja sogar grausam gegen ihn? Haben wir nicht selbst beobachtet, daß solche Menschen dann durch eine Krankheit behindert oder gar verkrüppelt wurden, und sogar früh gestorben sind?

Nehmen wir einmal an, wir sind in der Lage, das mißhandelte Pferd oder den Hund zu übernehmen, ihn gleichsam zu adoptieren. Nehmen wir weiter an, daß wir das arme Tier mit nach Hause nähmen, fütterten, pflegten und liebevoll wieder aufpäppelten, ihm wohlüberlegte Übungen beibrächten und es so behandeln, daß es gehorsam und diszipliniert bleibt. Könnte irgend jemand daran zweifeln, daß das Tier uns mit hundertfältiger Hingabe und Anhänglichkeit dankte? Oder daß wir, als seine neuen Besitzer, nicht berechtigten Stolz und Freude über seine gehobene Stimmung, seine Energie, Gesundheit und Zuneigung hegten? Doch wohin führt uns das alles? Ganz gewiß zu der Erkenntnis, daß jene unter uns, die die Rechte ihres armen

Geschwisters Körper (und des Körperbewußtseins) vergessen haben, noch immer eine Möglichkeit besitzen, seine Zuneigung und Vergebung zu gewinnen.

Früher oder später werden alle, die ihren Körper nicht gebührend achten und beachten, gezwungen sein, seine Krankheiten zu kurieren. Wenn dies nur unwillig oder ablehnend unternommen wird, ist alles Gute, das man versucht, vergeblich, weil der Körper nicht darauf ansprechen wird. Was auch immer dagegen aus Liebe in Angriff genommen wird – nun, der Unterschied ist bemerkbar.

Wie wir künftig in bezug auf unseren Körper denken und fühlen, wird bestimmen, ob dieser mit uns zusammenarbeitet oder nicht. Mehrere der Gleichnisse des Herrn behandeln genau diesen Punkt, einschließlich einer speziellen Bitte im Vaterunser, in der es um die Vergebung geht. Wir können uns weder der Notwendigkeit der Vergebung entziehen, noch die vollkommene Gesundheit wiedererlangen, solange wir nicht selbst vergeben.

Das vorliegende Buch darf nicht über Theorie und Praxis der geistigen Heilung sprechen, ohne einige der dadurch erzielten Resultate vorzustellen. Der dritte Teil wird deshalb aus solchen Fallgeschichten bestehen, die von einem Heiler aufgezeichnet wurden, der lange Zeit nach den von White Eagle gegebenen Richtlinien als Behandler gearbeitet hat. Die hier dargestellten Heilungsergebnisse sollen nicht als eine Auflistung unerklärlicher Erfolge verstanden werden, sondern eher als eine Ergründung der Ursachen und Zusammenhänge, die hinter jedem Erfolg oder Scheitern stehen.

An keiner Stelle wurde auch nur andeutungsweise behauptet, daß diese Behandlungsmethode allein alle Beschwerden heilen könnte. Der beherrschende Faktor ist immer die Fähigkeit des Patienten, auf die Behandlung anzusprechen. Der Anteil der Heilungserfolge ist jedoch so eindrucksvoll, daß man ihn nicht ignorieren kann, insbesondere, da ein großer Teil der Fälle Patienten sind, die von der Medizin als unheilbar aufgegeben waren; die geistige Heilweise ist häufig die letzte Zuflucht der Hoffnungslosen.

In einer Welt, die Krankheit zur Genüge kennt, gilt unsere Hoffnung und unser Gebet schließlich dem Ziele, daß der Leser dieses Buches aufgrund dieser Lektüre eine insgeheime Gewißheit von Gottes Güte empfängt, und lernt, daß es die Hand Gottes ist, die heilt, das Herz Gottes, das segnet, und daß es ohne Gott für den Menschen kein Wohlbefinden, keine Gesundheit, keine Heilung und kein Heil geben kann.

Heilungsberichte

HEILUNG VON KREBS

Ergreift mit beiden Händen das, was die Welt Bitternis nennt, denn im Herzen der Bitternis findet ihr den Nektar, die Süße. Aus jeder Erfahrung werden euch köstliche, wunderschöne Blüten erwachsen. Es kommt nur darauf an, wie ihr eure Erfahrungen annehmt; wie ihr Nutzen aus ihnen zieht, und wie ihr zulaßt, daß sie die Liebe des Christus-Geistes in euch wecken.

W.E.

Ob dieser dritte Teil unseres Buches zu meiner Zufriedenheit — ganz abgesehen von der meiner Leser — ausfallen wird, bleibt abzuwarten. Ein Grund für diesen Zweifel besteht darin, daß ich — außer in meinem sehr guten Gedächtnis — nie irgendwelche Aufzeichnungen über das Geschehen in meiner Heiler-Praxis gemacht habe.

Gleich zu Beginn möchte ich aller Aufrichtigkeit wiederholen, daß ich selbst, aus meiner eigenen Kraft also, niemals jemanden geheilt habe. Ohne Hilfe vermag ich immer bewußt und gewissenhaft angestrebt habe, und die mir auch immer zuteil wurde. Durch mich hat diese Kraft Männer und Frauen geheilt; wieviele es im einzelnen waren, habe ich vergessen, aber es war über den Zeitraum eines halben Arbeitslebens hinweg.

Der Leser wird die Frage nach dem Wesen dieser Kraft stellen: Was ist sie, woher kommt sie, oder was bringt sie. Die Frage beantworte ich am besten durch Schilderung einiger Beispiele, Fälle dessen, was möglich ist, wobei ich mit dem schlimmsten Fall meiner Praxis beginnen möchte, einem Fall von Krebskrankheit. Ich möchte an dieser Stelle erwähnen, daß manchmal der schreckliche Ruf und Name einer Krankheit an sich schon eine Heilung verhindert. Kein geistiger Heiler aber sollte sich von einem Krankheitsnamen oder Befund erschrecken lassen.

Der Patient war in unserem Falle ein ungefähr zwölfjähriger Junge, der Krebs im Kiefer hatte. Ein Teil des Kiefers war von einem Chirurgen bereits entfernt worden, und das Gesicht des Jungen war infolge dessen sehr entstellt. Doch der Krankheit konnte man damit nur vorübergehend Einhalt gebieten, und nun machte der Krebs rasche Fortschritte, so daß man inzwischen nur noch mit wenigen Wochen Lebenserwartung rechnete. Die verzweifelten Eltern hatten die Hoffnung, daß geistige Heilung ihrem Sohn vielleicht helfen könnte, noch nicht völlig aufgegeben, und so richtete man es ein, daß der Junge täglich behandelt wurde, abwechselnd von seinem Vater und von mir.

Es war ein verzweifelter Fall. Der Zustand des Jungen war so schlimm, die Krankheit so vorgeschritten, daß der Geruch des Krebses schon das ganze Haus zu erfüllen schien. Der Knabe lag im Bett und durfte nicht gestört werden, und so war alles, was dem Heiler zu tun blieb, an seinem Bett zu stehen, seine Aura zu klären, und dies ständig zu wiederholen, alle geistige Kraft und Konzentration in die Aurabehandlung zu legen und zu beten, daß wenigstens etwas von dem Licht und der Kraft bleiben würde. Obwohl ich einen weißen Leinenkittel zu tragen pflegte, der nach

234

jeder Behandlung gewaschen wurde, obwohl ich selbst
nach jeder Behandlung Gesicht, Arme und Hände wusch,
fühlte ich mich, wenn ich nach Hause kam, regelrecht
krank, weil die Krankheit meine eigene Aura während der
Behandlung so durchdrungen hatte. Selbst ein Bad und
das Wechseln aller Kleidungsstücke konnten dieses Gefühl
nur teilweise beheben.

Wie schon gesagt, arbeiteten der Vater des Jungen und ich
abwechselnd. Einige Wochen lang schien sich am Zustand
des Patienten nichts zu verändern, es trat aber auch keine
Verschlechterung ein. Dann fing der Junge an zu schwitzen, gewöhnlich während der Nacht. Seine Schweißausbrü-
che kamen nicht nur sehr plötzlich, sondern auch so heftig,
daß nicht nur der Schlafanzug des Jungen, sondern auch
die Bettwäsche mehrere Male im Laufe der Nacht gewech-
selt werden mußten. Dieses Schwitzen dauerte einige Zeit,
während der der Patient noch mehr Gewicht verlor. Dafür
aber stellte sich sein Appetit wieder ein, und er fing an,
herzhaft zu essen, später dann geradezu enorme Mengen.
In diesem Stadium ließ das nächtliche Schwitzen wieder
nach, und er wurde rasch immer kräftiger, sein Gesicht bekam wieder Farbe und ein natürlicheres, gesünderes Aussehen; selbst der für die Krankheit charakteristische Geruch
verschwand. Die Behandlungen wurden fortgesetzt, bis die
Genesung vollkommen schien, und der Junge wieder gesund und munter war wie früher.

In jüngerer Zeit wurde ich mit einem anderen Fall von
Krebs konfrontiert. Dieses Mal handelte es sich um eine
Frau mittleren Alters, die unter einem Tumor in der Brust
litt. Einige Zeit erhielt sie wegen dieser Geschwulst Heil-
behandlungen, nahm auch schwarze Melasse, was manche
Leute für ein spezifisches Krebsmittel halten, zumindest in

den frühen Stadien der Krankheit. (Diese Meinung kann ich, von diesem einen Fall abgesehen, nicht bestätigen.) *)
Unsere Patientin war auch bei einem Naturheilkundigen in Behandlung, vor allem, weil ihr Allgemeinzustand sehr geschwächt worden war durch die Kenntnis ihrer Diagnose und der Art ihrer Erkrankung. Die Patientin versuchte sich zu überzeugen, daß sie Glauben und Vertrauen besaß; von ihrem Rest von Unglauben war sie jedoch noch nicht geheilt. Unter der Behandlung durch ihren Arzt besserte sich ihr Allgemeinzustand, aber am Krebstumor schien sich in keiner Beziehung etwas zu verändern. Schließlich riet der Arzt zu einer Operation, und seine Patientin geriet in Panik. Die Operation verlief sehr zufriedenstellend. Statt einer weit ausgebreiteten Geschwulst stellte sich heraus, daß der Krebs in einer vergleichsweise kleinen Operation restlos entfernt werden konnte; der Tumor war scharf begrenzt, und damit leicht vom umliegenden Gewebe zu isolieren. Man verkündete der Patientin, daß praktisch keine Wahrscheinlichkeit einer Rückkehr dieser Krankheit bestünde.

Hier können wir mit dem Ausgang ebenfalls zufrieden sein. Aber ich möchte wiederholen, daß Fälle von Krebserkrankung im fortgeschrittenen Stadium für die direkte Behandlung ungeeignet sind, weil sie den Heiler sehr belasten. Solche Fälle betreut man besser in Fernheilungsgruppen, und dies immer parallel zur medizinischen Therapie.

Der Krebs ist eine jener Krankheiten, zu der es eigentlich nie zu kommen bräuchte. Zugegeben, es gibt Fälle, in denen der Tod als ein Höhepunkt erscheint, als eine Einwei-

---

*) siehe auch Cyril Scott: *Das schwarze Wunder – rohe schwarze Melasse*, Otto Hasler, Wetzikon/Zürich 1986[11]

hung in ein reicheres, edleres Dasein. Nimmt man eine solche Krankheit mit vollendeter Geduld, mit Mut und selbstloser Gelassenheit und Heiterkeit an, wird die Seele von der betreffenden karmischen Schuld frei, und man gewinnt eine tiefere, neue Bewußtseinsqualität, um in einem nächsten, neuen Leben auf einem lichteren Pfade von neuem beginnen zu können. Auf diese Weise läßt die göttliche Macht Gutes aus dem schlimmen Übel des Menschen erwachsen.

Und doch bleibt der Krebs eine Krankheit, die der Mensch verschlimmert und sogar anzieht, einlädt durch seine Unwissenheit in bezug auf sein wirkliches Wesen und seinen Ursprung. Der Mensch muß das Bewußtsein der Gegenwart Gottes üben, um sich vom Krebs zu befreien.

Der Mensch muß sich mehr der Natur nähern, und damit auch Gott. Er kann sich ein anderes Verhalten gar nicht leisten. Gott ist eine nie versiegende Quelle der Vitalität, ein Lebensstrom, aus dem man schöpfen darf zur Erfüllung jedes Bedürfnisses, wenn man nur darauf eingestimmt ist, aus ihm zu empfangen. Die ständige Praxis der Gegenwart Gottes ist dann eine Vorbeugungs- und Heilungsmethode zugleich, für alle Krankheiten.

Keine Wunderdroge, kein Zaubertrank, keine Spritze noch sonst etwas kann die Vitalität, die Lebenskraft ersetzen, die von Gott ausströmt. Der Mensch lebt allmählich länger, weil sein Körper und Denken weniger tierhaft, weniger physisch-materiell bleiben; sie werden empfindlicher, empfänglicher und feiner; auf diese Weise schafft sich der Mensch einen gesünderen, kräftigeren Körper.

Eine häufige Ursache von Erkrankungen ist schlecht passende Kleidung, die die Freiheit des Körpers beengt und einschränkt. Beengende Kleidungsstücke um die Taille, deren Druck auf den Körper die Verdauungstätigkeit und die Durchblutung behindert, kann im Laufe der Jahre Probleme verursachen; dies gilt ebenfalls für knapp anliegende Armbinden, Strumpfbänder, Krägen und Gürtel aller Arten. Die Auswirkungen sind in jungen Jahren freilich noch nicht wahrnehmbar, aber sie machen sich in mittleren Jahren oder im Alter dann bemerkbar. Enge, schlecht passende oder hochhackige Schuhe sorgen nicht nur für Schmerzen und Deformierungen des Fußes, sondern erzeugen auch innere Beschwerden, da der Körper aus seinem natürlichen Gleichgewicht gebracht und jahrelang in seiner eigenen Ordnung gestört wurde. Und immer − man kann es nicht oft genug wiederholen − sind wir selbst es, die in unserem mißhandelten Leib leben und seine Schmerzen und Beeinträchtigungen erleiden müssen.

Vor geraumer Zeit half ich einer Gruppe von vierzehn Patienten, die auf Behandlung warteten. Ich mußte ihren Gesundheitszustand und die Art ihrer Beschwerden feststellen und für jeden Patienten einen Heiler auswählen. Meine Aufgabe war kompliziert, denn mehrere Patienten litten nicht nur unter zahlreichen körperlichen Beschwerden, sondern diese wiederum wurden hervorgerufen oder verstärkt durch mehrere Schwierigkeiten oder Leiden im ätherischen Aspekt, der selbst aufgrund einer tiefen geistigen Disharmonie in Mitleidenschaft gezogen war.

Eine Patientin blieb mir besonders gut in Erinnerung. Es war eine Dame in den Siebzigern − so schätzte ich −, und ihr Gesicht war sehr gezeichnet von geduldig ertragenem Schmerz − das heißt, sie zeigte ein Element von Sanftheit und Freundlichkeit, die es ihr ermöglicht hatten, ihr Leid so geduldig zu tragen. Ihr Problem waren nun Krampfadern im einen Bein, Venen in einem Zustand, der ihr ununterbrochen Schmerzen verursacht haben mußte. Das Bein war fest bandagiert. Sie hatte zwei oder drei Heilbehandlungen bekommen und sagte, ihr Bein sei nun besser; aber ich wußte, daß dies nicht mehr als eine vorübergehende Besserung sein konnte, denn das Problem lag viel tiefer. Lassen Sie mich versuchen zu zeigen, wie viel tiefer die Ursachen wurzelten, dann werden Sie sich vielleicht eine Vorstellung darüber machen können, mit was für einer Situation wir es hier zu tun hatten.

Man kann davon ausgehen, daß die Venen im kranken Bein sich wohl nie erweitert hätten, wenn das durch sie fließende Blut gesund und rein geblieben wäre und der Kreislauf sich gute, gesunde Blutwege aufrechterhalten hätte. Aber warum ließ diese Funktion nach? War es aufgrund einer chronischen Verstopftheit — der häufigsten Krankheit des fleischessenden Menschen —, die ihr Opfer auf die Dauer heimtückisch vergiftet? Recht wahrscheinlich, und ebenso wahrscheinlich waren die Schwierigkeiten durch den Beruf der Patientin vergrößert worden, die während ihrer Arbeit viel stehen mußte. Gehen wir davon aus, daß die Verstopfung ein Teil der Ursache war, dann stellt sich die Frage, wie es dazu kam. Sehr wahrscheinlich wegen der Ernährung, wenn man sich nur vor Augen hält, wie denaturiert und arm an lebenswichtigen Elementen die Kost der meisten Menschen heutzutage ist. Man kann jedoch die Ernährung nicht für alles verantwortlich machen. Schließlich ist Gott selbst stärker als eine schlechte Ernährung. Es wird also ein stärkerer Grund vorhanden gewesen sein, der zur Erkrankung disponierte. Ich hatte das Gefühl, daß es sich dabei um eine chronische und gewohnheitsmäßige Ängstlichkeit handelte, um zersetzende Ängste, die tief in den Bereich des Körperbewußtseins der Patientin abgesunken waren: eine lebenslange Angst vor einer rauhen Außenwelt. Ja, Angst vor Gott und dem Menschen, Angst vor allen Lebensumständen standen in diesem Gesicht geschrieben.

Angst kann die Verdauung zum Stillstand bringen, einen Stau, eine Stockung verursachen und eine Blockade im Lebensstrom, in Strom der Lebenskräfte. Mit anderen Worten: die grundlegende Ursache der Erkrankung dieser Frau war ein geistiger Mangel, weil die Angst zum festen Bestandteil des Organismus geworden war. Diese Angst hätte die Patientin niemals derartig fesseln und knechten können, hätte diese etwas von Gott gewußt, denn von Gott zu wissen, heißt, Gott zu vertrauen. Aber das Problem bestand immer noch. Die Ärzte hatten lange Zeit alle Mühe aufgewendet, um dieser Frau zu helfen, um sie zu heilen, und waren mit ihrem Latein am Ende. Der Fall wurde für hoffnungslos erklärt.

Leider jedoch war diese Frau nicht allein. Von den vierzehn Kranken, die an jenem Abend zu behandeln waren, hatten einige eine ähnliche Situation erreicht und waren ebenfalls als durch die Mittel der Schulmedizin unheilbar bezeichnet worden und suchten jetzt als letzten Ausweg die Hilfe der geistigen Heilung.

Der zweite Fall war eine Frau im ausgehenden mittleren Alter. Ihr akutes Problem war ein Gewächs in der Nase, das vermutlich auf eine Verstopfung der Nebenhöhle und der Nasenpassage infolge eines schweren Katarrhs zurückzuführen war. Ein Katarrh jedoch ist das Ende einer Kette von Symptomen eines Problems im Ätherischen, Folge einer Stauung in der Zirkulation von psychischen Kräften durch den Körper — eines Kreislaufes übrigens, der dem des Blutes im materiellen Körper entspricht. Hier wird das Wissen um die Kraftzentren im Ätherleib wichtig, denn im Bereich eines dieser Zentren werden wir die Stauung finden, die letztlich zum Katarrh führte.

Im Laufe der Zeit bekommt der Heiler ein Gespür für diese Dinge, und wenn er dem Patienten seine Hände auflegt, gewahrt er, was im *Ätherischen* des Patienten aus der Hamonie geraten ist — wenngleich es manchmal auch lange Jahre braucht, bis diese Sensitivität sich entwickelt.

Als ich in den Bereich des Kehl-Zentrums dieser Patientin mit den Nebenhöhlenbeschwerden kam, spürte ich, wo in ihrem Ätherleib die Probleme angelegt waren. Ich sah, daß es an diesem Punkt zu einer Stauung gekommen war, die lange genug anhielt, um schließlich den materiellen Körper zu beeinträchtigen, der sich zu einer Art von Starre verspannt hatte und sich wie ein festes Brett hinter Hals und Nacken anfühlte.

Was verursacht aber diese Blockade im Kehl-Zentrum, diesen Stillstand im Ätherleib, der zur gegebenen Zeit zu sehr realen, lästigen und manchmal ernsten Beschwerden führt? Häufig ist es, wie bei der ersten Patientin, die Angst — einer der am schwersten zu bezwingenden Feinde des Menschen.

Bei jeder Krankheit, ganz gleich, welche Gestalt sie annehmen mag, stoßen wir am Ende auf diese Antwort. Etwas hat den Fluß der Lebenskraft behindert, und es ist die Aufgabe des Geistheilers, ihn wiederherzustellen.

Die stille Schönheit des Behandlungsraums, des "Heiligtums" wird den Heilungsprozeß einleiten. Hier kann der Patient sich entspannen, kann zur Ruhe kommen, sich gleichsam einsinken lassen in die Atmosphäre des Friedens, der Harmonie und der Heilung. Hier im Heilungsraum halten sich unsichtbare Heilermächte und -wesen auf, die nur darauf warten, um Hilfe gebeten zu werden. Die Heilbehandlung selbst wirkt bei den Patienten entspannend, und wer sich ihr ganz hingeben kann, dem wird sie zu einem wunderbaren Erlebnis. All diese Faktoren zusammen bewirken einen Einfluß auf den Geist des Patienten und üben eine gewisse wiederherstellende Wirkung selbst auf die schlimmsten Krankheiten aus. Ganz allmählich wird die Verankerung des Denkens, das so tief im Kreisen um die Krankheit behaftet war, gelöst. Vielleicht fängt der Patient an, Bücher von White Eagle zu lesen und findet auf diesem Wege ein neues gläubiges Vertrauen, eine neue Gewißheit über die göttliche Liebe, so daß seine tiefsitzenden Ängste zu schmelzen beginnen. Dann setzt der allmähliche Prozeß der spirituellen Genesung ein. Die Krankheit des Körpers ist in so vielen Fällen die letzte, die äußerste Manifestation von sehr viel tiefer liegenden Ursachen, die sich über viele Jahre hinweg langsam an die Oberfläche emporgearbeitet haben.

Der Geistheiler behandelt Ursachen, nicht Symptome, und deshalb kann der Heilungsprozeß unter Umständen nur langsam vorangehen. Trotzdem liegt es im Rahmen der Wahrscheinlichkeit, daß die meisten Patienten in wenigen Monaten gesünder, glücklicher und für das Leben, für die sie umgebende Schöpfung nützlicher werden. Ich habe das zu oft beobachten können, um nicht überzeugt davon zu sein, daß jeder Patient geheilt werden kann, wenn man die Zeit dazu läßt – häufig eine beträchtliche, gelegentlich auch sehr lange Zeit.

DER JUNGE,
DER DIE BLUMEN KÖPFTE

Die Klugen trauern nicht um jene, die in die jenseitige, geistige Welt hinübergegangen sind. Die Klugen sind froh, denn sie wissen, daß der geliebte Mensch – Bruder oder Schwester, Vater oder Mutter, Mann oder Frau, Sohn oder Tochter – in eine Welt weitergegangen ist, die frei ist von Schmerzen und erfüllt von Licht und Schönheit.
Die Klugen beklagen auch nicht jene, die hienieden leben, denn das Leben auf der Erde hat nur einen Zweck: daß die Seele durch verschiedene Erfahrungen die Macht und Liebe Gottes kennenlernen kann. Auch wenn manche Erfahrungen sehr schmerzlich sein können, dient doch alles zum Guten, wenn das Herz auf Gott ausgerichtet ist.

W.E.

Mancher Fall hinterläßt einen tiefen Eindruck, und man erinnert sich noch lange an ihn, wenn andere Erlebnisse aus neuerer Zeit schon längst wieder in Vergessenheit geraten sind.
Der Fall, um den es jetzt gehen soll, liegt lange Zeit zurück und begegnete mir, als ich noch jung und unerfahren war. Der Patient war ein Knabe, den seine Mutter zu mir

brachte. Der ungefähr zehnjährige Junge sah mich widerspenstig, mürrisch an und machte einen verstockten Eindruck, doch es war auch etwas Mitleiderweckendes an ihm, eine gewisse Verstörtheit.

Seine Mutter erklärte, daß sie mit ihm nicht mehr weiterwüßte, so sehr hätte er sich verändert, nachdem er früher ein gehorsames, anhängliches Kind gewesen war. Jetzt war er ein 'richtig böser Junge' geworden, der seine Lust daran hatte, seine Schwestern zu quälen und zu anderen Kindern boshaft und gehässig zu sein. Bei Spaziergängen hatte er Spaß daran, die Blumen am Wegrand mit seinem Stock zu köpfen oder niederzupeitschen, aus reiner Bosheit und Agressivität. Auf meine Fragen hin erfuhr ich, daß all dies angefangen hatte, nachdem dem Jungen im Krankenhaus die Mandeln entfernt worden waren. Es hätte da gleich zu Beginn eine schlimme Szene gegeben, der Bursche hätte gebrüllt und um sich geschlagen, daß man ihn mit Gewalt bändigen mußte, bis schließlich die Narkose anfing zu wirken. Als der Knabe wieder nach Hause kam, war er wesensverändert. Die Mutter klagte, daß nicht einmal sein Vater mit ihm fertig würde. Der Arzt hatte ihm eine Arznei gegeben, die ihn etwas ruhiger hielt, aber sonst hatte die Behandlung nicht viel gebracht. An sich müßte der Junge wieder in die Schule zurück, aber seine Mutter wollte ihn noch nicht fortschicken, weil sie nicht wußte, was er dort anstellen würde.

Der kleine Patient saß da und strahlte mit jedem Zentimeter seines Wesens Trotz aus. Ich bin nicht besonders hellsichtig, aber schon damals hatte ich eine gewisse Fähigkeit, den Sitz eines Problems durch meinen erweiterten Tastsinn zu erspüren; meine Hände besitzen eine Art von Sensitivität, die mich an die entsprechende Stelle hinführt.

Als ich den Jungen am Nacken berührte – im Bereich des Kehl–Zentrums oder -chakras –, da wußte ich, wo das Problem gelegen war. *)
Es war deutlich zu spüren, daß die Aura des Jungen an dieser Stelle verletzt war. Die Aura eines gesunden Menschen besitzt eine lebendige Elastizität, eine gewisse Spannkraft, während die kranke Aura schlaff und dünn erscheint. Im Nackenbereich des Jungen schien es überhaupt keine Aura zu geben – es war ein eigenartiger Zustand, der gewissermaßen den Eindruck vermittelte, die Stelle 'ohne Aura' sei nackt. Das Körpergewebe um Nacken und Schultern des Jungen war unempfindlich und taub. Jetzt verstand ich, was mit ihm geschehen war, als er vor der Operation schrie und kämpfte. Der Schock und die Anspannung hatten die Aura zerrissen, und nun gab sie ihm im Bereich dieses lebenswichtigen Kraftzentrums keinen Schutz mehr. Ich möchte versuchen zu erklären, was eine solche Aura-Verletzung für den Menschen bedeutet:
Wir Menschenwesen sind eine sehr gemischte Gesellschaft. Manche von uns sind schlecht, andere sind gut, die meisten irgendwo dazwischen. Es gibt einige grobe, schwerfällige, gedankenlose, unwissende und sogar brutale Leute, und manche von ihnen machen sich gerne einen 'Spaß' auf Kosten ihrer Mitmenschen, der ebenfalls grob und brutal sein kann. Durch unsere Gedanken und Empfindungen schaffen wir alle eine Gedankenwelt, in der wir leben. Unter bestimmten Umständen finden körperlose oder entkörperte Wesenheiten, zuweilen einer niederen Ordnung ange-

---

*) Die Energiezentren des Ätherleibes (auch Chakras genannt) stehen alle mit der Wirbelsäule in Verbindung, und manche – zum Beispiel das Kehl-Chakra oder das Herz-Zentrum – lassen sich leichter von der Rückenseite her, durch die Wirbelsäule erreichen.

hörend, den Weg in diese Gedankenwelt. Das menschliche Denken an sich kann schon mächtig und lebendig genug sein, um in gelegentlichen Fällen vorübergehend Gestalt anzunehmen und das zu werden, was man ein Elemental nennt. So wie eine Feiertagsausflügler-Schar eine Parkanlage oder Waldlichtung mit ihrem Abfall verunreinigt, so hinterläßt die Menschheit insgesamt auch eine Art von 'Gedankenmüll'. Normalerweise ist man von diesem gefährlichen Unrat getrennt durch die schützende Kraft der eigenen Aura, aber wenn die Aura verletzt wird – wie im Falle des kleinen Patienten –, dann stehen Tür und Tor offen für unwillkommene Wesenheiten und Gedankenformen, die sich eine solche Gelegenheit nicht entgehen lassen.

So stand die Empfindlichkeit des Knaben einer Attacke aus der Gedankenwelt offen, weil seine Aura gerissen war. Gemeine und unentwickelte Geschöpfe, die vielleicht einen leicht verunglückten Sinn für Humor oder Bosheit besaßen, hatten sich dem Patienten angehängt. Dieser hatte keine geistige Quelle, an die er sich um Hilfe wenden konnte, da seine Eltern sich um Religion so gut wie gar nicht kümmerten.

Die Behandlung war einfach. Die Verbindungen mit jenen nicht eingeladenen Wesenheiten in der Gedankenwelt mußte abgebrochen werden, und dann war mit den Händen – im materiellen wie auch ätherischen Aspekt – die Aura wieder zu schließen und zu versiegeln, indem die beiden Seiten des Risses zusammengefügt wurden. All dies war mit einer Bemühung des Herzdenkens zu erreichen. Als nächstes galt es, den Körper und das geschwächte Kehl-Chakra wieder aufzubauern und zu kräftigen durch Einflößen von geistiger Energie wie goldenem Sonnenlicht

Schließlich war die Eintrittsstelle für die ungebetenen Wesenheiten zu versiegeln, um jedes weitere Eindringen aus der Gedankenwelt zu verhindern.

Damit war die erste Behandlung abgeschlossen. Nach ungefähr einem halben Dutzend wöchentlicher Behandlung war der Junge geheilt, und die Probleme traten nicht mehr auf.

Ein Kind zu behandeln, ist nicht schwierig. Wenn die Eltern nur wüßten, wie rasch und bereitwillig ihr Kind auf die Heilbehandlung anspricht! Denn hier stößt die geistige Heilung nicht auf Barrieren aus Vorurteilen, vorgefaßten Meinungen oder reinem Materialismus.

Dieser junge Patient hätte freilich auch normal und natürlich genesen können, ohne eine Behandlung durch mich – obwohl seine Mutter erklärte, daß es mit ihm eher schlimmer als besser geworden war, bevor er Geistheilung erhielt. Vielleicht hätte die Medizin des Arztes geholfen; nach meiner Erfahrung jedoch erweisen sich Medikamente, die die Sensibilität des Patienten dämpfen, langfristig als schädlich. Ich glaube, der Zustand des Jungen hätte sich allmählich verschlimmert, sein Gedächtnis und Denkvermögen wären beeinträchtigt worden, sein Nacken und Schulterbereich wäre eingesunken, und schließlich wären Anfälle oder Krämpfe eingetreten, die durch die gestörte Verbindung zwischen Ätherleib und materiellem Körper ausgelöst würden. Langjährige und recht traurige Erfahrungen ließen mich einen solchen Krankheitsverlauf erwarten. Das möchte ich durch Wiedergabe einer weiteren Krankengeschichte illustrieren.

Diesesmal handelte es sich um ein recht hübsches, reizendes kleines Mädchen, das seit frühester Kindheit unter Anfällen litt. Bei der Untersuchung des Kindes fiel mir die übliche 'kahle' Empfindung im Bereich des Kehl-Chakras auf. In diesem Falle bestanden die Störungen schon seit mehreren Jahren. Ich behandelte das Kind täglich, und die Fortschritte waren deutlich zu bemerken; drei, vier, fünf, sechs Wochen vergingen ohne einen Anfall. Ich wurde zuversichtlich, denn vor Beginn der Heilbehandlungen kamen die Anfälle mehrmals pro Woche. Dann, gegen meinen Rat, nahm die Mutter das Kind mit ins Kino zu einem Gangsterfilm, der es sehr erschreckte, und das Mädchen erlitt an Ort und Stelle einen Anfall. Die ganze Mühe war damit vergeblich gewesen.

Es ist eigenartig bei unserer Art der Heilung: Wenn ein Patient all die Vorteile und gesundheitliche Besserung, die er empfangen hat, wegwirft – sei es nun aus Absicht oder Unwissenheit –, dann scheint die Heilungskraft dem Behandler in bezug auf diesen Patienten entzogen zu werden; zumindest entspricht dies meiner Erfahrung. Nach dem mißglückten Kinobesuch konnte ich für das Mädchen nichts mehr tun oder erreichen.

Seit damals, im Verlaufe von gut dreißig Jahren, ist mir eine ganze Reihe ähnlicher (und manchmal auch viel schlimmerer) Schwierigkeiten begegnet. Das sind Fälle, die dem Behandler eine große Verantwortung übertragen. Sie sind schwieriger zu therapieren als rein körperliche Beschwerden – wenn man überhaupt sagen kann, daß es 'rein körperliche' Beschwerden gibt. Ein Heiler muß sehr viel Erfahrung besitzen, um für solche Fälle geeignet zu sein, die wir allgemein unter dem Begriff Besessenheit kennen. Auf jeden Fall aber kann nichts anderes als etwas Gutes durch unsere Art der Behandlung bewirkt werden – vorausgesetzt, der Heiler und der Patient gehorchen ihren wenigen, einfachen Regeln.

Was ist Besessenheit? Kann eine Krankheit die Kontrolle und Herrschaft über die Seele in der gleichen Weie erlangen, in der sie den Körper versklavt? Die Menschen können von den verschiedensten Dingen besessen sein, nicht nur von körperlosen Wesenheiten, zum Beispiel von Drogen, übermäßigem Essen und Trinken, übertriebenem Stolz auf z.b. Haus oder Garten, Besitzerstolz und -eitelkeit in jeder Hinsicht, und schließlich von den eigenen Gedanken und Emotionen. Ich neige auch zu der Ansicht, daß die Menschen schon von dem bloßen Gedanken oder Denken an ihre Krankheit besessen sein können, sich lähmen lassen durch den Gedanken daran, und am Ende den Willen verlieren, wieder gesund zu werden. Selbst wenn sie gesund werden wollen, haben sie nicht mehr die Kraft, den Antrieb übrig, etwas dafür zu unternehmen. Wie sehr der Heiler sich auch bemüht, wird nichts geeignet sein, solche Leute dazu zu bewegen, auch nur etwas zu versuchen. Es sieht fast so aus, wie wenn die Lähmung der Willenskraft der Unbeweglichkeit des Körpers vorausgeht und der Krankheitszustand zur akzeptierten Tatsache wird. Könnte man in einem solchen Fall von Selbstaufgabe auch von Besessenheit sprechen?

Ich hatte ursprünglich vor, nur über 'psychische' Besessenheit zu sprechen, wie in den zwei geschilderten Fällen. Zuweilen folgt diese Art von Besessenheit auf einen Sturz (bei dem zum Beispiel der Hinterkopf oder die Halswirbelsäule in Mitleidenschaft gezogen werden), auf einen Schreck oder Schock, und wirken sich dann entweder in Kehl-Chakra oder im Solarplexus-Zentrum aus. Viele der Fälle in meiner Praxis oder paranormale Fähigkeiten auszuprobieren durch Übungen mit der Planchette, dem Ouija-Brett, durch Tischrücken oder automatische Schrei-

249

ben. Ganz entschieden sei hier gesagt, daß solche Mittel und Wege kein Spielzeug für jedermann sind, und es wäre gut, wenn die mit ihnen verbundenen Gefahren der Allgemeinheit besser bekannt wären. Solche Formen der Besessenheit sind heilbar, aber nicht durch einen Behandler, der noch nicht viel Erfahrung besitzt.

Wir wollen aber nicht den Eindruck erwecken, daß die Geistheilung es weitgehend mit schweren, traurigen Fällen zu tun hat. Die Mehrzahl der Beschwerden sind allgemein verbreitete, auch wenn manche Patienten in furchtbarem Zustand daherkommen. Aber selbst diese sprechen in der Regel recht bald auf die Geistheilung an, auch wenn diese aufgrund ihres Wesens gewisse Anforderungen an den geistigen Aspekt des Patienten stellt, der darauf eingehen muß.

Ich habe meine Erinnerungen durchforscht, um einen Fall zu finden, den man als typisch bezeichnen könnte – das heißt, einen Fall, der nicht schlimmer oder leichter als der Durchschnitt in der Praxis ist, also Grund zur Hoffnung gibt. Meine Wahl traf auf Frau A, die ihr Leben lang unter einer verletzten Wirbelsäule zu leiden hatte, die entweder durch vorgeburtliche Umstände oder einen Unfall in der Kindheit – ich erinnere mich daran nicht mehr genau – beeinträchtigt war.

Die Patientin war eine kleine, grauhaarige Frau mit sanfter Sprech- (und ich bin sicher: auch Verhaltens-)weise. Ihre Wirbelsäule war sehr verkrümmt, und mehrere Wirbel waren stark verschoben – eine Wirbelsäule, so schlimm, wie man sie selten zu sehen bekommt. Die Patientin war sehr, ja sogar überschwenglich dankbar den verschiedenen Ärzten, die sie bereits behandelt hatten, und besonders galt ihre Dankbarkeit einem Osteopathen. Er hatte sie erst kürzlich behandelt, und in der Folge fühlte sie sich besser, auch wenn – wie sie mir mitteilte – die Schmerzen keinen Augenblick nachgelassen hatten. Als ich andeutete, daß die Heilbehandlung ihre Schmerzen lindern und vielleicht sogar beseitigen könnte, antwortete die Patientin, daß sie äußerst dankbar für alles wäre, was man für sie tun könnte, aber allem Anschein nach besaß sie nur noch wenig Hoffnung. Nachdem sie Zeit ihres Lebens zu leiden hatte, erwartete sie nichts anderes mehr. Sie war eine kranke Frau, nervlich erschöpft durch die schlimmen und chronischen Schmerzen.

Nach der ersten ihrer wöchentlichen Behandlungen fühlte sie sich etwas besser; nach der dritten waren die Schmerzen verschwunden und kehrten nicht mehr zurück. Zwei Monate später war die Frau ein anderer Mensch, zeigte eine gesunde Farbe und leuchtende Augen. Die Behandlungen wurden noch einige Monate fortgesetzt, bis die erreichten Besserungen fest gesichert waren. Die Probleme mit der Wirbelsäule schienen nur noch wiederzukehren, wenn sie einen schweren Stoß, Überanstrengung oder Krankheit erlitt. Aller Wahrscheinlichkeit nach wird die Wirbelsäule selbst wohl nie vollkommen wiederhergestellt sein, wenngleich die Verkrümmung sich in gewissem Maße zurückziehen wird. Hier wurden Schmerzpartikel im Ätherleib um die Wirbelsäule herum, die sich dort niedergelassen und festgesetzt hatten, gelockert, gelöst und schließlich entfernt.

Massage kann in einem solchen Fall recht hilfreich sein, denn sie arbeitet mit den natürlichen Heilkräften in der Hand. Doch findet die Massage nicht auf der gleichen Ebene statt wie die hier dargestellte geistige Heilung, weil sie nicht das geistige Wesen des Patienten anspricht. Möglicherweise führte die Massage bei Frau A deshalb nicht zum Erfolg, den die geistige Heilweise am Ende erreichte. Hinsichtlich ihres Ansprechens auf die geistige Heilung kann man Frau A als einen typischen Fall bezeichnen, nicht jedoch, was ihre Beschwerden betrifft. Denn so etwas wie typische Beschwerden gibt es nicht, stattdessen eher eine schier unendliche Vielfalt. Die Patienten kommen mit Problemen an Augen und Ohren, Hals und Kehle, Rücken und Nieren, Oberschenkeln, Knien, Beinen und Füßen, Armen, Lungen und Herz, Milz und Magen – ganz zu schweigen von den endlosen Möglichkeiten arthritisch-rheumatischer Beschwerden. Die Patienten kommen nacheinander, und die meisten fühlen sich elend und tun sich selbst leid. Dann werden sie behandelt, sie gehen wieder nach Hause, freuen sich, fühlen sich besser oder ganz gesund. Auf diese Weise geht die Arbeit still und ruhig weiter, jahrein, jahraus.

Zwei weitere Fälle runden das Gesamtbild vielleicht besser ab; beide Male handelt es sich um eine Frau mittleren Alters, die eine nützliche und wichtige Aufgabe im Leben erfüllt. Die eine hatte eine Lungenentzündung, von der eine empfindliche Stelle an der einen Lunge zurückgeblieben war, die sich zu etwas Bedenklicherem zu entwickeln drohte. Diese Stelle existierte ganz gewiß und war einem Heiler mit Erfahrung spürbar, real, mit dem erweiterten Tastsinn konnte man den Fleck erreichen und finden. Sofort machte der Heiler sich ans Werk, brachte die Auffälligkeit an die Oberfläche und löste sie auf. Für diese Heilung bedurfte es nur zwei Behandlungen, und danach traten keine weiteren Störungen mehr auf.

Der zweite Fall war eine Frau mit Haushalt und Familie, die sehr viel zum Wohle von Tieren tat. Hier hatten wir es mit einer inneren Blutung zu tun – eine sichere Diagnose gab es nicht, aber die Symptome waren ernst genug, um eine Reihe von Behandlungen erforderlich erscheinen zu lassen. Doch es kam nur zu zweien. Dann verlautete, daß die Patientin ins Krankenhaus mußte, um einen Tumor im Mastdarm operieren zu lassen. Ein unmittelbar vor dem Eingriff aufgenommenes Röntgenbild jedoch zeigte keine Spur von dem Tumor, der auf den vorausgegangenen Aufnahmen deutlich zu sehen war – er war durch die beiden Behandlungen verschwunden und auch Jahre später noch nicht wiedergekehrt.

Geistige Heilung wirkt sowohl psychisch als auch körperlich; wobei die psychische Wirkung den körperlichen Resultaten vorausgeht. Es handelt sich also sowohl um eine Seelen-, wie auch um eine Körperheilung. Deshalb spielt die Umgebung, die Atmosphäre, eine so große Rolle – die Aura, die Ausstrahlung oder Atmosphäre unseres Heiligtums, des Behandlungsraumes, die grundsätzlich hoffnungsvolle und zuversichtliche Einstellung der Heiler und besonders desjenigen Heilers, der die Behandlungen durchführt. Diese kann man nicht so gut durch Worte vermitteln als vielmehr durch die aurische Ausstrahlung; der Heiler darf sich durch keine Krankheit erschrecken oder verunsichern lassen, sondern jede Behandlung ruhig und voller Vertrauen angehen. Die Quellen, auf die der Heiler sich beziehen kann, sind unerschöpflich. Eine Vereinigung von heilenden Kräften steht hinter ihm und seinen Bemühungen, an deren Spitze sich der Meister aller Heilung befindet. Dagegen steht hinter der Krankhiet nicht mehr als der Fehler oder die Unterlassungssünde des Patienten, die als Ursache wirken. Der Vorteil liegt also auf seiten des Heilers. – Warum aber scheitert sein Bemühen in manchen

Fällen überhaupt? Warum scheinen einige Patienten auf die geistige Heilung gar nicht anzusprechen? Es sind nur wenige, die überhaupt keine Veränderung zeigen. Manche Patienten werden zur Behandlung kommen mit Beschwerden wie partieller Taubheit oder Blindheit, die vielleicht schon seit vielen Jahren bestanden. Wenn sie nach zwei oder drei Behandlungen merken, daß ihnen keine magische Sofortheilung geboten wird, kommen sie nicht mehr. Recht betrachtet, sind dies aber keine Fälle, in denen die Geistheilung versagt, Solche Fälle zeigen vielmehr, daß die vorhandenen Beschwerden bisher noch keinen Erfolg hatten, dem Patienten die Lektion beizubringen, die zu vermitteln sie als Aufgabe haben.

Jede Form und Art von Krankheit hat uns eine wichtige geistige Lektion nahezubringen. Häufig vermag nur Krankheit den Weg zum spirituellen Erwachen des Leidenden zu weisen oder zu öffnen. Wenn geistige Heilung einer Seele in Not helfen kann, Gott zu finden – was sie vermag und auch tut –, dann kommt bei keinem einzigen Patienten je die Frage auf, ob die Behandlungen versagten. Den Körper zu heilen, ist eine dankbare Aufgabe, aber möglicherweise ist im Himmel mehr Freude über eine verlorene Seele, die heimgeholt wurde, als über neunundneunzig, die nun in der Lage sind, ihr Bett aufzunehmen und zu gehen, viel zu beschäftigt, um noch an Gott zu denken.

Wie steht es um jene, die geisteskrank geworden sind, um jene Scharen von Menschen, deren Denken verwirrt und aus dem Gleichgewicht geraten ist, so daß sie nun die psychiatrischen Kliniken und Pflegeheime füllen? Sind solche Fälle möglicherweise auch auf eine Art von Besessenheit zurückzuführen? Könnte ihnen geholfen, könnten sie gar geheilt werden, wenn dieser Zusammenhang erkannt und akzeptiert wäre und man geistige Heilbehandlungen durchführte? Alles, was ich dazu zu sagen vermag, ist, daß wir alle – Schreiber wie Leser, Priester und Mediziner gleichermaßen – wie Kinder vor der Schwelle zu einem Bereich des Wissens stehen, der so hoch ist wie der Himmel und so weit wie die Welt.

DIE EINSTELLUNG DES PATIENTEN – DER WEG ZUM NEUEN MENSCHEN

Es gibt keinen einzigen Fall körperlichen Leidens, der nicht geheilt werden könnte, wenn auch die richtigen Umstände geschaffen werden müssen, damit eine vollkommene Heilung stattfinden kann. Es ist wahr, daß das im früheren Leben geschaffene Karma aufgearbeitet werden muß; trotzdem gibt es aber eine Heilung für jede Krankheit, wenn die Seele erst einmal bereit ist, Gottes Leben und Kraft in ihrem Wesen zu empfangen. Denn dann tritt eine Umwandlung des Karmas ein; die Seele hat jene Lektion gelernt, die zu lehren das Karma gekommen war. Mit anderen Worten: Die Seele hat sich am Ende dem Ewigen Geist übergeben, und durch diese Übergabe hat sie Gottes Licht und Wesen in Fülle empfangen.

W.E.

Von allen Kraftzentren oder Chakras des Körpers ist das Kehl-Chakra (am Übergang von der Hals- zur Brustwirbelsäule) für den Heiler am wichtigsten, denn häufig ist es die Stelle, wo der von Natur aus freie Fluß oder Kreislauf der Energien im menschlichen Ätherleib, der lebenswichtig und Voraussetzung für die Gesundheit ist, blockiert oder zum Stillstand gebracht wurde. Ein solcher Stillstand kann durch einen Schlag, zum Beispiel bei einem harten Sturz auf Hinterkopf, Hals oder Schultern verursacht sein, oder aber auch durch über lange Zeit hinweg getragene enge Kleidung. Vielleicht tauchen die Beschwerden erst nach Jahren auf. Es muß nicht unbedingt dazu kommen; aber wenn sich Probleme einstellen, kann man sie in der Regel auf solche ursächlichen Zusammenhänge zurückführen.

Ein Beispiel dafür war eine Frau, die sich über einen Katarrh beklagte, der schlimm genug war, ihr das Leben zur Last werden zu lassen. Sie war über siebzig Jahre alt und hatte zwischen den Schultern eine Schwellung, die halb so groß war wie ein Fußball. Diese Beule war ganz allmählich aufgetaucht; wie sie sagte, nach einem Sturz. Da es dem Arzt nicht gelungen war, etwas zu unternehmen, was eine Veränderung bewirkt hätte, hatte die Frau ihre Beule als Teil ihrer Lebenslast akzeptiert und sich damit abgefunden. Die Schwellung war noch weich. Es war offensichtlich, daß die Stauung des Energieflusses im Bereich des Kehl-Chakras die Ursache des Katarrhs war. Brachte man den Fluß erst einmal wieder in Gang, wäre der Katarrh bald verschwunden. So begann denn die Behandlung mit dem Ziel, die Schwellung aufzulösen und danach die gelöste tote Ätherleib-Substanz durch Streichungen über die Aura zu beseitigen. Die Patientin sprach auf die Behandlung gut an, und binnen weniger Wochen war die Schwellung auf die Hälfte ihrer vorherigen Größe geschrumpft, und der Katarrh selbst war weitgehend abgeheilt.

Auch ein gegenteiliger Zustand – eine 'verdünnte' Aura im Bereich des Kehl-Zentrums – kann zu einem Katarrh führen. Eine solche Verdünnung kann ebenso von einem Schlag, einem Unfall oder Schock herrühren. Beide Zustände werden dem Heiler im Laufe der Zeit klar erkennbar; es ist ausgeschlossen, die Energiestauuung, die Blokkade des Flusses und die damit verbundene Starrheit im Ätherleib nicht zu spüren, oder die Auswirkung der »Verdünnung« (nicht eines Risses in) der Aura zu übersehen. Damit verbunden ist ein regelrechtes Brachliegen des Körpergewebes im Schulter-Nacken-Bereich, das sich wie taub und unbelebt anfühlt.

Heilbehandlungen sind gewöhnlich erfolgreich. Bei einer Blockade des Charakters kann der Heiler die Schulter-Nacken-Region lockern, wobei zuweilen ein festes Zugreifen angezeigt ist, falls der Patient nicht zu gebrechlich oder alt dazu ist. Behutsame Nacken-, Schulter- und Armübungen, die die Verspannungen lösen, werden sich ebenfalls als hilfreich erweisen. Bei einer Verdünnung der Aura jedoch muß die Behandlung dem im Falle des besessenen Jungen beschriebenen Schema folgen, das heißt: Trennung der unerwünschten Verbindungen, Zusammenfügung oder Ersetzung der verdünnten Aura-Ränder, Einflößen von geistigem Licht, und schließlich Versiegeln der Aura.

Die verschiedenen Kraftzentren oder Chakras des Menschen gehen von der Wirbelsäule aus und erscheinen (im Falle einer geistig weit entwickelten Seele) dem Hellsehenden fast wie Blüten, die Licht und Farbe von großer Schönheit ausstrahlen. Beim durchschnittlichen Menschen bleiben diese Chakras klein und trübe, so lange sich sein Wesen und Dasein hauptsächlich in die Außenwelt richtet. Dessen ungeachtet bieten sie dem Heiler wirkungsvolle Zugänge, durch die er das Heilungslicht einflößen kann. So haben beispielsweise Verdauungsprobleme im allgemeinen ihren Sitz rund um den Solarplexus. Auch das Milz-Chakra ist für den Heiler von Bedeutung, weil Schwächezustände, Erschöpfung und Kraflosigkeit sehr gut auf an dieser Stelle eingestrahltes goldenes Licht ansprechen. So mancher Patient fühlt sich unwohl, traurig, ungeliebt und einsam im Herzen, und seine Krankheit könnte sehr wohl in solchen Empfindungen ihren Anfang nehmen. In solchen Fällen wird Licht vom rosaroten Strahl (Rosa ist die Farbe der Liebe) helfen und heilen, wenn man es in das Herz-Chakra einfließen läßt.

Auch die Zentren im Kopfbereich sind wichtig bei der geistigen Heilbehandlung. Es gibt so etwas wie ätherische Schmerzpartikel. Ganz gleich, an welcher Stelle des Körpers sich Beschwerden festsetzen, werden die Schmerzen und Störungen vom Kopfdenken registriert. Ein verstauchter Knöchel zum Beispiel, kann an Ort und Stelle sehr schmerzhaft sein, aber man spürt ihn auch im Kopf. In der Aura um den Kopf ist ein ätherischer Schmerz, und deshalb sollte jede Behandlung damit beginnen, daß man die Aura um den Kopf klärt. Hier hat der Heiler Gelegenheit, Licht und Liebe einfließen zu lassen. Er darf sich jedoch *niemals* erlauben, durch die Kraft seiner Gedanken irgendwelche Ansichten und Meinungen umzustoßen oder zu ersetzen, die im Kopfdenken des Patienten ihren Platz haben; ganz gleich, wie falsch und verfehlt sie ihm auch erscheinen mögen. Der Heiler wird dem Patienten nach dem Maß seiner eigenen Liebe helfen, nach dem Grade seiner eigenen Erleuchtung.

Ein echter Heiler vermag die ganze Aura vom Kehl-Chakra aus zu reinigen und zu klären — ohne Striche mit den Händen, nur durch die Kraft und das Licht, die er verstrahlen kann, und die jeden Teil des Körpers erreichen und durchstrahlen können. Er kann alle Beschwerden diagnostizieren, denn er weiß, daß es in Wirklichkeit nur eines gibt, das dem Menschen fehlen kann: die Verbindung zu

259

Gott, wenn die Seele sich von ihm entfernt hat. Gelingt es ihm, die Seele zu heilen, dann wird auch der Körper wieder gesund.

Vieles hängt natürlich von der Kooperation des Patienten ab und von seiner Bereitschaft, mit Denken, Herz und Geist zu seiner eigenen Erlösung hin mitzuarbeiten. Die Bereitschaft steht nicht immer in Verbindung mit dem Maß des Glaubens, den ein Patient besitzt, sondern ist von etwas Feinerem, schwieriger zu Definierendem abhängig. Vielleicht hilft uns da die Wiedergabe von ein oder zwei Beispielen ein wenig weiter, dies zu verstehen.

Das erste ist der Fall eines Mannes Mitte Zwanzig, der an Asthma und auch unter Ekzemen litt, die so schlimm waren, daß er sich ständig beide Hände und Arme bandagieren mußte. Sein Asthma war so schwer und lästig, daß man den jungen Mann kaum verstehen konnte, wenn er sprach. Diese beiden Leiden hatte er mehr oder weniger von Jugend an ertragen, aber so schlimm wie jetzt war es noch nie gewesen. Aufgrund seiner Krankheit hatte er seine Arbeitsstelle verlassen müssen, aber er hatte inzwischen einige Jahre hinter der Bar in einem Hotel im Westend bedient. Diese Information half mir zu einem besseren Verständnis des Falles. Ich nahm an, daß es eine Art von ätherischer oder aurischer Vergiftung war, da er ständig problematischen psychischen Umständen und Zuständen ausgesetzt war. Das Ekzem war ein naturgemäßer Versuch, das Blut zu reinigen und Giftstoffe aus dem Körper hinauszuschaffen, während das schwere Asthma nur ein weiteres, auf die nämliche Ursache zurückzuführendes Symptom war. Diese Gedanken erklärte ich dem Patienten, der sie bereitwillig übernahm und akzeptierte. Seine Arbeit hatte ihn schon lange angewidert, und er wollte alles unternehmen, um eine Besserung zu erreichen.

Nie hatte ich einen gelehrigeren und kooperativeren Patienten! Mit Begeisterung entschloß er sich für eine Melasse- und Hefe-Kur, die – zusammen mit bestimmten Kräutern – das Blut seines materiellen Körpers reinigen sollte. Er besuchte die Heilungsdienste in der White Eagle-Loge und las einige der White Eagle-Bücher. Er erhielt Behandlungen, bei denen feinstoffliche Verstrickungen entfernt und die Aura geklärt wurden, und man flößte seinem Ätherleib Licht und geistige Kraft ein. Nach einigen Monaten waren die Ekzeme des Patienten fast verschwunden, das Asthma kaum noch festzustellen, und seine allgemeine Erscheinung war merklich besser und glücklicher. Das war nicht nur der Wiederherstellung der körperlichen Gesundheit zu verdanken, sondern auch ein Prozeß der inneren Verfeinerung hatte sein Teil dazu beigetragen. Die allmählich veränderte geistige Schwingung hatte einen neuen Menschen geschaffen und das rebellierende Nervensystem zum Frieden gefunden.

Hier könnte man mit einiger Berechtigung anführen, daß der Glaube des Mannes ihn gesund gemacht habe. Aber gilt das auch im nächsten Fall, bei einem Mann in den Fünfzigern, der unter den Folgen eines Nervenzusammenbruchs litt? Seine Frau hatte ihm sehr zusetzen müssen, damit er zur Behandlung kam. Bei seiner Ankunft schien er durch die gesamte geistige Atmosphäre recht eingeschüchtert. Aber ich mochte den Mann von Anfang an und wußte sofort, daß er geheilt werden könnte. Ohne weiteren Kommentar gab ich ihm die erste Behandlung. Er kam noch zweimal und sagte jedesmal, daß er sich besser fühlte. Dann schrieb er mir, um zu danken, und teilte mit, daß er sich nun wieder ganz auf der Höhe fühlte und wieder arbeiten könnte. Er *war* wieder ganz in Ordnung; und ich weiß, daß er es seitdem geblieben ist.

Dieser Fall verblüffte mich selbst noch mehr als den Patienten. Ja, eigenartigerweise war mein Patient selbst gar nicht überrascht; er hatte mit gar keinem anderen Ausgang gerechnet. Allem Anschein nach hatte er keinen wirklichen Nervenzusammenbruch erlitten; seine Symptome — chronische Erschöpfung, Schlaflosigkeit und Verdauungsstörungen — waren durch einen seelischen Komplex oder irgendein Unglück verursacht worden, vielleicht war in seinem privaten oder im Berufsleben etwas schiefgegangen; vielleicht konnte ihm aufgrund des Verhaltens seiner Vorgesetzten die Arbeit keine Freude mehr bereiten. So hatte er sein Heil in der Flucht in die Krankheit gesucht. Irgendetwas im Verlauf meiner Heilbehandlungen hatte diesen »wunden Punkt« in seinem Denken bereinigt, und so konnte der Mann geheilt werden.

In einem anderen Fall — es handelte sich um einen älteren Mann mit den gleichen Symptomen — kam es nicht zu einem so guten Ausgang. Schon zu Beginn hatte ich nicht das Gefühl, daß ich diesen Mann heilen könnte. Hier hatten wir es mit einem echten Zusammenbruch zu tun, der durch Überarbeitung ausgelöst wurde. So etwas kennt seine eigenen karmischen Erfordernisse, denn es gibt nichts anderes, was die verheerenden Auswirkungen ausgleichen könnte, als eine Zeit der Ruhe und des Kürzertretens. Ich gab diesem Mann drei Heilbehandlungen, ohne viel sichtbaren Erfolg verzeichnen zu können. Dann ging der Patient woanders hin, getrieben von seiner schrecklichen Rastlosigkeit, die Teil seiner Symptomatik war. Es tat mir leid, denn hätte er seinen geistigen Kontakt tapfer aufrechterhalten, dann wäre dadurch gutes Karma geschaffen worden zum Ausgleich des schlechten Karmas seiner Krankheit. Mit anderen Worten, der Patient wäre viel eher geheilt worden. Ein interessanter Punkt läßt sich hier im Vergleich beobachten: Der eine Mann hatte sich schon lange für die geistige Heilweise interessiert, doch als er sein Wissen und seinen Glauben wirklich benötigt hätte, machte er es sich nicht zunutze; der andere Mann dagegen, der offenbar überhaupt keinen Glauben besaß, wurde geheilt — aufgrund eines tiefinneren Wissens, einer Gewißheit. Er hatte sein gläubiges Vertrauen im Herzen, jener aber im Kopf.

Wie doch all diese Erinnerungen ins Gedächtnis zurückkehren! Da war noch der Fall einer alten Dame, an deren Beschwerden ich mich nicht einmal mehr erinnere, so lange ist es schon her. Ich weiß nur noch, daß die Kombination ihres hohen Alters und der Bedenklichkeit ihrer Symptome den Fall von Anfang an recht hoffnungslos erscheinen ließen — auch wenn in Wirklichkeit kein einziger Fall ganz ohne Hoffnung ist. Woche um Woche kam die alte Dame zur Heilbehandlung; alle wollten ihr gerne helfen, weil alle sie im Laufe der Zeit ins Herz geschlossen hatten; aber leider ging es mit ihr allmählich bergab, auch wenn sie keinerlei Schmerzen mehr hatte. Ihr Mann war ein Arzt und hatte seine Praxis in der Harley Street (der berühmten Ärztestraße im Londoner Stadtteil Westminster; Anm.d.Ü.), und als sie immer schwächer wurde, brachte er selbst sie jede Woche her und wartete draußen in seinem großen Wagen, um sie nach der Behandlung wieder nach Hause zu fahren. Schließlich war sie so gebrechlich, daß einer der Heiler sie jede Woche in ihrer Wohnung behandeln mußte; sie freute sich immer sehr auf diese Besuche. Schließlich kam das unausweichliche Ende, und un-

sere alte Dame ging heim, um sich von der Last des Erdenlebens auszuruhen. Ihr Hinübergehen war sanft und
schmerzfrei.

Ich werde diesen Fall niemals als gescheitert betrachten,
sondern als ein friedliches, sanftes Zwischenspiel, an das
man sich gerne erinnert. Wie richtig scheint es für jemanden zu sein, den man allseits ins Herz geschlossen und lieb-
gewonnen hatte, ohne Schock oder Anstrengung unauffällig weiterzugehen, ganz natürlich und glücklich und ohne
jeder Bitterkeit. Manches Leben geht auf *natürliche* Weise
seinem Ende entgegen. In solchen Fällen kann die geistige
Heilung den Hinübergang nur vorbereiten, so daß er nicht
als schmerzliches Erlebnis erfahren wird, unerwartet
kommt oder verzögert wird. Sieht man diesen Fall als typisch für eine lange Reihe ähnlicher Erlebnisse an, mag
man sagen, daß die geistige Heilung von ihrem Wesen her
niemals vergeblich sein kann. Schwere und zuweilen als
unheilbar geltende Krankheiten können geheilt werden,
aber wenn die Behandlung zu spät kommt, um den materiellen Körper zu heilen, wird doch immer noch die Seele
Hilfe empfangen im Sinne einer Vorbereitung auf eine lichtere Welt, in die sie sanft und friedlich hinübergehen wird.

Doch nun sollen zwei Fälle folgen, die einige der Grund-
prinzipien verdeutlichen und zeigen, was bei tiefsitzenden
Beschwerden erreicht werden kann, die sonst ausschließlich dem Messer des Chirurgen vorbehalten bleiben. Im ersten Fall geht es um einen älteren Mann, dessen Hüftgelenk zertrümmert war. Man hatte den unbrauchbaren Kopf
des Oberschenkelknochens durch einen künstlichen aus
Metall ersetzt, der in die Gelenkpfanne am Hüftknochen
eingepaßt wurde. Im Laufe der Zeit jedoch verursachte
das schlimme Schmerzen und machte eine zweite Opera-

tion notwendig, die die Folgen des ersten Eingriffs korrigieren sollte, jedoch nicht den gewünschten Erfolg hatte. Nachdem monatelangem Dauerschmerz war der Patient kurz vor einem Zusammenbruch angelangt. Ziel der Heilbehandlung war zunächst, die Schmerzen zu lindern. Dazu arbeiteten die ätherischen Hände des Heilers dahingehend, daß die ätherischen Schmerzpartikelchen an die Oberfläche gebracht wurden, dort beseitigt werden konnten und die Entzündungen des operierten Hüftgelenks somit reduziert würde. Das nächste Behandlungsziel war, das Gelenk durch Einstrahlen von geistigem Licht zu heilen. Dieses geistige Licht kann man übrigens direkt ins Innere des Körpers eines Patienten hineinstrahlen, wenn man als Heiler dies wünscht, indem man es von der rechten Hand auf der einen Seite des Patienten zur linken auf der anderen Seite hinüberströmen läßt.

Obwohl der Patient von seinen Schmerzen schon sehr zermürbt war, war seine Tapferkeit doch beachtlich. Nach wenigen Behandlungen war er soweit schmerzfrei, daß er entgegen der Warnungen seines Heilers an einer Gartenparty teilnahm, wo er stundenlang auf den Beinen war. Es war eine große Überraschung zu sehen, wie sein Hüftgelenk dieser Mißhandlung standhielt. In der Folge verlor ich die Verbindung mit dem Patienten, der später einmal wegen Überarbeitung erkrankte — auch wenn er meines Wissens nie mehr Beschwerden mit seinem Hüftgelenk hatte.

Der andere Fall war eine Frau in den Vierzigern, die unter einer hartnäckigen und schmerzhaften Form von Darmentzündung zu leiden hatte. Diese jedoch sprach auf die Behandlung an, und zwar so gut, daß die Patientin, die sich viel besser und mit neuer Energie aufgeladen fühlte, sich eilends in eine Reihe gesellschaftlicher Aktivitäten stürzte.

Es brauchte nicht lange, um den nächsten Schmerzanfall auszulösen. Danach konnte ich nichts mehr ausrichten. Wieder war mir die Heilkraft in bezug auf diese eine Patientin entzogen worden. Es sind unsichtbare Mächte, die mit und durch den Heiler wirken, und wenn die Heilung vereitelt oder mißachtet wird, dann ziehen sie sich zurück. Diese beiden Fälle zeigen, wie wichtig und notwendig es für den Patienten ist, die einmal empfangene geistige Kraft zu erhalten; und aus dem ersten Fall können wir erkennen, wie organischer Schäden im Körperinneren selbst dann heilbar sind, wenn sogar die Chirurgie mit ihrem Können an ihre Grenzen gelangt ist.

Voll Dankbarkeit möchte ich der unsichtbaren Mächte gedenken, die mit dem und durch den Heiler arbeiten, denn ohne sie könnte kein Heiler etwas erreichen. Sie sind freundliche, liebevolle Mächte, allzeit bereit und gewillt zu dienen und zu helfen. Man kann sie nicht mißbrauchen oder ausnutzen, noch ihnen befehlen − und sie selbst geben nie Befehle. Sie sind zuverlässig, immer bereit zu helfen, und sie haben selbst mit dem Undankbaren Geduld. Ohne sie vermöchte kein Heiler zu heilen. Mit ihnen − und ganz genau in dem Maße und Grade, in dem er auf sie eingestimmt ist − vermag der Heiler seinen Mitgeschöpfen Heilung bringen.

DIE HEILBEHANDLUNG

Ihr könnt die höchsten Höhen nicht in einem Tag erreichen, auch nicht in einer Woche oder einem Monat, sondern nur durch ständige Bemühung bei jedem Problem, das euch begegnet, in allem, was ihr tut, und durch tägliche Meditation. Unter Meditation verstehen wir nicht, daß ihr euch lange Zeit in euer Zimmer einschließt, sondern euch ständig bewußt bleibt, daß euer Herz ein Tempel des Allerhöchsten ist, während ihr euer alltägliches Leben führt.

W.E.

Ich möchte jetzt eine einzige Heilbehandlung von Anfang bis zum Ende beschreiben und somit zeigen, nach welcher Methode und in welcher Weise nahezu alle diese Behandlungen durchgeführt werden. *)
Wir haben also einen durchschnittlichen Patienten, der mit seinen durchschnittlichen Beschwerden auf eine durchschnittliche Behandlung wartet. Welche durchschnittlichen Beschwerden soll er wohl haben? Ich entscheide mich für ein Leiden, das (aus der Sicht des Heilers) einfach, über-

---

*) siehe auch das Nachwort

schaubar und komplikationslos ist, nämlich den Hexenschuß, der eine große Fläche des menschlichen Rückens zur Behandlung anbietet und sich bald beseitigen läßt. Unser Patient, so stellen wir es uns vor, kommt mit Mühe und unter Schmerzen in den Behandlungsraum, und nimmt unter Stöhnen und Ächzen Platz, mit dem Blick zum Altar. Seinen Mantel und das Jackett hat er abgelegt und bleibt nun ein paar Minuten allein, während die Umgebung und Atmosphäre auf seine Sinne wirken sollen. Dann betrete ich das Heiligtum; ich trage einen weißen Mantel. Das tue ich, weil die normale Kleidung mit der Zeit von der Aura der verschiedensten Patienten geradezu durchtränkt wird, und der weiße Praxiskittel leichter waschbar ist. Ich stelle mich hinter meinen Patienten und lege die Hand auf sein Kehl-Chakra, das heißt an die Stelle im Nacken, die der Lage des Chakras entspricht: am Übergang von der Hals- zur Brustwirbelsäule. Allmählich werde ich des inneren Menschen gewahr, den ich vor mir habe – ich nehme die Qualität und den Grad seiner Vitalität wahr und erkenne, ob er sich mental gegen die Behandlungsstellen oder sie annehmen wird. Dabei verstärkt sich meine Verbindung mit meinem unsichtbaren Helfer, und ich stimme mich auf die Christuskraft, auf die Heilungsengel, ein. Dann beginne ich, die Aura um den Kopf des Patienten zu klären, indem ich mit den Händen über sie streiche, fast ohne den Kopf zu berühren und immer vom Scheitel nach unten zu den Schultern hin. Jede Bewegung geschieht mit starker seelischer Konzentration, so daß etwas von der Aura fortgezogen wird. Aura-Substanz bleibt an den Fingern hängen, läßt sich aber leicht durch eine rasche, schleudernde Bewegung von den Händen abschütteln. Solche Striche über und durch die Aura enden an den Schultern, wenn die

268

Behandlung dem Kopf, Hals und Nacken gilt; bei den Hüften, wenn es um den oberen Rumpfbereich geht, und bei den Füßen bei der Ausstreichung des unteren Rumpfes und der Beine. Das »Abschütteln« reinigt die Hände des Heilers und macht sie damit bereit für den nächsten Strich. Für die Aura des Kopfes genügen etwa ein Dutzend Streichungen. Damit ist der erste Teil jeder Behandlung abgeschlossen. Die übrige Heilbehandlung kann die verschiedensten Formen annehmen, je nachdem, welche Symptome vom Patienten beklagt werden.

In unserem Falle ist dies ein Hexenschuß. Der protestierende Patient begibt sich mit unserer Hilfestellung auf den Behandlungstisch (Höhe eines normalen Tisches, Polsterung recht hart). Einige nicht zu enge Kleidungsstücke stehen der Behandlung nicht allzusehr im Wege; eine Ausnahme bilden hierbei elastischer Gürtel und harte Korsetts. Da wir den Rücken behandeln wollen, liegt unser Patient auf dem Bauch, den Körper leicht zum Behandler hin geneigt. Nun beginnt die Klärung der Aura seines Rückens, von den Schultern bis zu den Füßen; mit langen, fegenden Strichen wird unerwünschte ätherische Materie ausgekämmt und fortgewischt. Von Zeit zu Zeit muß der Behandler diese Materie von seinen Händen abstreifen — das heißt mit der Linken von der Rechten und umgekehrt —, wie man auch Schmutz oder Staub von den Händen abwischen würde. Dabei hat man die Absicht, Hände und Arme möglichst frei und sauber zu halten, so daß jeder neue Strich durch oder über die Aura nach Möglichkeit mit sauberer Hand durchgeführt wird. Wenn die Aura auf diese Weise von Kopf bis Fuß gereinigt ist, wird es Zeit, sich den eigentlichen Beschwerden des Patienten zuzuwenden. Der Heiler sollte sie behutsam untersuchen. Ein Hexenschuß ist im allgemeinen berührungsempfindlich, auch wenn es Fälle gibt, in denen die Schmerzen in der Tiefe zu sitzen scheinen. Dann sollten an der betreffenden Stelle noch einmal besondere Auraklärungen vorgenommen werden mit festen, bestimmten Bewegungen; die unerwünschte ätherische Substanz ist in Hüfthöhe abzuschütteln (nach jedem Strich). All dies sind noch vorbereitende Maßnahmen für die eigentliche Behandlung.

Nun muß der Heiler den Hexenschuß selbst herausbringen, indem er ihn lockert. Dafür gibt es mehrere Methoden. Ich pflege mit der rechten Hand am Rücken des Patienten zu arbeiten (beim Heilen ist die rechte Hand die Kraft gebende, die Linke dagegen die aufnehmende Hand), wobei ich »mit voller Kraft« kleine Kreise von ungefähr 15 cm Durchmesser im Uhrzeigersinn beschreibe. Ohne ununterbrochene Konzentration ist nichts zu erreichen − ich meine dabei nicht eine verbissene, stirnrunzelnde Konzentration, sondern eine ständige, widerstandslose, gewaltfreie Konzentration im Herz-Zentrum, eine Ausrichtung des ganzen Wesens auf das Herz. Mit jeder kreisförmigen Streichung − denn darum handelt es sich − muß man den Schmerz an die Oberfläche ziehen wollen. Mit Hilfe der Willenskraft des Herzens (des göttlichen Willens) heben wir den Schmerz heraus. Wir beschreiben ungefähr ein Dutzend der kreisförmigen Bewegungen, dann wischen wir fort, zu den Hüften oder Füßen hin und vom Körper weg, was wir so an die Oberfläche befördert haben. Wieder machen wir die kreisförmigen Bewegungen, und abermals beseitigen wir das dadurch zutage geförderte ätherische Material. Das wiederholen wir so lange, bis wir das Gefühl haben, einen Teil oder gar den größten Teil des Schmerzes herausgeholt zu haben. Aber keine Sorge: Die

Schmerzen bleiben, denn ein Hexenschuß braucht im allgemeinen seine Zeit. Jetzt ist unser Patient bereit für den nächsten Schritt. Er liegt immer noch mehr oder weniger mit dem Gesicht nach unten auf dem Behandlungstisch; doch sein Körper liegt teilweise auf der einen Seite, so daß der Heiler seine rechte (die gebende) Hand auf die Schmerzstelle legen kann. Die linke (empfangende, aufnehmende) Hand dagegen liegt der Rechten genau gegenüber; zwischen beiden Händen befindet sich der Körper des Patienten. Nun macht der Heiler eine große Anstrengung, eine geistige Anstrengung. Durch Konzentration seines ganzen Wesens empfängt er erst die Heilungskraft, die er dann durch den Patienten leitet. Er sollte die Kraft in sich einfließen fühlen wie helles Sonnenlicht, und sie von seiner rechten Hand ausströmen lassen in den Leib des Patienten hinein, in Richtung seiner eigenen Linken. Dies wird fortgesetzt, bis der Heiler den Eindruck hat, genug getan zu haben, und daß der Patient gut durchstrahlt und erwärmt ist. Der Behandler wird merken, wann er aufzuhören hat. Die ganze Behandlung, vom ersten Augenblick an, in dem man dem Patienten die Hände auf die Schultern legt, sollte eine friedliche, entspannende Wirkung haben, so daß der Patient nun, wenn er sich auf den Rücken drehen soll, keinerlei Schwierigkeiten mehr spürt, bequem und entspannt und ruhig auf dem Tisch zu liegen. Man sollte dem Patienten vor der Behandlung erklären, daß diese noch andauert, wenn die äußerlich sichtbare Behandlung schon beendet ist; und man sollte dem Patienten zureden, nach der Behandlung noch zehn bis fünfzehn Minuten zu ruhen.

Der Patient ist nun in Leib und Kopf − so wollen wir hoffen! − völlig entspannt und friedlich. Das ist jetzt unsere

Gelegenheit, die dem Hexenschuß zugrundeliegende Ursache herauszufinden. Wir legen unsere Rechte leicht auf sein Solarplexus-Zentrum. Wir versuchen zu spüren, ob die Muskelschichten, die es straff und elastisch schützen solten, sich lose und erschlafft anfühlen. Strahlt dieses Sonnengeflecht Gesundheit aus – oder nicht? Der (ätherische) Tastsinn kann uns die Antworten auf solche Fragen finden helfen. Der Zustand des Solarplexus-Chakras zeigt uns die Verfassung des Körperbewußtseins, das hinter ihm steht. Die empfängliche, linke Hand des Heilers kann auf diese Weise und mit wachsender Erfahrung sehr viele Dinge wahrnehmen. Sie kann den Sitz einer Krankheit feststellen, sie kann spüren, wie ernst eine Erkrankung ist und die Chancen des Patienten fühlen, die Krankheit zu überwinden. Der Heiler kann diese Fähigkeiten entwickeln; aber man muß sie sich natürlich durch geistiges Streben verdienen.

Wie der Solarplexus, so kann uns auch der Zustand des Herzens einige Aufschlüsse geben. Es ist möglich, das Herz-Chakra in der Mitte der Brust zu »spüren« und viel hieraus zu erfahren.

Nehmen wir an, der Heiler kommt zu dem Schluß, daß das Solarplexus- oder das Herz-Zentrum – zusätzlich zu der Arbeit am Rücken – behandelt werden sollten; wie geht er dann weiter vor? Indem er Licht hineinstrahlt, das er auf diese Kraftzentren konzentriert. Wenn das erledigt ist, bleibt immer noch das Kopfdenken (das für sehr viele Schwierigkeiten und Probleme verantwortlich sein kann) zu behandeln. Der Heiler muß versuchen, das arme Kopfdenken zu »bestrahlen«. Ich pflege dazu meine Hände über die Stirn des Patienten zu halten und ruhig mein ganzes Wesen auf das Kopfdenken zu konzentrieren, wobei ich

Licht und Liebe in es einströmen lasse, um Erleuchtung zu bringen. Wenn das getan ist, ziehe ich mich still zurück, ohne zu vergessen, nach jeder Behandlung meine Hände zu waschen.

Während der ganzen Behandlung habe ich darauf geachtet, den Patienten nicht zu verwirren, zu verwundern oder zu verstören, sei es durch ein plötzliches Geräusch, eine plötzliche Bewegung oder eine unerwartete Berührung. Es ist – soweit durchführbar – immer besser, während der Behandlung ganz still zu bleiben. Der Patient soll sich in eine tiefe Ruhe und Entspannung sinken lassen können, wie wenn der Behandlungstisch, auf dem er liegt, durch einen Zauber alle Spannungen und alles Kranke zum Verschwinden bringt.

Es hat nun lange gedauert, dies alles zu beschreiben, aber in der Praxis kann die ganze Angelegenheit in einer Viertelstunde durchgeführt sein. Es bedarf einiger Übung und Erfahrung, um das äußere Schema der Behandlung geschickt und sicher zu beherrschen. Deshalb sollte der ungeübte, der angehende Heiler die hier geschilderte Behandlungsweise zunächst an einem anderen Heiler oder Freund geübt haben. Er möge auch bei diesen Übungsumständen daran denken, daß jedes unerwartete Geräusch und jede überraschende Bewegung oder Störung die ganze Behandlung verderben kann.

In den wirklich wesentlichen Aspekten unterscheiden sich die Behandlungen kaum voneinander. Das gleiche Schema läßt sich bei fast allen Arten von Beschwerden den jeweiligen Gegebenheiten anpassen.

Ist es noch notwendig, über die tiefe Befriedigung und innere Freude zu schreiben, die der Heiler selbst durch seine Arbeit empfängt? Gewiß nicht. Auch die Bande enger und guter Freundschaften, die sicch zwischen Heiler und Patient entwickeln können, bedürfen keiner besonderen Erwähnung. Solche Dinge ergeben sich, und sie machen glücklich.

Es steht geschrieben, daß es glücklicher, daß es seliger, ja gesegneter sei zu geben als zu empfangen; es ist uns auch verheißen, daß derjenige, der gibt, zur gegebenen Zeit alle geschenkte Freundlichkeit und Liebe in überreicher Fülle wiedererhalten wird. Auf diese Weise wird Gottes Segen, den Er auf Seine Arbeiter legt, im Leben offenbart.

SCHLUSSFOLGERUNGEN

Versucht zu erkennen, daß alle physischen Gesetze, die die Welt regieren, in den geistigen Sphären ihren Ursprung haben und somit in Wirklichkeit auf die physische Welt übertragene geistige Gesetze sind, denn die materielle Welt ist nur eine Widerspiegelung eines höheren, viel wirklicheren Lebenszustandes.

W.E.

Vielleicht ist es gut, wenn man sich beunruhigt fühlt, daran zu denken, daß eine ganze Ewigkeit vor uns liegt, die wir nutzen und derer wir uns erfreuen können. Trotzdem aber wird es immer besonders Eilige geben, die uns fragen, warum man auf das ganze Ritual der Aurastriche, des Lichteinstrahlens und all der anderen Einzelheiten der Behandlung, wie sie im vorangegangenen Kapitel geschildert wurden, nicht verzichten könne. Sie wollen wissen, warum die göttliche Heilung nicht sofort und in unbegrenzter Menge für jeden, überall und jederzeit zur Verfügung stehe. Darauf können wir bescheiden zurückfragen: „Ja, warum eigentlich nicht?"
Darauf wird unser wißbegieriger Freund erwidern: „Dann sollten Sie künftig durch ein Machtwort, durch eine Hand-

berührung, durch einen Blick heilen, wie der Meister seinerzeit tat. Wenn Ihre Methoden wirklich funktionieren, sollten Sie Hunderte von Kranken heilen können in der Zeit, die Sie sich heute noch mit einem einzigen Patienten abmühen."

„Ja, auch wir warten darauf, die geistige Heilung auf diese Weise von den Meisterheilern praktiziert zu sehen", könnten wir dann bescheiden antworten.

Doch in der Zwischenzeit obliegt es uns geringeren Heilern, unsere Arbeit in der Stille fortzuführen und froh zu sein über alles, was uns möglich ist. Wir werden erkennen, daß es, was uns betrifft, besser ist, nicht zu rasch zu heilen; denn durch Aufmerksamkeit und Geduld, durch Ausdauer und Standhaftigkeit im Glauben lernen Patient und Heiler, einander anzunehmen und zu vertrauen. Eine Heilung, bei der der Patient nur nimmt und der Heiler nur gibt, führt zu nichts. Vielleicht ist es gut, daß die Kranken nicht immer auf der Stelle zu heilen sind, daß sie über Wochen oder Monate hinweg zur Behandlung kommen müssen, während sich eine allmähliche Besserung einstellt, die vermutlich in einer Heilung ihren Höhepunkt findet. So erscheint es natürlich und richtig; eine Krankheit, die Jahre gebraucht hat, um sich zu entwickeln, kann nicht in einem Augenblick kuriert werden. Manche Übel – so sagte Jesus – können nur durch Gebet und Fasten ausgetrieben werden. Dem Heiler werden viele Vertreter dieser Gattung begegnen, aber statt Gebet und Fasten muß er sich selbst in Geduld und Demut üben. So muß auch der Patient eine gewisse Selbstaufgabe lernen, um auch das zu würdigen, was der Heiler ihm gibt. Denn es ist ein Teil vom Leben, was der Heiler weitergibt – seiner eigenen Lebenskraft, seiner eigenen spirituellen Vitalität.

Dem werden die Menschen entgegenhalten, daß es ein ganzes Meer von geistiger Kraft um uns gibt, aus dem wir schöpfen können – warum sollte sich ein Heiler erschöpfen? Er braucht sich doch gewiß nur zu öffnen, um sofort wieder aufgeladen zu werden?

Ja, es stimmt, daß es ein unerschöpfliches Meer geistiger Kraft gibt, und es trifft auch zu, daß es einen Heiler wieder aufladen kann. Ebenso wird auch unsere Welt und der Himmel über uns mit Elektrizität geladen. Doch man kann die Batterie eines Autos rasch leeren und muß dann weite Entfernungen fahren, bis sie wieder geladen ist. Auch dem Heiler muß man Zeit lassen, sich wieder neu aufzuladen. Unter dieser Bedingung wird er dann nicht erschöpft, sondern nimmt selbst an Gesundheit und Wohlbefinden infolge seiner Heilertätigkeit zu.

Wieviele Patienten kann ein durchschnittlicher Heiler an einem Tage oder in einer Woche behandeln? Das hängt von den Patienten und der Art ihrer Beschwerden ab. Als ich in meinen Dreißigern praktisch ganztags Heilbehandlungen gab, war meine Grenze eine Zahl von vier bis fünf Patienten an fünf Tagen der Woche – das heißt, ungefähr fünfundzwanzig Patienten in der Woche. Zwanzig Behandlungen wären wahrscheinlich besser gewesen. Wenn die tägliche Arbeit des Heilers den größten Teil seiner Zeit und Kraft in Anspruch nimmt, dann wird es genug sein, wenn er zwei, drei oder womöglich sogar vier Behandlungen in der Woche gibt. Zweifellos werden manche diese Zahlenangaben bestreiten und einen Heiler aus ihrem Bekanntenkreis nennen, der zehn, zwanzig oder noch mehr Patienten pro Tag behandeln kann, und sie werden sagen, daß es keine solche Grenzen der Heilfähigkeit gibt. Schön und gut. Ich schreibe nur, was meiner eigenen Erfahrung entspricht mit dem Ziel, ein langfristig vertretbares Mittelmaß anzugeben, das sowohl dem Behandler als auch seinen Patienten gerecht wird. Erschöpfung und Krankheit können durch zu viele Heilbehandlungen entstehen — wie bei jeder anderen Art der Überarbeitung auch. Seid also klug und beherrscht euch, ihr Heiler, auf daß euer Werk über viele Jahre hinweg gesegnet sei.

Gegenüber dem Neuling und Anfänger hat der erfahrene Heiler den Vorteil, daß er im Laufe der Zeit ein Vertrauen, ein Gefühl der Meisterschaft über die Krankheit gewonnen hat. Der Anfänger läßt sich zu leicht erschrecken. Der erfahrene Heiler dagegen erwirbt eine Intensität, eine kraftvolle Lebendigkeit bei der Behandlung, die nur aus der Praxis erwachsen können. Aber der Anfänger sollte sich nie entmutigen lassen oder verzagen, er soll die Arbeit um der Liebe wegen tun und sich weder vom Erfolg noch von scheinbarem Versagen aus dem Gleichmaß bringen lassen. Er sollte auch so klug sein, nicht zu versuchen, die Last seiner Patienten übernehmen zu wollen oder sich gefühlsmäßig in deren Probleme verwickeln zu lassen. Wir sind gehalten, nicht mehr zu tun, als unserem Mitmenschen zu helfen, seine karmische Last selbst auf die Schulter zu nehmen. Seine Schwierigkeiten jedoch aufzunehmen und sie für ihn zu tragen, wäre von Anfang an zum Scheitern verurteilt. *„Einer trage des anderen Last"* — ja, aber das bedeutet nicht, daß ein jeder das Recht hätte, anderen seine eigene Last aufzubürden.

Eine schwierige Angelegenheit ist auch die Behandlung von Erschöpfungszuständen jeder Art, seien sie körperlich, nervlich, mental oder gar geistig — das heißt, die Erschöpfung des Mutes, der Stärke und des Vertrauens in Gott. Die Erschöpfung ist nicht im geringsten weniger karmisch als irgendein anderes Leiden, da sie eine Ursache besitzt, die in der Überarbeitung oder Überlastung des Körpers, des Denkens oder der Seele besteht. Was durch Überbelastung vergeudet worden ist, muß wiederhergestellt oder abgezahlt werden, bis das Konto bei der Gesundheitsbank wieder ausgeglichen ist, nachdem man es überzogen hatte. So sollte es wohl sein, aber der Heiler kann die Zeit zur Gesundung verkürzen. Das eben Gesagte gilt auch für manche Arten von Herzbeschwerden, die ebenfalls von Überlastung oder Mißbrauch in der einen oder anderen Form herrühren können. Das Herz ist der Mittelpunkt des menschlichen Wesens, die Sonne im Universum seines Seins; seiner geistigen Art nach ist es mit Gott verwandt. Ein nachlassendes Herz kann wiederhergestellt, von der göttlichen Kraft erneuert werden, wenn es sich hingebungsvoll und liebevoll an Gott wendet. Gott ist allmächtig, allwissend und allweise; aber er ist auf die Liebe und Hingabe des Menschen angewiesen. Für den Menschen aber bedeutet die liebevolle Hingabe an Gott den Eintritt ins ewige Leben; denn wenn Gott in uns Einkehr hält, dann werden wir in unserem Wesenskern ewig.

Keiner aber sollte sich verleiten lassen zu denken, die Tage der Knechtschaft seien vorbei, solange der Mensch noch in seinem Körper eingesperrt ist, solange noch jemand halblebendig umherkriecht, deprimiert, niedergeschlagen und hoffnungslos, denn das ist Knechtschaft in ihrer traurigsten Form: wenn das niedere Selbst das höhere versklavt hält. Wenn das größere Selbst die Verherrschaft des geringeren akzeptiert hat, dessen Geboten folgt und seine Verbote ernstnimmt, dann ist das Knechtschaft.

Aber das höhere Selbst kann jederzeit seine Freiheit zurückgewinnen und die Herrschaft übernehmen, denn es

hat Zugang zu unglaublichen Kräften. Der Weg zurück zur Herrschaft über das niedere Selbst besteht in ständigem Druck des Willens: zurück zur Gesundheit! und durch unnachgiebiges Ablehnen — im Mentalen wie im Geistigen — jeder Regung des Körpers in Richtung Krankheit und Unfähigkeit. Vernünftig und ruhig muß dieser Weg zurück zur Selbstmeisterung beschritten werden, der Weg zur Beherrschung nicht nur des Körpers, sondern auch seiner Gedanken, Empfindungen und Unzulänglichkeiten. Zersetzenden, selbstzerstörerischen Gedanken gilt es Einhalt zu gebieten; aufbauende, liebevolle Gedanken sind zu fördern und in die Tat umzusetzen. Das ist Selbstmeisterung. Mit ihr verbunden sein muß der Selbst-Dienst. Was verstehen wir unter Selbst-Dienst? Ist uns nicht geboten, für unseren Nächsten soviel zu sorgen wie für uns selbst? Wer ist denn unser Nächster? Nun, unser allernächster Nächster ist gewiß unser Körper, in dem wir wohnen. Nichts kann uns näher sein und unserer Sorgfalt und Nachsicht mehr bedürfen als unser Leib. Wir sollten unserem Bruder Körper mit Weisheit dienen, seine Schwäche erkennen und durch Selbstdisziplin und kluge Lebensführung überwinden. Das ist der Weg zur Freiheit von der Knechtung durch den Körper.
Welche Einstellung sollten Heiler und Patient gegenüber der Welt der Medizin annehmen? Wir haben der Ärzte, Krankenschwestern und -pfleger, der Krankenhäuser und ihrem Personal mit ihrer Hingabe, Selbstlosigkeit und Dienstbereitschaft schon gedacht. Manchmal muß die Last, die sie tragen müssen, gewiß überwältigend sein. Natürlich muß unser Patient seinen Behandler konsultieren, der auch sein Freund ist und es gut mit ihm meint. Es gibt mit Sicherheit auch eine große Zahl ganz alltäglicher Beschwerden, die ein Arzt viel rascher beheben kann als ein

Heiler. Darüberhinaus sollte aber nicht vergessen werden, daß die geistigen Kräfte ebenso durch den Arzt oder durch den Chirurgen wirken können wie durch einen Heiler, falls dies notwendig ist. Trotzdem beginnen sich die Dinge zu verändern, wenn der Anfänger Erfahrungen gesammelt hat auf dem geistigen Weg. Die medizinische Behandlung, die beim alten Adam angebracht war und half, ist nicht unbedingt geeignet für den neuen Menschen. Wenn der Körper verfeinert und empfänglicher für das Geistige wird, reagiert er nicht mehr so vorteilhaft auf herkömmliche, materialistische Methoden und die starken Drogen der modernen Medizin. Je weiter der geistige Weg beschritten wird, desto mehr muß der Mensch natürlichen Methoden sowohl in bezug auf seine Ernährungs- und Lebensweise als auch bei der Heilung seines Körpers vertrauen. Er wird auf die Behandlung mit Heilkräutern ansprechen und mit einer einfachen Diät gesund bleiben, die dem Manne auf der Straße als ungenügend erschiene. Der neue Mensch bezieht Licht und Leben von der Sonne, der Erde, aus Wasser und Luft, ja, von Gott selbst. Sein Körper wird zu einem immer mehr verfeinerten, vergeistigten Instrument, das es ihm ermöglicht, lange und gesund zu leben. Es ist die Pflicht des Menschen, die Bürde seines Arztes zu erleichtern, indem er von seinem Verstand Gebrauch macht und seinen Körper rücksichtsvoll und angemessen behandelt, denn dieser ist der Tempel der Seele.

Schließlich sollte der Heiler niemals meinen, daß er selbst irgendetwas bewirkte. Er soll rein und einfach bleiben und bescheiden als bloßes Gefäß für eine Macht, die viel größer ist als seine eigene. Nur Gott ist groß, nur Gott ist die Kraft und das Heil des Menschen.

An manchen Tagen sehe ich Ihn überall. Für mich erfüllt

Er den strahlendblauen Himmel, und die Wolken sind Sein Gewand. Er ist die Wonne über mir, die all ihre Wärme und Herrlichkeit dem Menschen als Leben schenkt. Das Gras und die Erde unter meinen Füßen liegen wie eine Opfergabe vor dem Angesicht Gottes ausgebreitet als Geschenk, von dem und durch das seine Geschöpfe essen und leben können. Gott ist teilhaftig in jedem Herzen, in jedem Leben. Er weiß jeden Gedanken und jede Empfindung, kennt jede Hoffnung und Schwäche all seiner Geschöpfe. Kein Sperling fällt vom Dache, ohne daß Er es wüßte, und kein Haar hat Er nicht gezählt. Alles wird umfaßt vom Gesetz, von einem Gesetz, dessen Genauigkeit unser Begreifen übersteigt.

Gott ist zugleich die allumfassende Liebe und das allumfassende Gesetz. Gott ist persönlicher als der Mensch je ahnen kann, und Er bedarf der Liebe des Menschen mehr als dieser je wissen wird. Es ist nicht unsere Schlechtigkeit, was uns von ihm trennt. Gott wird so manches Mal lächeln über das Ausmaß der menschlichen Schlechtigkeit, denn meistens ist sie lächerlich. Unwissenheit, Ignoranz ist die Barriere, die sich zwischen dem Menschen und Gott erhebt, und an ihrem Kreuz sind sowohl Gott als auch der Mensch angenagelt. Dann kann der Schmerz, den Gott erleidet, am Ende den Menschen zur Reue und somit zur Auferstehung führen. Dann steht er auf und geht zu seinem Vater.

Wie einfach werden all diese Dinge, wenn wir eine gewisse Erkenntnis gewonnen haben; denn Erkenntnis ist nur ein anderes Wort für Offenbarung, und Offenbarung bedeutet Heilung des Menschen durch Gott. Gott ist die einzige Wirklichkeit, und unser Leben wird erfüllt und real nur in dem Maße, in dem wir IHN empfangen.

NACHWORT:
HEILUNG NACH WHITE EAGLE – HEUTE
von JOAN HODGSON,
Heilungs-Sekretärin der White Eagle-Loge

Im Laufe der Jahre, die ins Land gegangen sind, seit dieses
Buch zum ersten Mal erschienen ist, sind gewisse Veränderungen eingetreten, nicht so sehr in der grundsätzlichen
Methode der geistigen Heilung, wie sie in der White Eagle-
Loge (und jetzt auch im "Weißen Tempel") praktiziert
wird, sondern vielmehr in der Art der Verabreichung und
der äußeren Struktur der Heilbehandlung.

Diese Veränderungen entstanden teilweise als natürliche
Folge der wachsenden Verbreitung und Ausdehnung des
Werkes. Kurz gesagt besteht der Unterschied darin, daß in
jenen Anfangstagen die Behandlungen im privaten Rahmen stattfanden, in den kleinen Heiligtümern oder Behandlungsräumen, die für diesen Dienst eingerichtet wurden. Heute werden die Patienten zur Einzelbehandlung
während eines Gottesdienstes gebracht. Hierfür gibt es
zwei Gründe. Erstens ist die Zahl der Fernheilungsgruppen von den ursprünglichen zwei in London auf über dreißig im Bereich Londons und auf zwanzig im Bereich New
Lands, dem Zentrum des White Eagle Werkes auf dem
Lande, angestiegen. Die fast ununterbrochene Arbeit dieser Gruppen und die weitere geistige Arbeit in den verschiedenen Andachtsräumen bedeutet, daß ein großes Po-
tential spiritueller Kraft aufgebaut wird, das ständig ergänzt wird. White Eagle gab uns Anweisungen, von diesem
spirituellen Energie-Reservoir Gebrauch zu machen und
die Patienten zum Zwecke ihrer Heilung mit einzubezie-

284

hen. So entwickelte sich eine Form des Gottesdienstes – basierend auf den Worten White Eagles –, der durch ständigen Einsatz zu einem mächtigen Mantram geworden ist, das sowohl Patienten als auch den Heilern hilft, eine stärkere geistige Verbindung herzustellen.

Zweitens stellten wir fest, daß Einzelbehandlungen in den kleinen Behandlungsräumen zwar den Patienten wohltaten, aber allzu häufig die Heiler erschöpften. In manchen Fällen entwickelte sich eine mediale oder emotionale Verbindung zwischen Heiler und Patient, die den Heiler seiner psychischen Kraft beraubte, so daß er bald selbst einer Behandlung bedurfte, die solche Verbindungen wieder durchtrennte. Bei dem gegenwärtigen System kommen solche unerwünschten Verbindungen, die zur Schwächung der Heiler führen, kaum noch vor.

Zu Beginn des Heilungsdienstes wird den Patienten geholfen, sich allmählich zu entspannen und sich der Heilkraft Gottes zu öffnen. Sie konzentrieren ihr ganzes Wesen auf die Gegenwart Christi, die im weiteren Verlauf so real für sie wird, daß die Teilnehmer die Christuskraft fast wie die warmen Strahlen der materiellen Sonne spüren, die auf alle herniederscheinen.

An einem bestimmten Punkt des Heilungsdienstes werden die Patienten zu Hockern geleitet, die vorne vor dem Altar aufgestellt sind; dann kommen die Heiler still zu ihnen. Die Behandlung findet in einer Atmosphäre absoluten Friedens und völliger Stille statt, und jeder der Anwesenden ist sich des Segens, der dieses Werk erfüllt, mehr oder weniger spürbar bewußt. Es fällt nicht schwer, sich die Engel vorzustellen, die zur Mithilfe angerufen und gebeten werden, oder die leuchtende Gestalt des "Großen Heilers" in ihrer Mitte, die so erfüllt ist von Licht, zärtlichem

Mitgefühl und göttlicher Kraft. Jeder Heiler hat reichlich Zeit für die Durchführung der vorgeschriebenen Behandlung, ebenso der Patient, um sich zu entspannen und die Heilungsstrahlen in sich aufzunehmen. Am Ende der Behandlung kehren die Patienten still zu ihren Plätzen zurück, und die nächste Gruppe geht nach vorn.

Im Tempel können wir – wenn genügend Heiler zur Verfügung stehen – bis zu acht Patienten gleichzeitig behandeln. Gewöhnlich kommen wir mit zwei Patientengruppen nacheinander aus, aber manchmal erreichen wir auch das Maximum von vier, obwohl wir versuchen, das nach Möglichkeit zu vermeiden, weil es für einige Patienten doch ein zu langes Sitzen erforderlich machte. Das Ideal sind vermutlich zwei Gruppe; dann hat jeder Anwesende genügend Zeit, die himmlische Ausstrahlung aufzunehmen, die über die ganze Gruppe herabzusteigen scheint. Vor allem dies ist es, was die Kontaktbehandlung in der Gruppe sowohl für die Heiler als auch für die Patienten zu einem unvergeßlichen Erlebnis werden läßt. Die Heilergruppe, die in Liebe sich den Patienten zuwendet, scheint fast zu verschmelzen mit der strahlenden Gegenwart Christi. Wie auch bei der geistigen Fernheilung sind alle darin geübt, sich über die Sorgen des äußeren Selbst zu erheben und in jenen leuchtenden Punkt aufzusteigen, wo der Christus-Geist in absolute Einheit verschmilzt mit dem Christus-Geist des Nächsten. Von dieser Seinsebene strömt das Heilungslicht in die Patienten herab und weckt und stärkt in ihnen jene göttliche und allmächtige Gegenwart, die heilt und wiederherstellt.

Überall in diesem Buche wurde bereits gezeigt, daß die Arbeit des Heilers, sei es als einzelner oder in der Gruppe, der Anrührung und Belebung des Christuslebens im Pa-

286

tienten gilt, das die Quelle aller Heilung ist. Mit anderen Worten: Der Heiler hilft dem Patienten, sich selbst zu heilen. Die Erfahrung hat gezeigt, daß es für den Patienten viel leichter ist, in der Atmosphäre der Andachtsräume oder des Tempels, wo auch andere nach Geistigem trachten, zu dieser Erkenntnis zu gelangen. Wie auch in der Meditation trägt jeder der Anwesenden, jedes Mitgleid der Gruppe etwas zu dem Ganzen bei, und man wird zu einem umfassenderen Verständnis der Worte des Meisters geführt, der einst sagte: *„Wo zwei oder drei versammelt sind in meinem Namen, da bin ich mitten unter ihnen."*

Wenn die letzten Patienten zu ihren Plätzen zurückgekehrt sind, schließt der Gottesdienst mit einem Gebet, durch das die ganze Menschheit in das Christuslicht gestellt wird, während einzelne Fälle, die der Hilfe bedürfen, von den Anwesenden leise mit Namen genannt werden. Dann, nach etwas leiser Musik, gehen Patienten und Heiler friedlich ihrer Wege.

Wenn es notwendig erscheint, lassen sich auch private Heilbehandlungen in den Logen vereinbaren. Wir versuchen es auch einzurichten, daß Heiler jene Patienten in ihrer Wohnung aufsuchen, die bettlägerig sind, nicht auf die Straße gehen können oder im Krankenhaus liegen. Nach Möglichkeit sollten die Patienten aber die eben beschriebenen Heilungsgottesdienste besuchen. Die Resultate dieser Form geistiger Heilung sind bemerkenswert, was wohl auch andere Leidende und Heiler ermuntern dürfte, auf den folgenden Seiten einige der wirklich schönen und manchmal wunderbaren Heilungen geschildert zu lesen, die entweder den Bemühungen der Fernheilgruppen oder den Kontaktbehandlungen im Rahmen der Heilungsgottesdienste zu verdanken sind.

Natürlich ist es nicht immer leicht, die tatsächliche und anhaltende Hilfe zu messen, die die Patienten erhalten. Ein großer Teil der Patienten berichtet gewiß, daß sie sich viel besser fühlen, oder daß sie Mut und Kraft vermittelt bekamen, unter schwierigen Umständen durchzuhalten, aber im allgemeinen sind sie gleichzeitig auch in medizinischer Behandlung, und so fällt es schwer, den Anteil mit Sicherheit festzustellen, den die geistige Heilung zur Besserung ihres Befindens beigetragen hat. Aber jeden Monat, wenn die Berichte eingehen, sind darunter ein oder zwei Briefe, in denen Heilungen geschildert werden, die man nicht anders als wunderbar bezeichnen kann. Im folgenden sei ein solcher Brief zitiert:

„Voller Dankbarkeit und Freude schreibe ich Ihnen, um Ihnen die wunderbare Neuigkeit mitzuteilen, daß mein Krankenhausaufenthalt und die nächste Operation gestrichen worden sind. Der Tumor in meinem Hals hat vor drei Wochen plötzlich angefangen kleiner zu werden und verschwindet jetzt zusehends. Es ist ein regelrechtes Wunder, und ich bin überwältigt vor Freude und Dankbarkeit.

Es war ein sehr großer, harter Tumor, und Antibiotika-Behandlung und Bluttests deuteten alle auf das gleiche hin: noch einmal Krebs. Der Arzt am Ort war überzeugt, daß nur ein Krebs-Chirurg hier helfen könnte. Er drängte sehr auf eine Operation und sagte, je eher, desto besser, und so schrieb er einen Brief an das Krankenhaus und bat den Chirurgen, mich wieder zu behandeln.

Während wir dann auf die Antwort aus dem Krankenhaus warteten – es war eine Angelegenheit von zehn Tagen –, entdeckte ich plötzlich, daß der Tumor kleiner geworden war. Ich ging zum Arzt, der dies bestätigte; die Geschwulst sei zwar noch da, aber beträchtlich kleiner geworden. Wir warteten weiter auf Nachricht aus der Klinik, und als dann die Karte kam und mein nächster Besuch beim Arzt fällig war, stellte dieser fest, daß der Tumor weiter geschrumpft sei. Daraufhin warteten wir eine weitere Woche ab, nach deren Ablauf die Geschwulst nur noch sehr, sehr klein war. Sie war zwar noch nicht ganz verschwunden, aber von der ursprünglichen Größe eines Hühnereis nunmehr auf Erbsengröße geschrumpft. Der Arzt machte meine Anmeldung zur Operation rückgängig; ich soll ihn in drei Wochen wieder aufsuchen, um nachsehen zu lassen, ob die Geschwulst ganz verschwunden ist. Das ist das größte Wunder, das ich je erlebt habe, und mein Herz ist so erfüllt von Dankbarkeit gegenüber Ihnen und Ihren Helfern!"

Der folgende Fall ist ebenfalls sehr interessant, weil er die Wirkungsweise eines der geistigen Gesetze veranschaulicht, auf denen die körperliche Gesundheit des Menschen beruht. Eine junge Musiklehrerin klagte über eine Infektion oder Entzündung des Gewebes hinter den Augen, die Sehstörungen verursachte. Sie war auch zuckerkrank. Die Großmutter eines ihrer Schüler bat für sie um Fernheilung, ohne daß die Lehrerin selbst etwas davon wußte. Als die Zeit kam, den ersten Befindlichkeitsbericht einzusenden, schrieb die freundliche Dame der Lehrerin durch Vermittlung ihres Enkels einen Brief und fragte sie, wie es ihr ginge. Sie teilte ihr auch mit, daß sie seit drei Monaten von den White Eagle-Fernheilungsgruppen betreut worden war. Das Resultat sei hier mit den Worten der älteren Dame zitiert:

„Sie (die Patientin) rief mich am Mittwochabend an, um mir fabelhafte Neuigkeiten mitzuteilen. Ihr Sehvermögen hatte sich wunderbar verbessert, und die Ärzte seien ganz erstaunt. Sie sagte immer wieder, wie dankbar sie doch sei... und ich nehme an, sie möchte noch mehr von unseren geistigen Wahrheiten erfahren."

Dieser Fall ist besonders interessant im Hinblick auf die Aussage White Eagles, daß Augenbeschwerden grundsätzlich mit einem tiefen Bedürfnis der Seele zusammenhängen, geistige Wahrheit klarer zu verstehen. Die Funktionen des materiellen Körpers sind viel enger mit dem Seelenleben verbunden, als die meisten Menschen ahnen, auch wenn die heutigen Ärzte allmählich anfangen zu erkennen, daß viele Erkrankungen eine psychosomatische Ursache besitzen.

Tiere sprechen auch oft hervorragend auf die geistige Heilbehandlung an. Ein solcher Fall war ein Pony namens Twinkle, dreiundzwanzig Jahre alt, das sehr unter den Schmerzen einer Entzündung am Huf zu leiden hatte. Auch hier zitieren wir aus dem Original-Schreiben: „Twinkle geht es jetzt soviel besser, daß wir sie wieder einsetzen können, und der Tierarzt war so verwundert über ihre Fortschritte, daß er mich fragte, ob ich mich in der gleichen Weise noch um andere Pferde kümmern könnte, die dieses Leiden hätten!

Vor ungefähr zehn Tagen hat sie sich eine Sehne gezerrt, und der Tierarzt, der gerade vorbei kam, schaute einmal nach ihr. Heute ist er wieder hier gewesen und sagt, daß Twinkle jetzt wieder in Form wäre und zurück an die Arbeit gehen könne. Deshalb möchte ich Ihnen gleich schreiben, weil ich das Gefühl habe, daß Sie jetzt frei werden sollen für andere, die Ihre Zeit und Heilungsgedanken dringender benötigen. Ich danke Ihnen vielmals. Der Unterschied zwischen heute und dem schwer kranken, lahmen Pony vor ein paar Wochen erstaunt viele Menschen, vor allem weil die erzwungene Untätigkeit dazu geführt hatte, daß das Tier seine Hinterbeine nicht mehr richtig gebrauchen konnte. Jetzt ist sie für ihre dreiundzwanzig Jahre bemerkenswert lebhaft."

Wie schon gesagt, auch viele verschiedene Tiere sind Empfänger der geistigen Heilung – vom Elefanten bis hin zum Papagei. Vor kurzem konnten wir mit Vergnügen die Fortschritte eines geläufigeren Haustiers beobachten, einer Katze. Julie wurde der Fernheilungsgruppe anvertraut, weil sie unter einer schmerzhaften Infektion des Auges litt, und der Arzt sagte, sie würde das Sehvermögen verlieren. Sobald die Behandlung begann – so berichtete ihr Frauchen –, "floß einfach Wasser aus dem kranken Auge, und nach einer Woche sah es sehr viel besser aus". Kürzlich erfuhren wir, daß das Sehvermögen der Katze inzwischen fast völlig wiederhergestellt sei.

Kinder, die von Natur aus noch sehr eng mit der geistigen Welt verbunden sind, sprechen wunderbar und oft sehr rasch auf die Heilkraft an.

Wir hatten einen kleinen Jungen genannt bekommen, der immer wieder Gerstenkörner am Auge entwickelte. Kaum war das eine verheilt, wuchs schon das nächste Gerstenkorn, und das arme Kind hatte sehr darunter zu leiden. Wir setzten ihn auf unsere Liste zur Fernbehandlung und waren erfreut zu erfahren, daß die Gerstenkörner gleich nach Beginn der Fernbehandlung verschwanden und keines mehr aufgetaucht sei.

Ein verhältnismäßig geringfügiger, aber nicht weniger frappierender Fall war ein vertretener Fuß, der sechs Wochen oder noch länger beträchtliche Schmerzen verursacht hatte. Die Patientin schrieb selbst: „Ich wohnte damals weit draußen auf dem Lande, hatte kein Auto, ein kleines Kind und einen Mann, der mit einem Bandscheibenvorfall bettlägerig war. Unter diesen Umständen waren Ruhe und Schonung für den verletzten Fuß ausgeschlossen, und die Schmerzen wurden immer schlimmer.

Mr. Cooke sagte: „Zeigen Sie einmal her." Dann gab er mir eine Heilbehandlung und zog den Schmerz und die Entzündung von meinem Fuß ab. Der Fuß war wie verzaubert. Am Ende der recht kurzen und einfachen Behandlung stellte ich fest, daß ich ohne Schmerzen wieder gehen konnte, und die Beschwerden sind auch nicht zurückgekehrt seit damals. Ich habe mir auch niemals wieder den Knöchel vertreten, was mir früher recht häufig passiert ist. Das ist jetzt schon einige Jahre her."

Frau Z. bat um Heilung wegen eines Neuroms, eines Tumoren am Nerv, und zwar in der Fußsohle. Die Schmerzen im Fuß waren unerträglich, und die Ärzte konnten ihr nicht helfen. Sie erhielt geistige Heilung, und nach drei Monaten berichtete sie, daß sich der Fuß gebessert habe und die Schmerzen nachgelassen hätten. Ihr nächster Bericht teilte mit, daß die Beschwerden noch nicht verschwunden seien, aber erträglich waren. Nach sechs Monaten berichtete sie von einer unglaublichen Besserung. Der Tumor war fast restlos verschwunden. Genau ein Jahr nach der ersten Behandlung bat die Patientin, aus der Fernheilungsliste gestrichen zu werden und schickte uns folgenden Bericht: „Ich habe, seit ich Ihnen das letzte Mal geschrieben hatte, keine Schwierigkeiten mit meinem Fuß mehr gehabt. Er ist jetzt gut. Bitte danken Sie in meinem Namen allen Beteiligten für die Hilfe und guten Gedanken, die Sie mir zukommen ließen. Vielen herzlichen Dank."

Frau Y. bat um Fernheilung für ihre Tochter Heather, die über starke Schmerzen in Kopf, Ohren und Nase klagte und zu einer dringenden Nebenhöhlen-Behandlung ins Krankenhaus bestellt war. Frau Y. schrieb: „Ich bin sehr dankbar und glücklich, Ihnen schreiben und mitteilen zu können, daß Heather geheilt ist. Sie rief gestern abend an, und als ich sie fragte, wie es ihr gehe, sagte sie, daß die Kopfschmerzen verschwunden seien und ihre Nebenhöhlen und Ohren sich wieder ganz normal anfühlten. Sie habe soeben ihren Termin im Krankenhaus abgesagt, weil sich ihr Zustand so gebessert hatte. Ich danke Gott und Ihren Heilergruppen für die Heilung meiner Tochter Heather."

Das nun folgende dramatische Heilungswunder erlebte eine White Eagle-Heilerin, die selbständig arbeitet:

„...Meine Schwester rief mich an, sie war sehr aufgeregt. Eine Nachbarin von ihr, die sie schon seit vielen Jahren kannte, war ins Krankenhaus gekommen, um einen Polypen in der Nase entfernen zu lassen. Bei der Untersuchung stellte sich jedoch heraus, daß Frau W. einen unheilbaren Krebs hatte, der nicht nur zur Erblindung führen, sondern schließlich noch auf das Gehirn übergreifen würde. Man war der Ansicht, daß eine Operation der Patientin eine Zeitlang Erleichterung verschaffen würde, und schickte sie heim, bis ein Klinikbett für sie frei würde. Man bedeckte ihr die Nase mit Baumwolltupfern, weil ständig übelriechendes Sekret heraustropfte. Meine Schwester bat mich, Frau W. in die Fernbehandlung einzubeziehen, um zu sehen, ob man ihr ein wenig helfen könnte. Das tat ich täglich, und ungefähr nach zehn Tagen kam Frau W. ganz aufgeregt zu meiner Schwester ins Haus. Sie hatte eine Besserung im Kopf gespürt, als ob sich irgend etwas gelöst hätte, und dann sei eine scheußliche Substanz aus ihrer Nase hervorgekommen. Sie ließ es einfach in einen Eimer fließen, und als alles draußen war, waren auch die Schmerzen und das Druckgefühl verschwunden, auch das Tropfen hatte aufgehört. Meine Schwester riet Frau W., ihren Arzt aufzusuchen, was diese auch tat. Der Arzt wiederum schickte sie ins Krankenhaus zurück. Der Chirurg war sehr erstaunt. Er hatte für den Vorfall keine Erklärung, gratulierte der Frau aber zu dem Glück, das sie hätte, und entließ sie. Nach zwei Wochen war Frau W. wieder an ihrer Arbeitsstelle, und hatte seitdem keine Beschwerden mehr...''

Ein weiterer bemerkenswerter Fall war der einer Frau Ende Vierzig, die seit ihrer Jugend unter Migräne litt. Die Anfälle kamen häufig, oft ein- bis zweimal pro Woche; schwerste Kopfschmerzen wurden abgelöst von Doppelsichtigkeit und Erbrechen, und jeder Anfall bedeutete, mindestens einen Tag ans Bett gebunden zu sein. Eines Tages erhielt die Kranke eine Kontaktbehandlung, als sich gerade ein Migräneanfall ankündigte. Die Patientin hatte bereits starke Kopfschmerzen, fühlte eine leichte Übelkeit und rechnete wieder mit einem Tag im Bett. Nach der Heilbehandlung waren Kopfschmerzen und die anderen Symptome spurlos verschwunden, und die Patientin konnte sich sofort an ihre Arbeit begeben. Sie war verblüfft, weil es normalerweise viel länger dauerte, bis sie nach einem Anfall beschwerdefrei war. Trotz starker Spannungen im häuslichen Leben, die sie über einen größeren Zeitraum hinweg belasteten, hatte die Patientin seit jener Behandlung (vor mehr als einem Jahr) nur noch einen einzigen Migräneanfall.

Auch der nächste Fall stammt von einer White Eagle-Heilerin, die alleinstand und ungeachtet ihrer eigenen Krankheit und Schmerzen ihrer Verpflichtung zum Heilen immer treu blieb: „Es tut mir leid, daß ich so lange nicht mehr geschrieben habe, aber ich muß Ihnen als Erklärung berichteten, daß ich vor der Haustür einen schlimmen Unfall hatte. Mit 68 Jahren geht es mir eigentlich gut, aber ich habe ein arthritisches Fußgelenk – es ist der linke Knöchel –, und das hatte auf einmal nachgegeben. Dabei hatte ich einen schrecklichen Unfall, mit Kopfverletzungen und einem recht zertrümmerten linken Arm. Doch ich wachte am nächsten Tag im Krankenhaus gerade rechtzeitig auf, um an meine kranken Freunde zu denken und mich geistig mit der Heilergruppe zu verbinden. Mein Vertrauen in dieser Beziehung hat nie nachgelassen, obwohl ich fürchte, daß ich, selbst von Schmerzen erfüllt, wohl leider nicht so stark dabei gewesen bin, wie ich es wünschte.

Es passierte fast fünf Monate nach meinem Unfall, daß der Knöchel wieder nachgab, und ich brach mir den fast zusammengeheilten Arm vom neuem. Ich hatte schlimme Schmerzen, und es ist mir nicht gelungen, "durchzukommen", außer am Dienstag, dem Tag, an dem ich mich mit meiner Gruppe verbinde. Schmerzen haben eine läuternde Kraft, und so habe ich gebetet, daß der Meister und meine lieben Freunde und mein Schutzgeist mich läutern helfen mögen und mich dann auf neue, vielleicht bessere Weise gebrauchen können."

Nach Empfang dieses Briefes hielten wir diese Patientin beim mittäglichen Gottesdienst ins heilende Licht und schrieben ihr. Wir baten sie um Erlaubnis, sie einer Heilergruppe anzuvertrauen und lobten sie, daß sie trotz starker eigener Schmerzen doch ihre Fernheilbehandlungen fortsetzte. Als Antwort erhielten wir folgenden Brief:

„Soviel schöne Wärme und Ausstrahlung kam mit Ihrem Brief zu mir. Ich fühlte mich mächtig erhoben und empfing seelische und körperliche Hilfe.

Im nächsten Tag, als ich meine normale Fernheilungssitzung hatte, erhielt ich gegen Ende selbst eine großartige Heilung, und fühlte mich so wohl – eine ständige, herrliche Wärme "wie aus einer anderen Welt" schien sich auf meinen schlimmen Arm zu konzentrieren. Wie es geschrieben steht: *„Ehe sie rufen, will ich antworten..."* Ich wäre dankbar, wenn Sie mich einen Monat lang auf die Fernheilungsliste setzen, damit die gebrochenen Knochen in meinem Arm wieder zusammenfinden, und damit ich Kraft bekomme. Ich bin nicht so ruhig im Geiste, wie ich vielleicht gerne wäre."

Nach sechs Wochen kam der folgende Brief: „Ich hatte sehr starke Schmerzen, als ich Ihnen schrieb, aber ich möchte, daß Sie erfahren, daß fünf oder sechs Tage nach Erhalt ihres freundlichen Schreibens die Schmerzen von sieben Monaten *verschwanden!* Der Prozeß der Knochenheilung geht nun rasch voran.

Mit vollem Herzen und Dankbarkeit gegenüber Christus, White Eagle und den Heilungsengeln bitte ich Sie, meinen Namen jetzt aus der Fernheilungsliste zu streichen.

Alles Gute Ihnen und den Helfern – die Besserung ist wunderbar, und es ist so schön, wieder schmerzfrei zu sein."

Ob das Leid nun körperlich, emotional oder seelisch ist, kann die Heilung Hilfe verschaffen, Frieden bringen, Gesundheit und Glück. Es folgen jetzt zwei Fälle, über die wir uns besonders gefreut haben.

Folgenden Brief erhielten wir von einer jungen Frau: „Mein Problem sitzt so tief, daß es mir schwerfällt, es mit wenigen Worten zu erklären; aber ich will es versuchen.

Als Kind war ich immer schrecklich schüchtern, und es war mir fast unmöglich, Freunde zu finden. Das wurde immer schlimmer, bis ich dann als Teenager eine scheußliche Übelkeit und Angst verspürte, wenn ich irgendwo hingehen sollte – ganz gleich, ob es nun gesellschaftliche Anlässe, Einkäufe, der Zahnarzt oder ein anderes Ziel war. Immer hatte ich das Gefühl einer Mauer oder Barriere um mich herum; nie war es mir gelungen, eine sinnvolle Beziehung mit irgendjemandem aufzubauen. Meine Lehrer drängten mich, die Universität zu besuchen, und ich schaffte auch einen Abschluß in Biochemie, obwohl jeder Tag auf der Hochschule eine Folter war. Seit ich mit dem Studium fertig war, hatte ich – nun seit zehn Jahren – die gleiche Arbeit als Biochemikerin in einem Krankenhaus. Das hat mich belastet, nicht nur wegen der Kommunikation, sondern, weil ich mich bei der Arbeit unsicher fühle – irgendwie habe ich mich immer durchgewurstelt.

Der Arzt sagte, es sei "nur" allgemeine Angst, und die körperlichen Symptome seien darauf zurückzuführen, daß ich zuviel Adrenalin ausschüttete. Der Psychologe sagte, es sei "nur" eine Angst vor Gesellschaft, und lehrte mich die Techniken der Gesprächseröffnung. Kurzum, ich wurde so isoliert und deprimiert, daß ich beschloß, mir das Leben zu nehmen – ich dachte, es war nur der Gedanke an meinen Vater, der allein zurückbleiben würde, was mich davon abhielt. Dann, *Gott sei Dank,* erfuhr ich von White Eagle. Seine Philosophie hat mir ungeheuer geholfen. Ich verstehe jetzt den Grund des Lebens, und ich *will* es nun selbst in die Hand nehmen.

Aber diese Sache ist eben immer noch da: Wann immer ich irgendwohin gehe, bekomme ich diese Übelkeit, und mein ganzer Körper – besonders meine Kehle – ist gespannt und verkrampft vor Angst. Irgendwo tief in meiner Seele muß eine Blockade sein – ich weiß nicht, was es ist –, ich weiß nur, daß es sehr, sehr tief sitzt, und deshalb frage ich mich, ob Fernheilung hier vielleicht helfen könnte. Ich habe mir wirklich Mühe gegen, seit ich von White Eagle erfuhr, aber diese Sache sitzt so tief – ich glaube nicht, daß ich das allein schaffen kann, weil ich nicht genau weiß, was es ist; ich habe das Gefühl, es könnte sogar etwas mit früheren Leben zu tun haben.

Mir ist natürlich klar, daß es mein Karma sein könnte, so zu leiden, und wenn keine Heilung für mich vorgesehen ist, dann werden ich mich wohl damit abfinden müssen. Aber ich *weiß*, wenn diese Last von meiner Leele genommen würde, dann könnte ich mich wirklich für das White Eagle-Werk nützlich machen. Ich möchte mich sehr gerne eines Tages als Heilerin betätigen, aber es hat wohl keinen Zweck zu versuchen, anderen zu helfen, so lange man selbst noch nicht in Ordnung ist, nicht wahr?

Wenn Sie meinen, daß die geistige Heilung für solche Zustände nichts ist, werde ich das verstehen; ich weiß, daß es Tausende von Menschen gibt, die noch viel schlimmer dran sind als ich."

Wir antworteten ihr, daß wir das Gefühl hatten, daß Geistheilung ihr helfen könnte, und trugen ihren Namen sofort in die Fernheilungsliste der White Eagle-Heilergruppen ein. Nach drei Monaten erhielten wir folgenden Bericht:

„Zuerst schien sich nichts zu ändern, aber dann merkte ich, daß ich von Tag zu Tag mehr für den jeweiligen Tag lebte und mir nicht mehr ununterbrochen Sorgen um die Zukunft machte. Ich fühlte mich innerlich so ruhig, daß ich sogar in der Lage war, mich selbst und mein Leben einmal genau zu betrachten, und ich habe beschlossen, mein Leben jetzt selbst in die Hand zu nehmen.

Wie schon in meinem ersten Brief erklärt, bin ich mit meiner Stelle als Biochemikerin im Krankenhaus schon lange nicht mehr zufrieden gewesen, aber ich sah einfach keine

Möglichkeit, mich zu verbessern. Ich bewegte mich nur noch in einem ausgefahrenen Geleise, schien das Interesse an der Arbeit ganz verloren zu haben, hing nur so herum und vergeudete meine Zeit. Die Fernbehandlung schien mir eine klarere Sicht zu ermöglichen, und nach einigem Nachdenken entschloß ich mich für einen Sprung ins Leere: meine Stellung zu kündigen und zu einer Sekretärinnen-Karriere überzuwechseln. Ich stellte mir vor, eines Tages als Arztsekretärin wieder im Krankenhaus zu arbeiten.

An genau jenem Tag, als ich mich zu diesem Entschluß dann durchrang, kam ein Prospekt ins Haus, in dem Schreibmaschinen- und Sekretärinnenkurse angeboten wurden, die in Kürze am Ort beginnen sollten. Ich meldete mich und bat um Einzelheiten, und es schien genau das zu sein, was ich brauchte. Ich schrieb mich ein und habe an dem Kurs nun sehr viel Spaß. Die Lehrerin sagt, ich sei schon überdurchschnittlich gut, und sie sei recht zuversichtlich, daß ich eine glänzende Typistin würde.

Obwohl ich im Augenblick arbeitslos bin, mache ich mir nicht die geringsten Sorgen (etwas ganz Neues für mich!); ich habe genug Geld auf der Bank, um meinen Vater und mich eine Zeitlang durchzubringen. Die Arbeitsvermittlung hofft, eine vorübergehende Anstellung für mich zu finden, wo ich im Büro arbeiten könnte, was gut für mich wäre, weil ich da neue Leute kennenlernen würde. Ich bin ein wenig besorgt, weil ich die Laufbahn aufgegeben habe, für die ich ausgebildet war, aber ich hoffe, von meinem medizinischen Wissen eines Tages als Sekretärin wieder Gebrauch machen zu können – auf jeden Fall wäre ich von Nutzen für die Ärzte.

Ich bin den Heilern so dankbar, die ihre Zeit aufgebracht

haben, um mir (einer völlig Fremden) so zu helfen, und ich danke auch White Eagle und den Geschwistern in der geistigen Welt – ich weiß wirklich nicht, wie ich ohne das herrliche geistige Wissen leben konnte, das ich mir nun aneigne. Na ja, ich hatte ja auch kaum richtig gelebt! Ich habe immer noch den starken Wunsch, selbst als Heilerin tätig zu werden, und sobald ich beruflich wieder auf festen Füßen stehe, werde ich Ihnen deshalb wieder schreiben. Ich denke, ich werde schon merken, wann die rechte Zeit gekommen sein wird. Bis dahin werde ich mich bemühen, jenen Menschen Licht zuzusenden, von denen ich weiß, daß sie in Not sind."

Der zweite Fall ist ähnlich in der Hinsicht, daß die Probleme eher psychologisch als körperlich waren. Wir zitieren aus einem Schreiben der Patientin:

„Letzten September wurde ich von einer Bekannten in die White Eagle-Loge geführt, als ich zum Erntegang und -mahl nach New Lands kam. Ich war so überwältigt von dem Gefühl der Liebe, des Friedens und der Freundlichkeit aller Anwesenden, daß es mich ein wenig aus meiner dauernden Niedergeschlagenheit heraushob.

In der Folge kam ich regelmäßig zu den sonntäglichen Gottesdiensten und war darauf gespannt herauszufinden, was hinter jener Ruhe und dem Frieden steckte, die ich gespürt hatte, von dem Werk oder den Grundsätzen der White Eagle-Loge wußte ich nichts.

Ungefähr zu jener Zeit kam dann ein starker Rückfall der Depression und nervösen Spannung (die ich eigentlich schon so lange kannte, wie ich mich erinnern konnte), und es schien schlimmer zu werden. Es schien keinen Lebenssinn mehr zu geben, und ich fühlte am Morgen keinen Drang aufzustehen oder irgendetwas zu tun; ich hatte einfach das Empfinden, mit dem Leben überhaupt nicht mehr fertig zu werden. Mit meinen Gedanken drehte ich mich im Kreise, und oft genug schien es nur einen einzigen Ausweg zu geben – den ich auch einige Male probierte, aber jedesmal wurde ich gerade noch rechtzeitig davor bewahrt. Ich denke heute, mit einer bestimmten Absicht.

Ich war ungefähr zwei Jahre in psychiatrischer Behandlung, aber all die Drogen und Elektroschocks schienen mich nur noch mehr zu verwirren, als ich ohnehin schon war.

Bei den sonntäglichen Gottesdienstes und dem, was ich hier erfuhr, hatte ich das Gefühl, daß ich sehr gerne leben würde, und fähig wäre, mein Herz und Denken zu öffnen – aber dann war da die große Barriere meines niederen Denkens und vergangenen Lebens, die mir immer wieder in die Quere kam.

Auf den Rat einer Bekannten schrieb ich an die White Eagle-Loge, ohne irgendetwas von deren Heilungswerk zu wissen, und schilderte meine verzweifelte Lage. Ich wurde sofort den Fernheilgruppen anvertraut und besuchte dann auch die Heilungsdienste.

Ich glaube nicht, daß es mir möglich ist, die wunderbare Veränderung zu beschreiben, die ich in meinem Leben seitdem erfahren habe. Ich spüre nun, daß mein Leben wirklich einen Sinn hat, und daß es der Mühe wert ist – und der Freude, mit der es mich erfüllt. Es war ein allmählicher Prozeß gewesen, und ich weiß, daß ich noch immer einen weiten Weg vor mir habe, aber ich weiß auch, daß mir jemand sehr nahe ist, der mich leitet und stärkt, so daß ich nicht fehlgehen kann. All die geringfügigen kleinen Probleme und Sorgen, die mich früher bedrückt haben, erscheinen jetzt wie durch Zauberhand geordnet und werden allmählich überwunden, und jeden Tag scheint es einen besonderen Grund zu geben, am Leben und glücklich zu sein."

Ein Herz voll Dankbarkeit hilft dazu, Wunder zu vollbringen – wie der folgende Brief zeigt: „Dank dir, Gott, für all die Hilfe und Heilung, die ich empfange – das ist mein inniges Gebet jeden Tag, denn ich erlebe soviele Beweise für Gottes Liebe und Heilungskraft, daß ich, um anderen zu helfen, die – wie ich – sich vor Krankenhäusern immer fürchteten und Angst haben vor einer Operation, Ihnen jetzt schreiben will, was ich im letzten Jahr erlebt habe. Die beiden von mir am meisten gefürchteten Dinge sollten geschehen, und ich wurde ins Krankenhaus eingeliefert, wo eine Notoperation durchgeführt werden sollte, aber ich empfing so viel Hilfe von Gott durch seine dienstbaren Engel, daß alle Angst von mir wich. Ich war so ruhig, daß selbst die Schwester eine Bemerkung deshalb machte, als sie mir den Schlauch in die Nase schob und mich für den Operationssaal vorbereitete. Als ich am nächsten Morgen wieder zu mir kam, schien es mir, als wachte ich aus einem tiefen Schlaf auf, und als die Schwester nach mir sah und frage, wie ich mich fühlte, konnte sie gar nicht verstehen, daß ich "Gut" antwortete, denn abgesehen von der Operationswunde und den Schläuchen fühlte ich mich wirklich wohl. Ich erfuhr auch, daß man sich große Sorgen um mich gemacht hatte, als ich während der Nacht so still und friedlich im Bett lag.

Ich wußte nicht, was man bei der Operation gemacht hatte, bis der Chirurg zur Visite kam – und auch er war erstaunt, als ich ihm die gleiche Antwort "Gut!" gab auf seine Frage, wie ich mich fühlte. Er frage: „Wissen Sie denn, wie nahe Sie am Tode waren, als Sie eingeliefert wurden? Eine Viertelstunde später – und es wäre zu spät gewesen." Sie hatten erst feststellen müssen, was mir fehlte, und da stellte sich heraus, daß mein Blinddarm durchgebrochen war, und bereits eine schwere Bauchfellentzündung eingetreten war. Der Chirurg teilte mir mit, daß ich mindestens vier Wochen im Krankenhaus bleiben müßte, aber nach fünfzehn Tagen war ich wieder draußen, und meine rasche Genesung war allen ein Rätsel. Sie konnten nicht sehen, was ich sah: Die Heilungsstrahlen strömten Tag und Nacht in mich herein. Und als ich eines Tages durchs Krankenzimmerfenster nach draußen blickte, sah ich, wie die Wolken sich teilten und die strahlende Gestalt Christi mit je einem Lichtwesen auf beiden Seiten sichtbar wurde, und goldene Strahlen der Heilung und des Lichts flossen von ihnen herab. Diese Vision werde ich nie vergessen.

Meine Hüftgelenke sind durch Arthritis stark behindert, und die Muskeln beider Beine zeigen ausgedehnte Adhäsionen. Laut Befund meines Arztes und des Orthopäden müßte ich sehr starke Schmerzen haben – aber ich habe keine. Das können die Ärzte nicht verstehen. Natürlich ist das der wunderbaren Heilung zu verdanken, die ich bekomme. Ich kann immer noch gehen, obwohl man mir schon vor sechzehn Jahren voraussagte, daß ich spätestens mit fünfzig ganz ans Bett gefesselt sein würde. Dieses Jahr werde ich sehr junge Achtundfünfzig, und damit meine ich wirklich *jung*, weil in mir ein wunderbares Gefühl von Licht, Freude, Frieden und Glück ist, das vom Geber allen Lebens, von unserem Vater-Mutter-Gott kommt.

Deshalb sage ich zu allen: Verliert nie das Vertrauen, ganz gleich, was euch quält, denn Gott wird euch nicht vergessen oder enttäuschen; und ich danke Gott, daß ich bin, wie ich bin, weil es mich soviel gelehrt hat, und das Leben ist wunderbar!"

Das folgende schöne Erlebnis einer echten geistigen Heilung wurde von einem unserer Mitarbeiter berichtet:

„Wenn man in der Heilungs-Abteilung der White Eagle-Loge arbeitet, gewöhnt man sich – stelle ich mir vor – daran, Berichte von der wunderbaren Wirksamkeit der geistigen Heilung zu hören. Obwohl man sich für jeden individuellen Fall interessiert und dankbar ist, kann einen vielleicht nur ein persönliches Erlebnis, wie ich es kürzlich hatte, die ganze Kraft und wunderbaren Möglichkeiten der Geistheilung begreifen lassen.

Ich lag mit einem Bandscheibenvorfall und beträchtlichen Schmerzen im Bett. Mein Mann und ich waren gerade mit dem Mittagessen fertig, und er ging hinüber nach New Lands, um sich seiner Heilergruppe anzuschließen. Ich fühlte mich schläfrig, und so machte ich es mir so bequem wie möglich, und kaum hatte ich mich niedergelassen, fiel ich auch schon in Schlaf. Als ich aufwachte, hatte ich das Gefühl, stundenlang geschlafen zu haben – einen angenehmen, schönen, leichten und erquickenden Schlaf. Mir war, als käme ich von einem wunderschönen Ort zurück und trüge ein perlmuttfarbenes Kleid, dessen mannigfache Farbtöne einen köstlichen Duft verbreiteten. Ich erinnere mich noch genau an ein sanftes Blau, Rosarot und Gold, die alle von perlfarbenem Licht miteinander verbunden waren. Ich blieb einige Zeit in diesem regenbogenfarbenem Gewand liegen und versuchte sogar, erneut zu entschlummern und so in das Wunderland zurückzukehren! Aber das gelang mir nicht, und je wacher ich wurde, desto deutlicher spürte ich, daß das Schmerzen und Klopfen in meinem Rücken nachgelassen hatte, und dieser sich stattdessen leicht und irgendwie rein und klar anfühlte.

Als mein Mann zurückkehrte, sagte er, daß er darum gebeten hatte, meinen Namen in seiner Heilungsgruppe zu nennen, und ich hätte eine Fernheilbehandlung mit sanftfarbenen Heilungsstrahlen bekommen. Ich hatte davon nichts gewußt, und hatte überdies in meiner Schläfrigkeit ganz vergessen, daß mein Mann zu seiner Heilergruppe gegangen war.

Ich werde die Unmittelbarkeit jenes "wunderschönen Ortes" oder die duftigen Heilungsstrahlen nie vergessen, die mich einhüllten und umgaben, als ich erwachte. Das war der Wendepunkt, nach dem ich rasch genas."

Schließlich folgt noch die Geschichte einer Patientin, deren Krankheit zu einem tiefinneren, geistigen Erlebnis wurde, das ihr ungeahnten Segen brachte:

„Vielleicht entsinnen Sie sich meines Besuchs der White Eagle-Loge; ich kam, um Heilung zu erbitten. Da ich gerade zum letzten Mal im Krankenhaus beim Arzt war, dachte ich, Ihnen so bald wie möglich einen Brief zu schreiben, um Ihnen mitzuteilen, daß der Arzt bestätigte, der Krebs sei vollkommen verschwunden. Er sagte, es sei eine prächtige Heilung – ja, und es war auch eine wunderbare Heilung.

Seit jenem Tage, an dem er meine Krankheit diagnostizierte und mir ganz offen mitteilte, habe ich soviel Hilfe empfangen – vom Arzt wie auch durch die herrlichen Heilungsdienstes gilt allen Heilern und der ganzen Weißen Bruderschaft, von der die Heilungskraft ausgerichtet wird.

In einer Hinsicht war dies die wunderbarste Erfahrung meines Lebens und eine Prüfung meines gläubigen Vertrauens in die alles besiegende Kraft Gottes, zu segnen und zu heilen. Jetzt ist ein sicheres Wissen da, daß alle Erfahrungen, die uns begegnen, einen bestimmten Sinn haben, und daß aus jeder eine bestimmte Lektion zu lernen ist. Kein Raum ist mehr für Zweifel oder Ängste, was auch immer die Zukunft bringen mag. Die Erinnerung an das Erleben der verheerenden Angstgefühle, die sich anfangs einstellten, scheint ausgelöscht zu sein. Zurück bleibt nur das Gefühl der Freude und das Gefühl der Freude und des tieferen, inneren Friedens. Und ich fürchte mich nicht mehr vor dem Wort Krebs! Man kennt nun eine so herrliche Klarheit des Denkens, und die Empfindung, vorbereitet zu werden für einen umfassenderen Weg des Dienens, und dann ist da die Sehnsucht, mehr und ganz sich diesem geistigen Dienst zu widmen, was auch immer er erfordern mag.

Wußten Sie eigentlich, daß es ursprünglich mein Arzt war, der Geistheilung zusätzlich zu seiner Behandlung empfahl? Als ich ihm von der Behandlung aus der White Eagle-Loge erzählte, sagte, er, das würde zu meinen Schwingungen passen! Es war mir eine große Freude, ihn kennenzulernen. Ich weiß, daß er für seine Patienten betet, seit er mich bat, mich seinem Gebet für jemanden anzuschließen, der vermutlich sehr bald sterben würde; er sprach ein so schönes, schlichtes Gebet. Nachdem er mich für gesund erklärt hatte, sagte er, er wollte weiterhin für mich beten.

Wieder möchte ich von Herzen Dank sagen für all die Heilungskraft, die ich empfangen durfte. Möge das ganze Werk und alle Arbeiter der White Eagle-Loge und auch der herrliche neue Tempel mächtig gesegnet werden, und möge das Licht und die Liebe und die Kraft alle erfassen und erfüllen, die zu heilen trachten, und alle segnen, die da kommen."

Stichwortverzeichnis

Ätherleib S. 91, 98, 145, 166, 182, 199, f, 208, ff, 217, 223, 241, 245, 247, 251, 256, ff,
Altern S. 129
Aura S. 39, 162, 174, 182, 212, ff, 234, f, 245, f
Christus S. 27, 43, 54, 62, ff, 67, f, 72, 74, ff, 80,85, 107, 115, ff, 136, f, 148, 151, f, 164,
f, 172, 175, 183, 185, 187, 192, 200, 212, 214, 222, 227, 233, 268, 285, ff, 296
Demut S. 68, 77, 94, 134, 158, 167, 186, 218, 276
Denken S. 15, f, 18, 28, f, 22, 42, 46, ff, 58, 60, f, 63, 67, ff, 79, 81, 83, f, 88, f, 94, 98,
104, 112, 114, 116, 121, f, 133, ff, 145, 149, 169, f, 172, 177, 184, 190, 200, 208, 211, 213,
216, 223, 237, 242, 248, f, 254, 260, 262, 279, 301, ,306
Diät S. 138, 281
Disharmonie S. 70,97, f, 100, 122, 133, 171, 183, 188, 200, 208, 210, 218, 238
Engel S. 76, 97, 101, 115, ff, 187, 207, 222, 285, 302
Erschöpfung S. 160, 179, 258, 262, 278
Fernheilung S. 40, 221, 223, f, 218, 236, 284, 286, 289, 291, f, 295, ff
Geistiges Bewußtsein S. 54
Geistiges Gesetz S. 100
Göttliche Intelligenz S. 95, 168, 207
Gott 16, 25, ff, 31, 41, 43, ff, 56, f, 59, 61, ff, 72, 74, f, 77, ff, 81, f, 85, ff, 91, ff, 98, f,
102, ff, 106, ff, 113, ff, 127, 133, ff, 142, 145, 148, ff, 161, f, 164, 168, f, 172, 174, 184,
186, f, 192, f, 196, f, 200, 206, f, 213, f, 216, 218, ff, 230, 237, 239, f, 243, 254, 256,
260, 274, 278, f, 281, f, 284, f, 287, 293, 295, 297, 300, ff, 305

    Schöpfer S. 26, 44, 59, 61, 67, 70, 91, f, 108, 113, f, 138, 157, 200

    Einssein mit S. 77
    ist überall, S. 148
    Liebe zu, S. 79, 86, 113, 119, 134, 186, f, 216
    Realität Gottes, S. 26, f

    Heiler, S. 20, 28, 32, 90, 128, 154, f, 161, 167, 169, ff, 180, 182, f, 185, ff, 197,
    f, 200, 202, f, 207, ff, 221, f, 224, ff, 233, ff, 233, f, 236, 238, 241, f, 248, f,
    252, f, 256, ff, 263, 265, ff, 269, ff, 276, ff, 285, ff, 293, ff, 298, ff, 304, ff
Heilige, S. 47, 63, 185, ff, 220
Heilung, S. 9, 13, 15, 18, 23, 26, ff, 30, ff, 37, ff, 42, 71, 74, f, 77, 85, ff, 89, 91,
f, 98, 100, f, 122, 124, 128, 136, 152, ff, 158, f, 161, f, 164, 166, 170, ff, 178, 180,
183, ff, 189, 203, 209, f, 212, ff, 217, 219, 221, ff, 225, 227, 230, f, 234, 237, 240,
ff, 247, f, 251, 256, 258, 261, 264, 266, 268, 271, 275, f, 281, f, 284, ff, 290, ff, 296,
298, 301, ff

    Magnetische, S. 22, 161, 182, 213
    Herkömmliche, S. 222, 281

Herzdenken, S. 53, 56, 59, f, 62, f, 68, 78, 84, 89, 93, f, 129, 153, 169, f, 174, 246,

Jesus, S. 27, 30, 43, f, 62, ff, 67, 72, 75, f, 117, 123, 151, f, 154, 172, f, 175, 177, 185, ff, 191, 276,

    von Nazareth, S. 63, f,

    der Große Heiler, S. 172, 187,

Karma, S. 31, 68, 76, 95, 97, 101, 113, 131, f, 146, f, 146, f, 173, ff, 185, 191, ff, 217, 256, 262, f, 298,

Kinder, S. 19, 25, 27, 51, 107, f, 110, 113, 124, 139, 146, 149, 161, 217, 244, 255, 291,

Körper, S. 9, 14, ff, 18, 20, ff, 27, f, 33, 45, ff, 55, f, 59, ff, 66, 68, ff, 72, 75, ff, 83, ff, 88, ff, 93, ff, 101, 104, 106, 111, f, 120, 125, 128, ff, 132, ff, 142, f, 145, ff, 153, 162, ff, 169, ff, 169, f, 173, f, 176, 182, ff, 187, ff, 193, 198, 200, ff, 205, ff, 222, 226, ff, 236, ff, 244, ff, 248, 252, f, 255, 257, ff, 263, ff, 268, ff, 278, ff, 289, 296, 307,

    ätherische, S. 190

    materielle, S. 202,

Krankheit, S. 10, 15, 18, f, 41, ff, 43, ff, 68, 70, 74, f, 77, f, 80, 82, f, 85, f, 89, ff, 93, 95, 97, ff, 122, 124, f, 128, 130, 132, 152, 158, 163, 165, 167, f, 173, 175, f, 179, 183, 188, 195, 197, 200, 204, 207, 209, 214, 216, ff, 223, ff, 227, ff, 238, 240, f, 246, 248, 250, 252, f, 255, 258, f, 261, ff, 271, f, 275, 276, 279, 293, 304,

Krebs, S. 18, 97, ff, 178, 234, ff, 287, 292, 304,

Liebe, Schlüssel zur Wahrheit, S. 27, 29, 32, 43, ff, 49, 59, 61, 65, 67, 73, 75, 77, ff, 82, 86, 93, f, 102, 105, 113, 116, 118, f, 120, f, 126, 134, f, 137, 140, 144, 146, ff, 150, f, 164, 171, 175, 181, 184, 186, f, 200, 204, 212, 215, f, 219, f, 228, 232, 241, f, 258, 271, ff, 281, 285, 299, 301,

Leiden, Sinn des, S. 13, 16, 25, f, 29, 41, 52, 71, 76, 80, f, 85, 87, 95, 98, 118, 124, 128, 133, 135, 158, 168, 182, f, 185, 193, 201, 217, ff, 222, 237, 253, 255, 259, 278, 286, 289,

National Health Worth, S. 10, 15,

Polar-Bruderschaft, S. 36, f, 40,

Rauchen, S. 18, 36, 55, 87, 89, 99, 108, 122, 171, 178, 184, 198, 218, 265, 290, 294,

Rechtes Denken, S. 137,

Reines Leben, S. 86,

Reinheit, S. 59, 101, 110, 140, 180, 186, 198, 207, 211,

Reinkarnation, S. 31, 68, 106, 108, 110, 111, 113, 120, f, 123, ff, 181,

Selbst-Dienst, S. 279,

Selbst-Meisterung, S. 170,

Tiere, S. 17, 58, 137, 139, 157, 189, 190, 192, f, 224, 252, 290, f, 308,

    Heilbehandlung von, S. 267,

Tod, S. 13, 23, 29, 32, 34, 42, 49, 64, 68, f, 94, 104, f, 107, 113, 125, 128, ff, 134, ff, 140, 142, 144, ff, 160, 162, f, 169, f, 178, f, 190, 192, 204, 217, f, 220, 225, 236, 302,

Angst vor dem, S. 23, 29, 32, 42,

Leben nach dem, S. 34,

Unfälle, S. 43, 49, 86, 103, 140, f, 192,

Unterbewußtsein, S. 46, f,

Vegetarismus, S. 102, 137, 194, 205,

Vergebung, S. 221, 229,

Zeit, heilt alle Wunden, S. 150,

Ein glücklicher Mensch stirbt nicht an einer Krankheit.
Wer gesund, das heißt 'heil' sein möchte, der muß es aus
sich selbst heraus schaffen, glücklich zu sein.

Die Seele muß erfahren, daß es der Sinn jeder Krankheit ist,
aus ihr etwas zu lernen.

Lieben heißt geben. Liebe ist eine Strahlung, die vom Herzen
ausgeht — ein Balsam, eine wunderkräftige Essenz, die heilt.

Die hohe Schwingung der Liebe ist es, die Heilung ermöglicht.

Wenn es dem Menschen gelingen würde, sich ständig der ewigen
Gegenwart Gottes bewußt zu sein, könnte er den Zustand völliger
Genesung, völligen Geheiltseins erreichen.

Wir geben euch eine einfache Formel für eure Gesundheit.
Sie lautet: dankbar leben!

Alle Meister sind Heilige, sind demütig, wahr und rein. Dies ist auch
der richtige Bewußtseinszustand für alle, die heilen möchten, denn
in dem Maße, wie man nach ihm strebt, erschafft man in sich eine
Macht, welche Menschen als Wunderkraft bezeichnen.

Nicht das, was um dich herum vor sich geht, ist wichtig, sondern
allein die Art, wie du selbst damit umgehst. — Du kannst dich
aufarbeiten und krank werden. Du kannst aber auch still und ruhig
bleiben und bewußt den Ort der Ruhe und Kraft in dir aufsuchen.

Was deinem Körper widerfährt, ist letztlich nicht wichtig. —
Entscheidend ist, was deiner Seele und deinem Geist geschieht.
Das zählt.

WHITE EAGLE BÜCHER

IN DER STILLE LIEGT DIE KRAFT (The quiet mind)
Auslese der markantesten Worte von White Eagle
55 Seiten, DM/Sfr. 10.-   7. Auflage

WUNDER DES LICHTES (Morninglight)
Über das Woher, Wohin und Warum des Menschen
64 Seiten, DM/Sfr. 10.-   3. Auflage

VOM LEBEN JENSEITS DER TODESPFORTE (Sunrise)
Ein Buch, das Trost spendet und wahres Wissen vermittelt
64 Seiten, DM/Sfr. 10.-   6. Auflage

GEBETE IM NEUEN ZEITALTER (Prayer in the new age)
Gebete und Invokationen
95 Seiten, DM/Sfr. 12.-   2. Auflage

WEISHEIT VON WHITE EAGLE (Wisdom from White Eagle)
Vermittelt das Weltbild des neuen Zeitalters und erklärt das
geistige Gesetz und seine Auswirkungen
95 Seiten, DM/Sfr. 12.-   3. Auflage

UNSER GEISTIGER BRUDER SPRICHT (The gentle Brother
Geistige Ratschläge für den Alltag
80 Seiten, DM/Sfr. 12.-   1. Auflage

MEDITATION (Meditation)
Theorie und Praxis der White Eagle-Meditation
118 Seiten, DM/Sfr. 16.-   4. Auflage

DER GEISTIGE PFAD (Spiritual Unfoldment I)
Geistige Entwicklung und Entfaltung der Seelenkräfte
·des Menschen
125 Seiten, DM/Sfr. 16.-   4. Auflage

NATURGEISTER UND ENGEL (Spirituell Unfoldment II)
Das verborgene Leben der Naturgeister und Engelwesen
84 Seiten, DM/Sfr. 12.-   4. Auflage

DIE STILLE DES HERZENS (The Still Voice)
Ein Buch für stille Stunden
106 Seiten, DM/Sfr. 16.-   2. Auflage

WARUM? (Joan Hodgson)
Ein White Eagle Buch über den Sinn des Erdenlebens
136 Seiten, DM/Sfr. 16.-   2. Auflage

WER IST WHITE EAGLE (von Walter Ohr)
48 Seiten, DM/Sfr. 8.-   2. Auflage

DIE GOLDENE ERNTE DER LIEBE (Golden Harvest)
Der Weg der geistigen Erfüllung
64 Seiten, DM/Sfr. 12.-   2. Auflage

DAS GROSSE WHITE EAGLE HEILUNGSBUCH
(The White Eagle Lodge Book of Health and Healing)
geb. 180 Seiten, DM/Sfr. 28.-   2. Auflage

DIE VERBORGENE WEISHEIT DES JOHANNES-
EVANGELIUMS (The Living Word)
geb. 240 Seiten, DM/Sfr. 36.-   1. Auflage